升学之道

美国大学申请全解析

[美] 莎莉·P. 斯普林格 (Sally P. Springer)　[美] 乔恩·赖德尔 (Jon Reider)
[美] 乔伊斯·瓦伊宁·摩根 (Joyce Vining Morgan)
著
万晓峰
译

世界图书出版公司
北京 · 广州 · 上海 · 西安

图书在版编目（CIP）数据

升学之道：美国大学申请全解析 / （美）莎莉·P.斯普林格（Sally P. Springer），（美）乔恩·赖德尔（Jon Reider），（美）乔伊斯·瓦伊宁·摩根（Joyce Vining Morgan）著；万晓峰译. — 北京：世界图书出版有限公司北京分公司，2020. 4（2023.1重印）

书名原文：Admission Matters: What Students and Parents Need to Know About Getting into College, 4th Edition

ISBN 978-7-5192-7058-2

Ⅰ. ①升… Ⅱ. ①莎… ②乔… ③乔… ④万… Ⅲ. ①高等学校—留学教育—介绍—美国 Ⅳ. ①G649.712.8

中国版本图书馆CIP数据核字（2019）第288484号

书　　名　升学之道：美国大学申请全解析
SHENGXUE ZHI DAO

著　　者　［美］莎莉·P. 斯普林格（Sally P. Springer）
［美］乔恩·赖德尔（Jon Reider）
［美］乔伊斯·瓦伊宁·摩根（Joyce Vining Morgan）
译　　者　万晓峰
策划编辑　夏　丹
责任编辑　夏　丹

出版发行　世界图书出版有限公司北京分公司
地　　址　北京市东城区朝内大街137号
邮　　编　100010
电　　话　010-64038355（发行）　64033507（总编室）
网　　址　http://www.wpcbj.com.cn
邮　　箱　wpcbjst@vip.163.com
销　　售　新华书店
印　　刷　三河市国英印务有限公司
开　　本　787mm × 1092mm　1/16
印　　张　23
字　　数　408千字
版　　次　2020年4月第1版
印　　次　2023年1月第4次印刷
版权登记　01-2019-0525
国际书号　ISBN 978-7-5192-7058-2
定　　价　72.00元

推荐语

《升学之道》这本书来得太及时了。在我从事本科留学升学指导工作的这十来年里，我一直期望国内的许多学生、家长甚至是教育工作者都可以有途径系统地去了解美国大学录取和高中升学的情况。很长一段时间里，我们只能通过与大学的交流合作，零零碎碎地给公众传播大学官方的声音，去除一些申请方面的“迷思”或者困惑，但是大众对于美国大学的招生真实情况知之甚少、道听途说较多。在美国，这本书因为其全面、专业且系统的介绍包括一些真知灼见使其成为最受大学招生人员和高中升学辅导人员肯定的专业书籍。幸运的是，晓峰用他自己的辛勤付出将中文版带到了国内，更为难能可贵的是他有留学美国的经历，本人就是美国顶尖文理学院负责国际招生的资深招生代表，使得这本译作质量备受瞩目和期待，内容毋庸置疑是最为精良的。不仅仅是学生、家长，还有业内的升学指导、基础教育工作者们，甚至高校的工作者，任何关心国际教育、关心美国高等教育模式、关心综合审核录取工作的人，都可以从这本书中获益良多，也一定会有所启发和反思。特别感激晓峰，这份译作来之不易。在过去一年多里，繁忙的申请季中他白天孜孜不倦伏案审阅申请材料，晚上还要继续挑灯夜战，一丝不苟推敲字句、对比文化差异。为了能尽早、最好地呈现原作的内容，又能更贴近国内的文化理解和教育背景，他下足了功夫。相信大家会在阅读中体会到他的良苦用心。强烈推荐！留学美国必备参考书籍！

蒋小波，美国教育考试院托福（ETS TOEFL）董事会中国董事，
北京鼎石学校大学升学辅导联合总监

渴望赴海外攻读本科的学生越来越多，国内市场却罕有专业指导申请的经典佳作。《升学之道》来得正是时候！万晓峰先生在顶尖美国大学招办从业多年，融贯东西，将原著中专业的内容平易近人、浅显易懂地传递出来，让读者既得知识，又得乐趣。不仅适用于申请的学生与家长，升学指导老师读罢也会醍醐灌顶，豁然开朗。《升学之道》道升学！让你清晰知道，帮你专业指导！

王实，清华大学附属中学校长助理，海外升学指导中心主任

第四版寄语

如果您正在寻找一本能够为您提供最佳美国大学申请建议的书，那您一定要尽早购得此书。这本书是由行业资深专家所著，能够为您提供所有申请方面的问题的答案。

盖瑞·L. 罗斯（Gary L. Ross），科尔盖大学（Colgate University）副校长，
招生录取办公室主任

《升学之道》由行业从业经验丰富并广受内行尊崇的作者所著，目的是让学生和家长在选校时有能力自主掌控整个过程……在复杂的升学申请过程中始终保持泰然自若。

菲利普·鲍灵格（Philip Ballinger），华盛顿大学（University of Washington）
本科招生录取办公室副教务长

您一定再也找不到另一本更详细的介绍美国大学申请的书了。《升学之道》的内容全面综合，涵盖了从如何选校到递交申请，再到录取后如何选择入学等所有重要信息。

阿特·D. 罗德里格斯（Art D. Rodriguez），瓦萨学院（Vassar College）
招生录取和奖学金办公室主任

没有一本书能像《升学之道》一样将美国大学的申请过程理清。书内有针对标准化考试、如何获得奖学金以及如何选择最适合自己大学的最新信息。

罗伯特·马萨（Robert Massa），德鲁大学（Drew University）
招生录取办公室高级副校长，前迪肯斯学院（Dickinson College）副校长，
前约翰·霍普金斯大学（Johns Hopkins University）招生录取办公室主任

我非常钟爱《升学之道》这本书。我向各位学生和家长强烈推荐这本升学界的必读书。书里的内容简单易懂，囊括了目前最新的升学信息以及最具针对性的申请建议。

鲍勃·巴德维尔（Bob Bardwell），马萨诸塞州蒙森高中（Monson High School）
升学指导办公室主任

《升学之道》是一本详细介绍美国大学升学过程的用心之作。内容不仅涵盖最基本的升学信息，也同时可以帮助学生个性化设计自己的升学之旅，市面上很少有能与之媲美的作品。

帕特里克·奥康纳（Patrick O'Connor），密歇根州克兰布鲁克金斯伍德高中（Cranbrook Kingswood Upper School）升学指导办公室副主任

《升学之道》内容清晰、全面，而且建议全部来自行业内资深专家。这本书能为学生和家长提供一个清晰的升学路线图，让原本焦虑重重的过程不再是问题。

黛博拉·谢沃（Debra Shaver），史密斯学院（Smith College）招生录取办公室主任

《升学之道》是一本综合全面、充满洞察力并基于行业资深专家的经验和研究写就的著作，也是一本梳理当今复杂的大学申请过程行之有效的指南。

布鲁斯·里德（Bruce Reed），指南针教育集团（Compass Education Group）

如果当年我女儿申请大学时有这本书就好了。《升学之道》能够在当今复杂的升学形势中提炼出清晰的应对思路，着实难得。

科克·布来南（Kirk Brennan），南加州大学（University of Southern California）本科招生录取办公室主任

《升学之道》是一本能够为学生在升学过程中提供巨大帮助的著作。虽然很多书自称"金色标准"，但这本书才称得上是真正的精品。

南希·格里斯莫（Nancy Griesemer），独立升学顾问以及大学申请资深博主

《升学之道》的所有读者，不管是学生、家长还是升学指导老师一定会获益于作者的深度洞察力和专业度。这本书为读者提供了升学过程中急需的指导和建议。

山姆·卡彭特（Sam Carpenter），杜克大学（Duke University）招生录取办公室高级助理主任

这本书是所有正在经历大学申请的家庭的必读指导书。如果您正在寻找一本能够正确引导您申请大学的书，那您一定不能错过《升学之道》。

安其拉·佩雷斯（Angel Perez），三一学院（Trinity College）招生录取和学生成功办公室副校长

《升学之道》为美国复杂的大学升学之路提供了一张清晰的路线图。

乔恩·维斯托佛（Jon Westover），马萨诸塞州大学阿默斯特分校
（University of Massachusetts, Amherst）本科招生录取办公室高级副主任

作为一名升学指导老师和一个高三学生的家长，这本书里的信息让我非常受用，我不仅跟自己指导的学生分享，也让我自己的孩子参考。《升学之道》应该是所有大学申请者人手一本的指导书。

凯西·穆迪（Kathi Moody），马萨诸塞州林菲尔德高中
（Lynnfield High School）升学指导老师

《升学之道》充满了最新的行业第一手信息。学生和家长们一定会爱不释手。

马乔瑞·汉森·沙维茨（Marjorie Hansen Shaevitz），
adMISSIONPOSSIBLE作者和创立者

这是一本所有即将面对升学的学生和家长的必读书。《升学之道》的作者是深受尊敬的资深内行，所有内容，包括选校和入学都无比精准。

杰夫·里奇（Jeff Rickey），圣劳伦斯大学（St. Lawrence University）
招生录取和奖学金办公室副校长

《升学之道》内容与时俱进，既有见地，又非教条，是我读到的解析美国复杂的大学申请最全面的书。我甚至想把这本书作为培训所有新入职招生官的教材。是的，这本书就是如此当之无愧。

保罗·蒂博韬特（Paul Thiboutot），卡尔顿学院（Carleton College）
招生录取和奖学金办公室副校长

对所有想透彻了解美国大学申请过程的读者来说，《升学之道》是一本必读书。

那内特·塔伯尼（Nanette Tarbouni），密苏里州约翰·巴罗斯学校
（John Burroughs School）升学指导办公室主任

这本书包含了与大学申请有关的百科全书般的内容，是非常有价值的资源。不管您是刚刚开始接触大学申请，还是从业人士，您都会从中找到问题的答案，了解到不断变化中的美

国大学申请过程。

拉尔夫·菲格罗亚（Ralph Figueroa），新墨西哥州阿尔伯克基学院（Albuquerque Academy）升学指导办公室主任

《升学之道》不仅包含了大学申请的基础内容，还有非常明智的申请建议，是唯一一本值得高中学生及家长拥有的升学指导书。

詹尼佛·德拉罕提（Jennifer Delahunty），肯尼恩学院（Kenyon College）前招生录取和奖学金办公室主任

《升学之道》应该成为所有学生、家长和升学指导老师书架上的必备书。

小威廉姆·S. 丁乐达恩（William S. Dingledine Jr.），持证教育规划师，前美国南部大学招生及升学指导协会主席

《升学之道》是市面上最好的一本旨在帮助学生和家长应对复杂的大学申请过程的指导书。书里提供了申请大学的核心信息和工具，让整个大学申请过程变得充满人性化，还能够帮助读者走上一段探索自我和促进个人成长的旅途。

麦克尔·伯塞达（Michael Beseda），旧金山大学（University of San Francisco）战略录取管理办公室副教务长

译者序

各位读者，大家好！

非常感谢您选择《升学之道》。作为本书的中文译者，我很荣幸将这本已经在美国畅销多年的大学升学指导书介绍到中国。无论您是学生、家长、升学指导老师或者是对美国高等院校招生录取感兴趣的其他朋友，我都真诚地希望您可以从书中得到收获。

走遍全球，网罗英才

我目前就职于美国阿默斯特学院（Amherst College）招生录取办公室，担任办公室副主任、国际招生录取主任一职。阿默斯特学院是美国最负盛誉的文理学院之一，全校共有1 800名学生，来自美国和世界各地。学校创校以来将近两百年的历史上曾诞生过众多人类历史上重要的人物，其中包括五名诺贝尔奖获得者，美国第三十任总统柯立芝、希腊前两任总理萨马拉斯和帕潘德里欧、肯尼亚现任总统乌胡鲁·肯雅塔，摩纳哥阿尔伯特二世亲王，作家丹·布朗等。

在招生办，我的工作职责主要以统筹学院全球的招生和录取事务为主，同时兼顾美国国内部分区域的招录工作。为此，我每年都会代表学院到访世界和美国各地，拜访当地高中、社会和政府组织并与有意到阿默斯特学院深造的学生交流。交流的同时，我也能够亲身体验当地的社会文化习俗，了解申请者的成长环境和教育背景，并将这些认知带入综合评审的过程当中，以做出最公平、公正的录取决定。通过招生官的工作将世界各地、境遇各不相同的年轻人汇聚到同一个校园，亲眼见证他们通过大学四年的学习和生活实现人生的升华和命运的转折，是我做这份职业感触最深的地方，也是我认为最大的意义所在。对我个人而言，能趁工作机会走遍世界，接触不同的人和文化，不仅开阔了眼界，也结交了很多良师益友。

从留学生到顶级高校招生办

在美国高校做招生官的中国人并不多，在最顶级院校招生办的更是寥寥无几。没有前车之鉴，一路都是在靠自己摸索前行。2013年我从波士顿学院（Boston College）林奇教育和人类发展学院（Lynch School of Education and Human Development）毕业，获得了高等教育行政管理（Higher Education Administration）专业的硕士学位。专业里有一门必修的实践课，可以到波士顿地区各个高校做带薪实习。我很幸运被自己所在的教育学院录用为研究生招生助理，负责招生办公室日常的行政辅助工作。我还因此获得了学院为数不多的全额奖学金和慷慨的生活补助。作为系里整个年级唯一一名国际学生，这份助理的经历让我逐渐意识到可以将自己独特的国际学生背景和对美国高等教育体系系统的学习相结合，作为“桥梁”来促进美国大学与世界其他国家的交流。大学招生官这份职业恰好与我的想法契合。

毕业后找工作的过程并非容易。招生行业是美国人主导的行业，作为英语不是母语的外国人很难在申请中占优势，再加上需要工作签证等客观条件的限制，因此虽然投出了40多份简历，大多都杳无音讯。虽然过程不顺利，但我始终坚信自己独特的国际背景和学术优势可以为美国大学带来不一样的视角。终于，在签证快到期的前两个星期，我有幸收到了美国著名天主教耶稣教会文理学院——圣十字学院（College of the Holy Cross）发来的工作邀请，担任招生办助理主任一职。我如愿开始了招生官的工作。

在圣十字学院的第一年，我主要负责美国本土的招生，因为当时学院的国际招生还未正式起步。刚入职不久，我就被派往美国南部的得克萨斯州拜访当地高中。被委以如此重任，现在回想，我非常感激圣十字学院对我作为一个刚入行的新人又是外国人的充分信任。在美国本土招生的经历，让我对美国招生行业有了更加丰富的了解，也越发认识到自己在整个行业内的优势和更广阔的发展空间。第二年，虽然工作范畴还是以美国国内为主，我第一次有幸代表圣十字学院到访了中国内地和香港，开启了学院在国际上的招生步伐。学院原本每年只有十几名中国申请者，现在一下翻了几番。但我渐渐觉得，要想在美国国内招生行业里崭露头角，作为一名外国人还是有一定的局限；而国际招生如果仅限于东亚，又无法让我真正实现成为美国与世界间“桥梁”的职业梦想。为了能寻找一个更有助于实现自己理想的平台，我开始寻觅其他机会。2015年8月，我非常荣幸地被阿默斯特学院录用，负责学院的国际招录事务。阿默斯特学院在国际招录方面的投入我在研究生院上课时就有所学习。在国际学生财政补助方面能与其媲美的只有哈佛、耶鲁和普林斯顿三所大学。慷慨的财政补助政策为学院吸引到了世界上最优秀的学生，这也让我对这份新的工作充满了期待。

为中国发声

转眼间，2019年已是我在阿默斯特学院工作的第五个年头了。在过去的四年多时间里，我代表学院走遍了世界五大洲，几十个国家和地区，审阅了五千多份申请。每年的夏末秋初，我会花两个星期的时间到中国与学生、家长和驻校升学指导老师们交流。每次回到国内，我总能被追求卓越精神的中国学生和想为子女提供最好的一切的中国家长所触动。同时，我也真切地感受到，他们在面对充满不确定性的美国大学申请时，所经历的焦虑和惶恐。虽然中国留学生占美国全部国际学生的三分之一还要多，但美国大学的招生行业对中国复杂的留学市场并不是特别了解。因此我就想通过自己的努力来改变这一现状。

2017年6月，我在美国新英格兰招生咨询协会（New England Association for College Admission Counseling）年会上做了一场题为“Bridging Understanding: What Chinese Counselors Have to Say about College Admission in the U.S. and the China Market”（《建立互通：中国驻校升学指导老师对美国大学升学过程和中国留学市场的看法》）的讲座。这场讲座围绕2016年年底我和我的国际团队设计的针对中国驻校升学指导老师的问卷结果所展开，目的是让美国大学招生办增进对中国留学市场的了解。调查结果显示，将近80%的升学指导老师呼吁美国大学应该到中国与学生和家长建立直接沟通，以保证信息的真实和畅通。为了能最大化地将这些建设性意见传递给行业内的同事，我将内容整理成一篇观点文章，被行业内最权威的媒体之一 Inside Higher Ed（《美国高等教育内部参考》）采纳并发表。

接触原著和翻译缘由

在年会讲座结束后，我坐在门外休息。一名在场听我讲座的同事走过来打招呼，介绍自己是乔伊斯·维宁·摩根博士（Joyce Vining Morgan, PhD），说她非常受益于我的分享，让她对中国复杂的留学市场有了更多的了解。随后惠赠了我一本她和另外两名同事赛丽·P. 斯普灵格博士（Sally P. Springer, PhD）和乔恩·雷德博士（Jon Reider, PhD）共同出版的介绍美国大学升学的指导书*Admission Matters*。她在扉页上写道：“For Wan, Xiaofeng—in the hope that our work helps make the American college application more understandable in China.”（“致万晓峰：希望这本书能让中国的学生和家长更容易理解美国大学的招生录取”。）我欣然接受。

第二年9月初，我再次代表阿默斯特学院到访中国。中国学生和家长对美国大学的了解程度之深总能让我感到惊讶，而这几年越来越多优秀的学生开始对文理学院情有独钟更是让我感到欣慰。但与此同时，很多学生和家长们提出的问题明显还是基于外界误导性的宣传或者因为缺乏可靠的信息而造成的片面认识。例如，大家对文书重要性的过度解读。我在有限的时间内尽了最大努力来回答学生和家长们提出的问题，但总感觉心有余而力不足。因此我产生了一个念头，作为一名美国招生圈内为数不多的中国人，为何不通过我对行业的观察写一本综合介绍美国大学申请的指导书，帮助中国学生和家长更加从容和独立地完成整个申请过程？

构思的过程中，我认真翻阅了摩根博士赠予我的*Admission Matters*，惊喜地发现书中包含了所有能想到的关于美国大学升学的信息，并对它们做了一一解读，而且语言风格娓娓道来，鼓舞人心。我作为内行人，在享受阅读的同时也学到了很多有价值的信息。我想，与其从头开始，不如将已有的精华直接译成中文，带到中国。我与世界图书出版有限公司一拍即合，开始了整本书的筹划和翻译工作。

本书的中文译名取名《升学之道》。“道”字既指升学之路，又指其背后的道理，呼应原著所传达的双重信息。原著自面世以来，深受美国学生、家长、升学指导老师以及大学招生官的赞誉。翻译版除了将极少部分过时的信息做了删减和更新之外，保留了原版中所有的内容，可以让您综合地了解美国大学升学过程中所涉及的所有因素。

作为首部译作，我对自己的翻译水平诚惶诚恐，还请各位读者包涵，多提宝贵意见。最后，祝所有在升学之路上前行的人都能找到属于自己的成功！

万晓峰

2019年11月写于美国马萨诸塞州阿默斯特

目　录

介　绍　001

第一部分　申请前准备　005

第一章　为什么大学录取变得越来越难?　007
第二章　招生办想了解申请者的哪些方面?　024
第三章　招生办如何做录取决定?　047
第四章　不同类型的大学和学生　062

第二部分　做出最适合自己的大学选择　097

第五章　如何决定申请哪所大学?　099
第六章　标准化考试　122
第七章　绑定性早申请和其他早申请计划　141
第八章　支付学费和申请奖学金　153

第三部分　开始申请　183

第九章　申请和文书　185
第十章　推荐信、面试和课外活动　203
第十一章　特殊才艺　224
第十二章　有特殊情况的申请者　247
第十三章　对国际学生的建议　267

第四部分　申请流程结尾 287

第十四章　接到录取通知后的择校过程 289

第十五章　对家长和学生的忠告 309

附录 A　大学研究工作表 319

附录 B　2019—2020年文书话题 322

附录 C　财政补助包裹选择表 325

附录 D　大学总花费工作表 327

大学申请准备时间轴 329

资　源 338

作者介绍 347

译者介绍 349

介 绍

对很多学生和家庭来说，大学的申请过程已经变得越来越具有挑战性。不管您的目光投向哪里，“大学狂热”现象到处可见。例如纸媒和网络媒体经常大肆宣扬顶尖大学每年陡增的申请人数和骤减的录取率。同学间、邻居间、同事间甚至陌生人之间也都会讨论那些虽然有着出众表现但还是被大学惨拒的案例。

随着录取结果变得越来越无法预测，很多学生开始投出更多申请来增加自己的录取概率。这导致大学收到申请的数量越来越多，录取率也继续越来越低，导致恶性循环。

另一大现实的挑战是大学每年的学费不断上涨，很多私立四年制大学的学费已经涨到了每年七万美金。近几年很多大学对标准化考试的要求也做出了调整，考试内容本身的改变也在让大学申请变得越来越充满不确定性。

很多家庭被迫加入到激烈的升学竞争之中，但同时又对竞争规则一头雾水，无所适从。很多家长对自己孩子面临的大学申请并不熟悉，也因此倍感无奈。很多当年自己经历过此过程的家长也都很快发现自己以前的经验已经相当过时，不能为子女提供太多有价值的建议。

正如作者Frank Bruni（弗兰克·布鲁尼）在自己的畅销书 *Where You Go Is Not Who You'll Be: An Antidote to the College Admission Mania*（《去哪里读书不等于您会成为什么样的人：一剂针对大学申请狂热的解药》）中写道：“所有即将面对大学申请而一筹莫展的高中生，我们欠你们一个更好的、更有建设性的大学申请方式。”

大学申请的过程不应该也不需要成为一项严酷的挑战。对整个过程有非常清晰的了解能够让学生和他们的家人做出最适合他们自身情况的选择，并在整个过程中时刻保持良好的心态。这一直以来都是《升学之道》的目标，也是我们从2005年出版的第一版到今天的第四版一直坚持的理念。

我们写这本书的初衷就是希望能够将大学申请的过程去神秘化并理清整个流程。同时，我们也希望能够让很多没有机会接触到额外辅助或资源的学生、家长以及高中升学指导老师得到同样充足的信息。这本书对那些已经可以获得优质升学指导的学生来说也是非常有帮助的。需要说明的是本书给出的建议是针对那些想申请四年制本科的读者。我们旨在涵盖以下几方面：

· 以营利为目的的大学排名是如何加剧大学申请狂热现象的？

· 录取决定是如何做出的？过程中，对申请者而言可控和不可控的因素有哪些？

· 不同类型的大学间有哪些本质上的不同？

· 如何列出最适合自己的大学名单，提交有竞争力的申请，并最终获得录取？

· 大学如何看待标准化考试成绩？如何最有效地准备这些考试？

· 标准化考试成绩改革以及大学对标准化考试政策的调整对您来说意味着什么？

· 如何判断是否需要提交早申请？

· 奖学金政策有哪些？在申请过程当中需要注意什么？如何增加获得奖学金的概率？

· 如何让申请具有竞争力并脱颖而出？

· 学生和家长可以如何协作完成申请并得到理想的结果？

除了上面列出的内容，书内还有很多值得期待的信息。在这本得到充分修订的第四版《升学之道》中，我们囊括了非常多大学招生录取行业内最新的动态。我们希望所有的读者，尤其是学生和家长在阅读本书后能够非常自信地开启大学申请的旅程。跟之前版本一样，我们继续为有身体残障的学生、国际学生、转学生、运动员、艺术家，以及在家接受教育的学生提供有针对性的建议。这本书还包括了针对第一代大学生以及没有合法居留身份的申请者的指导信息。我们希望《升学之道》继续作为市面上介绍美国大学申请最清楚、最具洞察力、最有时效性的著作。

我们认识到作为读者您可能想了解更多关于某些话题的额外信息。为了能够帮助您更容易获取这些信息，我们为您提供了一份额外的资源列表，其中包括很多网络资源。它们能够为您提供更多非常详尽的信息，例如奖学金申请、运动员特招等等。为了能够让《升学之道》保持与时俱进，我们专门设立了一个网站为读者提供免费的实时更新，您可以登录www.admissionmatters.com获得这些信息。我们欢迎您的反馈。

作为此书的作者，我们深信我们有资历成为您的升学向导。我们三人从事高中升学指导、大学招生录取、大学教授、大学行政以及独立升学顾问的工作经验加起来已经超过了100年。我们指导过的美国国内以及世界各地的学生成千上万。我们同时也身为大学毕业生的父母，所以我们也曾经从父母的角度经历过大学申请的整个过程。我们非常高兴很多读者喜爱《升学之道》，我们也为很多业内同事将此书广泛应用于培训升学指导老师的课程里，而感到无比荣幸。

我们希望《升学之道》可以作为您升学之路上最值得信任的伙伴。

第一部分

申请前准备

第一章　为什么大学录取变得越来越难？

第二章　招生办想了解申请者的哪些方面？

第三章　招生办如何做录取决定？

第四章　不同类型的大学和学生

第一章

为什么大学录取变得越来越难？

对1946年到1964年期间出生的美国婴儿潮一代来说，当时申请大学是一个非常简单的过程。申请四年制大学的学生，通常会选择州内的学校或者离家近的学校。对很多当时的学生来说，读书的地方离家500千米是相当远的距离。很少有学生会申请超过两所或三所大学，只申请一所大学是常态。他们根据学校的地理位置、专业、收费以及录取的难度，再加上一点父母是否是校友的因素来判断这个学校是否适合自己。在大多数情况下，整个申请过程非常容易。如果学生做好了仔细的准备功课，录取结果非常容易预测。当然，例外还是会有的，但远不及当今全民性的疯狂。

大学申请曾经非常简单，但已今非昔比

快进到50到60年后的今天，很多的媒体头条都在向我们宣告，现在已经是一个不一样的时代了。“Why Is College Admissions Such a Mess”（“为什么大学申请如此混乱？”），“Applied to Stanford or Harvard? You Probably Didn’t Get In. Admit Rates Drop, Again”（“申请了斯坦福还是哈佛？您很可能没有被录取。今年录取率又创新低”），“New SAT Brings New Challenges, Same Old Pressure”（“新的SAT，新的挑战，不变的压力”），“Best, Brightest and Rejected: Elite Colleges Turn Away up to 95%”（“被拒绝的最优秀学生：顶尖大学将95%的学生拒之门外”），“How College Admissions Has Turned into Something Akin to ‘The Hunger Games’”（“大学招生录取是如何变成‘饥饿游戏’的？”），“Why Colleges Aggressively Recruit Applicants Just to Turn Them Down”（“为什么大学不遗余力招生就是为了

将他们再拒之门外？”），以及“The Absurdity of College Admissions”（“大学招生录取的荒谬”）。

与此同时，很多大学也发出同样让人震惊的消息。2003年春季，哈佛大学宣布它们首次录取了不到10%的学生，也就是说，21 000名申请者中，只有2 000人被录取。这是哈佛大学历史上的录取新低，但这在全国并不是个例。十几年过去了，情况并没有改善。到2016年春季，哈佛大学的录取率已经降到了5.2%，而全国最少有九所其他的大学加入了哈佛“低于10%录取率的大学俱乐部”，其中就包括芝加哥大学。芝加哥大学的报告称，2020届的申请者中，录取率低于9%，这远低于五年前的16%，以及十年前的38%。

很多公立大学，例如加州大学伯克利分校的录取率也在经历同样的大幅度改变。2016年，伯克利收到了82 000份入学申请，最后只有17.5%被录取。相比20年前的42 000份申请和23.8%的录取率，差别之大让人惊叹。

这几个例子只是众多创造录取率新低和打破申请数量历史纪录的大学中的几个。到底是什么原因让大学招生录取在这么短的时间内发生了如此大的变动？

人口增长

一个简单的解释是供需关系的变化，越来越多的高中毕业生加入了申请大学的行列。在经历了20世纪80年代末到90年代初短暂的人口下降后，美国高中毕业生人数在之后的很多年都呈稳定增长的趋势。1997年，美国有260万高中毕业生，但到2013年，高中毕业生人数已经增长到350万。虽然现在的人数有所减少，但到2028年，据推测，人数将保持在340万或以上。

> “我不认为有任何一所大学会因为收到了高质量的申请而感到得意。”
>
> 哈佛大学某匿名招生官

社会变革

事实证明，申请数量的增加不仅仅是因为人口的增长。申请数量的增长速度超过了适龄人口的增长速度，其中的重要原因是社会的变革。高中毕业生人数的增加是其一；另外，越来越多的学生渴望获得四年的大学学位，因为研究表明，拥有大学文凭能够增加一个人一生的整体收入。很多抢手的工作要求申请者最少要有本科学位，因此，越来越多的学生开始申请大学，这其中也包括很多来自欠代表性的少数族裔的学生（美国历史上，少数族裔学生的大学入学率非常低）。

与此同时，很多大学也在努力吸引数量更多、更加多元化的申请者。通过给学生直接邮寄彩色宣传册、群发电子邮件、到社交媒体上做宣传、派招生官到各地高中与学生见面，以及在酒店举行招待会和参加大学展会等方式，很多大学越来越不遗余力地在美国和世界各地大力地宣传自己的学校。

不光是那些在招生录取方面面临很多挑战的大学，连一向申请质量非常高的学校也都在宣传上不敢松懈。这些营销宣传显而易见是非常成功的，因为越来越多的高中毕业生开始了解并愿意考虑去离家非常远的地方读书。随着全世界各地生活水平的不断提高，很多国外的学生，特别是亚洲的学生也都开始选择来美国读书。

互联网的角色

互联网也在学生的大学申请方面发挥了举足轻重的作用。虽然面对面的讲座和纸质宣传材料还是能够帮助学生获得大学的信息，但是网络已经变成了学生收集信息的主要渠道。学生可以通过大学提供的在线虚拟校园游览来参观校园，并且可以通过大学的脸书，以及在学校官网上发布的常见问题和答案来找到自己相应问题的解答。同时，学生也可以通过大学官方博客、推特、Instagram、Snapchat等网络平台进行多方位了解。要知道，很多大学花了很大的人力和财力通过科技手段向潜在的申请者展示自己。

互联网也让申请大学变得更加简单。申请可以在网上完成和提交，省去了很多传统纸质申请带来的麻烦。现在有800所大学采用通用申请（Common Application）就是一个很好的例子。通用申请是一个标准化的申请平台，学生只需要录入自己的基本信息一次就可以将申请递交给最多20所大学。

随着录取结果越来越难预测，很多学生选择提交更多的申请来增加自己的录取概率。在很多顶级私立和公立高中，递交10到12份申请已经比较普遍；递交15份以上的申请并不是特别常见。通过科技手段，学生如果愿意，完全可以递交更多份申请。

所有的这些因素加在一起，包括18岁适龄学生人口的增长、对大学文凭更大的需求、大学精明的市场营销、很容易获取的院校信息，以及因互联网而变得更加容易的申请渠道，就不难解释为什么大学录取会比以前难很多。

但这还不是答案的全部。

问题的关键

很多人非常吃惊地意识到大多数美国四年制的大学还是会录取超过一半多的申请者。事实上，每年的5月份，美国全国招生咨询协会（National Association for College Admission Counseling）都会在其官方网站上列出几百所还在开放申请的学校名单。它们中的很多学校一直到夏天都还有空余位置。可是为什么这跟报纸头条上刊登的关于大学录取越来越难的危机并不契合？

原来报纸的头条以及让很多家庭充满焦虑的背后推手是美国大概150所最具竞争力的大学。它们吸引了全国以及全世界各地的申请者。那剩下的学校有什么问题吗？当然没有。有的话，那也只是因为它们没有在这150所学校之列。比尔·梅业（Bill Mayher），一名大学升学顾问总结道："很多学生之所以不被录取，是因为他们只想申请那些非常难进的学校。"

> **"随着大学录取越来越难的消息不断散播，越来越多的学生开始试图申请更多的学校以增加他们被录取的概率。这样做导致的后果是他们无意中又加深了问题本身的严重程度。"**
>
> 对申请趋势表示担忧的
> 某高中升学指导老师

大学的"选择性"是什么？

大学录取学生的百分比是决定这所学校选择性的重要因素。随着申请数量的增加，录取率也会相应降低。另外的关键因素是申请者的整体实力水平情况。本身非常优秀的申请者会进行自我筛选并申请同等高水平的院校，导致这些院校申请的整体水平偏高，其中最受欢迎的就是那些学术水平顶尖的小型学院。这两个因素就是决定一所大学是否具有选择性的关键。当然，这当中还会有一些更具体的复杂因素，例如很多大学内部不同的专业会有不同的录取要求，例如工程和商科类专业相比其他专业可能在录取要求上更加苛刻。

我们对"选择性"的定义

为了简化我们的讨论，我们将"选择性"的定义只局限于大学的录取率；将具有选择性的大学局限于录取率在50%以下的学校。我们又进一步将选择性的大学划分为四类：选择性极高的院校——录取率低于10%；选择性超高的院校——录取率低于20%；选择性非常高的院校——录取率低于35%；选择性高的院校——录取率低于50%。在下面的名单中，我们只列出了提供综合性学科专业的院校，并未包括专业类院校，例如军事学院、音乐学院和商科类学院等。我们在接下来的章节里会专门讨论这些特殊类学校。

美国部分大学2020届录取率

选择性极高的院校——录取率低于10%

- Brown University布朗大学
- Caltech加州理工学院
- University of Chicago芝加哥大学
- Claremont McKenna College克莱蒙麦卡那学院
- Columbia University哥伦比亚大学
- Harvard University哈佛大学
- MIT麻省理工学院
- University of Pennsylvania宾夕法尼亚大学
- Pomona College波莫纳学院
- Princeton University普林斯顿大学
- Stanford University斯坦福大学
- Yale University耶鲁大学

选择性超高的院校——录取率低于20%

- Amherst College阿默斯特学院
- Barnard College巴纳德学院
- University of California, Berkeley 加州大学伯克利分校
- Bowdoin College鲍登学院
- Colby College科尔比学院
- Colorado College科罗拉多学院
- Cornell University康奈尔大学
- Dartmouth College达特茅斯学院
- Duke University杜克大学
- Georgetown University乔治城大学
- Grinnell College格林内尔学院
- Harvey Mudd College哈维穆德学院

- Johns Hopkins University约翰·霍普金斯大学
- University of California, Los Angeles 加州大学洛杉矶分校
- Middlebury College明德学院
- Northwestern University西北大学
- University of Notre Dame圣母大学
- Pitzer College 匹泽学院
- Rice University莱斯大学
- University of Southern California南加州大学
- Swarthmore College斯沃斯莫尔学院
- Tufts University 塔夫茨大学
- Vanderbilt University范德堡大学
- Washington University, St. Louis华盛顿大学圣路易斯分校
- Wesleyan University维思大学
- Williams College威廉姆斯学院

选择性非常高的院校——录取率低于35%

- American University美国大学
- Bard College巴德学院
- Bates College贝茨学院
- Boston College波士顿学院
- Boston University波士顿大学
- Bucknell University巴克内尔大学
- Carleton College卡尔顿学院
- Carnegie Mellon University卡内基梅隆大学
- Colgate University科尔盖特大学
- Davidson College戴维森学院
- Emory University埃默里大学
- Franklin and Marshall College 富兰克林和马歇尔学院
- Georgia Tech佐治亚理工大学
- Hamilton College汉密尔顿学院
- Haverford College哈弗福德学院
- Kenyon College肯尼恩学院
- Lafayette College 拉法耶特学院
- Lehigh University 理海大学
- University of Michigan, Ann Arbor 密歇根大学安娜堡分校
- New York University纽约大学

- University of North Carolina 北卡罗来纳州大学
- Northeastern University东北大学
- Oberlin College欧柏林学院
- Reed College 里德学院
- University of Richmond里士满大学
- Scripps College 斯科利普斯学院
- Skidmore College斯基德莫尔学院
- Trinity College (Connecticut) 三一学院（康涅狄格州）
- Tulane University杜兰大学
- University of Rochester 罗切斯特大学
- Vassar College 瓦萨学院
- University of Virginia弗吉尼亚大学
- Wake Forest University 维克森林大学
- Washington and Lee College华盛顿和李学院
- Wellesley College 威尔斯利学院

选择性高的院校——录取率低于50%

- Baylor University贝勒大学
- Binghamton University宾汉姆顿大学
- Brandeis University布兰迪斯大学
- Bryn Mawr College布林茅尔学院
- Case Western Reserve University凯斯西储大学
- University of Connecticut康涅狄格州大学
- Connecticut College康涅狄格学院
- University of California, Davis加州大学戴维斯分校
- Denison University丹尼森大学
- Dickinson College狄金森学院
- University of Florida佛罗里达大学
- Fordham University福特汉姆大学
- George Washington University乔治・华盛顿大学
- Gettysburg College盖茨堡学院
- College of the Holy Cross圣十字学院
- University of California, Irvine加州大学尔湾分校
- University of LaVerne拉文大学
- Macalester College马卡莱斯特学院
- University of Maryland 马里兰大学

- University of Miami 迈阿密大学
- University of Minnesota, Twin Cities 明尼苏达大学双城分校
- Muhlenberg College穆伦堡学院
- North Carolina State University, Raleigh北卡罗来纳州大学罗利分校
- Occidental College西方学院
- Ohio State University 俄亥俄州立大学
- Pepperdine University佩珀代因大学
- Rensselaer Polytechnic Institute 伦斯勒理工学院
- St. Lawrence University 圣劳伦斯大学
- University of California, San Diego加州大学圣地亚哥分校
- University of California, Santa Barbara 加州大学圣塔芭芭拉分校
- Sarah Lawrence College 莎拉劳伦斯学院
- Smith College 史密斯学院
- University of South Florida 南佛罗里达州大学
- Southern Methodist University 南卫理公会大学
- Southwestern University西南大学
- Spelman College 斯派尔曼学院
- Stony Brook University 石溪大学
- Syracuse University雪城大学
- Texas Christian University得州基督教大学
- Trinity University三一大学
- University of Tulsa塔尔萨大学
- Union College 联合学院
- Villanova University 维拉诺瓦大学
- Washington and Jefferson College华盛顿和杰佛逊学院
- College of William and Mary 威廉玛丽学院
- University of Wisconsin, Madison威斯康星州大学麦迪逊分校
- Worcester Polytechnic Institute 伍斯特理工学院

备注：此名单不包括专业类院校

必须要说明的是我们的选择性分类并不是绝对完美的，因为我们并没有加入以上提到的本身非常优秀的申请者会进行自我筛选的因素。但不管怎么说，这些数据能够为大众提供一个了解这些院校录取难度的大概情况。虽然美国有两千多所录取率超过50%的非营利性四年制高等院校，甚至有一些超过75%，但很多学生还是只将

精力放在我们所归纳的这四类院校中。

其实那些真正感受到所谓“录取危机”的学生正是那些想申请这四类院校的学生，尤其是那些想申请选择性极高和选择性超高的大学的学生。“录取危机”并没有影响到想申请社区学院或者那些录取率超过绝大多数的院校的申请者。无论怎样，对想申请这四类院校的学生来说压力还是会持续下去。可能作为读者的您（或您的孩子）也都是他们其中的一员，这或许也是您阅读此书的原因。如果是的话，我们会帮助您充分了解大学录取过程的方方面面，列出一份最适合您自己的大学名单，并提交充满说服力的申请。

要注意的是本书不光对想要申请我们定义的这四类院校的读者有价值，对申请录取率超过一半或以上院校的申请者也同样有帮助。因为所有的学生都需要充分了解大学的录取过程，也都面临着同样的选校挑战，以及如何提交有说服力的申请。我们写《升学之道》的目的就是帮助所有的学生成功完成大学申请的旅程。

为什么大家都对一小部分院校如此“情有独钟”？

是什么原因让大众对一小部分院校情有独钟以至于媒体频频爆出“录取危机”的头条新闻？为什么围绕着常春藤联盟院校以及其他声誉相当的顶级院校总有一种神秘感？这些精英大学到底给它们的毕业生带来了什么实际（或者大家想当然）的“好处”？

声望或许是最直接的答案。大学的选择性越高，录取难度越大，声望也就越高。学生是大学声望的直接受益者，父母也会连带受益。除了同龄人间给的压力，父母往往是学生追求高声望大学的驱动力。当然，有些学生自身也会对高声望的学校有渴望。对上一代人来说，进入排名高的大学已经成为比获得任何其他消费品更有价值的地位象征。这与购买昂贵的汽车不同，因为这不是钱能解决的问题。

虽然很多人在选校时会考虑大学的声望，但更多的人将精英大学与高水平的教育经历画等号，对其趋之若鹜。但这种想法通常建立在未经证实和未经检验的假设之上，即将某件事物的优劣好坏完全建立在其他人对其的渴求度上。人们普遍认为具有选择性的大学所提供的教育就一定胜人一筹，也就是说院校越有选择性，教育质量也就越高。但现实真是如此吗？

以常春藤联盟的八所大学为例，即布朗大学、哥伦比亚大学、康奈尔大学、达特茅斯学院、哈佛大学、普林斯顿大学、宾夕法尼亚大学和耶鲁大学。我们熟悉的一位升学顾问打趣地将它们称为"爬藤"学校。常春藤联盟最初只是对橄榄球队联盟的一个代称（起初，联盟里只有七所大学，布朗大学最后加入成为第八名成员。当时还有其他几所大学也在考虑是否加入）。

随着时间的推移，常春藤联盟（Ivy League）这个词已经成为声望和学术声誉的代名词，而不仅仅是体育联盟。每所常春藤院校的录取率都轻松将其置于选择性极高或选择性超高的大学类别，每所学校也以优秀的教授、学生和顶尖的科研著称。相信我们都会觉得它们是非常好的学校，但常春藤联盟院校真的就可以为本科生带来比其他院校更好的教育体验吗？答案对学术界人士来说非常显而易见，但可能会让公众大跌眼镜，那就是，肯定没有。

> "很多时候，我们的学生试图通过自己的大学选择来定义自己，但这仅仅是为了能够在同伴前显得有面子，而不是去选择真正适合自己的。我不知道他们是从父母那里还是从其他同学或老师那里得到的建议，但这一定是受到外界影响而做出的决定。"
>
> 一名匿名私立学校升学指导老师

排名的游戏

围绕着具有选择性大学的神秘感主要起源于1983年"美国新闻和世界报道"（*U.S. News and World Report*）发布的大学年度排名。随着时间的推移，排名变得越来越受欢迎，以至于超越了杂志本身，并成为一个单独的年度指南，简称为最佳大学（*Best College*）。虽然市面上也出现了其他能够与其抗衡的排名，但"美国新闻"的排名是最知名和最具影响力的。

> "哈佛大学可能是美国最被高估的高等院校。这并不意味着哈佛不是一所好学校，恰恰相反，哈佛是一所非常优秀的学校，但它的声望创造了一种让人无可企及的标准——没有哪所学校能达到像哈佛在大家印象中的那样好。"
>
> 一名匿名哈佛大学在校生

虽然"美国新闻"不再作为印刷杂志存在，但其排名仍然在每年8月份通过指南和官方网站发布。发布的内容不仅包括大学申请的各种信息、申请建议，还包括最重要的基于声誉和复杂统计公式得出的排名。年度排名推动了最佳大学的销售量，并引起了媒体的广泛关注和争议，也包括我们在内。我们一致认为排名过程存在本质上的缺陷。

对排名的担忧其实并不鲜见。 20多年前，斯坦福大学校长格哈德·卡斯帕

（Gerhard Casper）曾向“美国新闻”的编辑表达了他对排名的担忧：“作为一所一流大学的校长，我觉得我有这个底气来告诉您——这些排名非常具有误导性，尤其是那些似是而非的公式和人为制造的‘精确度’。”

“美国新闻”如何计算排名？

> “有些学生特别想得到哈佛、耶鲁或普林斯顿的录取通知书，但是他们或许只是想在家人、朋友和其他人面前显得有面子，其实并不知道自己为什么喜欢。将声望作为选择学校的因素之一是一回事，但如果变成了唯一的因素，那就是另外一回事了。而现在越来越多的学生正在朝这个趋势发展。”
>
> 一名持担忧态度的独立升学顾问

以2020年的排名为例，决定一所大学排名位置的五分之一（确切地说是20%）是基于这所大学的声望指数。声望指数是由“美国新闻”每年根据大学校长、教务长、大学招生办主任，以及一小部分高中升学指导老师的调查问卷得出的。问卷要求大学的参与者只对相同类型院校（例如文理学院和综合性研究大学）的本科学术质量打分。打分的标准是从1到5，1代表最不理想，5代表非常杰出，也可以选择回答“don’t know”（不知道）。而高中的升学指导老师则可以对两类院校同时评分。问卷的很多参与者都承认他们对其他大学的了解微乎其微，不能够提供任何有价值的反馈。您可以试想，乔治·华盛顿大学的校长怎么可能对佐治亚理工学院的本科项目了如指掌呢？问卷的回复率非常低，只有不超过一半的受邀大学行政人员和低于10%的高中升学指导老师回复。

剩下的80%的排名依据则是基于六个类别收集的数据，每个类别在最终计算中加权如下：新生返校率和毕业率（22%）、教师资源（20%）、录取选择性（10%）、财政资源（10%）、校友捐赠（5%）、毕业率（8%），以及社会流动性（5%）。

“美国新闻” 每年都会为每所大学收集这些信息，并将它们放入一个差异化的公式中，然后计算整体“排名”。为了排名的有效性，“美国新闻”只将相同类型的院校进行比较，例如文理学院和综合性大学是分开的（在第四章讨论选校考虑因素时我们会讨论这两类院校以及其他类型院校间的差异）。每隔几年，“美国新闻”就会略微调整排名计算公式，以向外界展示其对精确性的把控和应对批评的改进。

总体来看，虽然由于公式的调整或某一年的统计数据略有偏差会导致院校间排名位置小幅度升降，但每年的排名都没有太大变化。大学间的水平差别真的可能在短短一两年内发生显著变化吗？我们觉得不可能。排名的批评者认为，大学整体实力的变化是无法在短期内进行衡量的，“美国新闻”之所以不定期调整排名公式，目的就是能够显得“与时俱进”以便销售更多的指南书。

关于排名的更多担忧

> “与以往相比，现在大众普遍笃信排名的重要性，因为排名决定了大学的实力和声望。但同时越来越多的人开始将教育当成商品，大家在乎的似乎已经不再是教育本身而是品牌的效应。”
>
> 李·勃林格（Lee Bollinger）
> 哥伦比亚大学校长

> “虽然我们看待大学排名时应持有谨慎的态度，但它确实能说明我们已经是一所顶尖级别的大学了。”
>
> 某大学校长在看到自己学校
> 排名上升后的评论

批评者指出，虽然“美国新闻”的衡量标准可能会间接促进教育质量（例如高薪会让老师更有动力，而较小的班级则意味着对学生更多的个人关注），但教育界人士并不认为这些标准能够精确衡量一所大学的实力。更糟糕的是，大学可以直接或间接地操纵“美国新闻”公式中的一些因素来提升它们的位置。大学的校友、董事会成员，甚至是华尔街债券评级机构都非常关注大学排名的变化并期待看到只升不降的排名。尽管大学领导层对排名持悲观态度，但排名影响力之大，之深远，还是让他们不得不关注。

在压力之下，很多大学开始为提高自己的排名做出相应的努力。其中很常见的方式就是将学校新的项目、设施以及未来规划蓝图印刷在彩页宣传册上。宣传册除用来为大学筹款和其他目的以外，很多大学校长还会将它们寄给其他大学的同事们，让他们对自己的学校有更多了解以便在“美国新闻”问卷调查时做出对学校更有利的反馈。没人知道这种方式是否奏效，但很多大学还是不遗余力去做。更让人不安的是，最近还爆出几所顶尖大学的招生办工作人员在提交招生数据时对数据做了改动，目的也是为了提高排名。

为什么排名会如此受欢迎？

很多学生和家长在申请大学时参考“美国新闻”的排名其实无可厚非，因为自己选择学校并不是一件容易的事情，特别是对新手来说。与其花精力自己摸索，直接参考所谓的“专家”做出的排名好像要容易很多。现实生活中，我们已经接受了对洗衣机、餐厅、橄榄球队、医院甚至电影的排名，但为什么我们不应该接受大学的排名呢？

大学排名与其他排名有本质上的不同。虽然可能大家觉得大学排名表面上看起来非常精准，但其实排名根本就不能说明大家所关心的真正问题，即学生个体的教育体验，而这只有通过学生亲身的经历和反馈才能获得，没有任何模式化的排名能够评估学生在某个特定学校的表现。

事实上，没有什么能够取代亲自花时间和精力去寻找真正适合自己的大学。仅仅是因为某个大学录取率很低，或者它的排名很高而去选择它并不能保证您能在这所大学里获得属于自己的成功。

录取率和入学率以及它们对“大学狂热”的影响

除了排名，一所大学的录取率和选择性也会吸引大众的注意，登上媒体的头版头条。录取率的降低往往被认为预示着一所学校实力的上升。例如某媒体头条写道：“某某大学录取率创历史新低。”这竟然也成了新闻？！

影响录取率的因素

很多大学大力推广自己学校，目的就是让更多学生递交申请。虽然很多学校知道自己只能录取申请者中的极少数，但这是最快增加自己选择性的方式。当然，很多大学的宣传有更崇高的目的——增加学校学生群体的多元化，但最后都会起到增加申请人数的效应。瑞秋·托尔（Rachel Toor），杜克大学前招生官曾分享道：“我到全国各地出差与学生和家长见面宣传杜克，我会告诉他们杜克大学的学术项目有多顶尖，社交生活有多精彩，然后鼓励他们申请。等到来年4月份，他们中的大多数人都会被拒掉。”

> “我曾经在一场为新生举办的招待会上无意中听到一位新生家长和一名很年轻的招生官的对话。家长说：‘既然我们学校每年只录取15%的学生，那为什么你们还需要花那么大力气让更多学生申请？’这名招生官沉默了一会儿说：‘我觉得这个问题还是去问我们的招生办主任比较合适。’”
>
> ——一名申请者的家长

另外一种降低录取率的方式是只录取那些最有希望入学的申请者，提高入学率。入学率（yield）指的是所有被录取学生中最终选择入学的人数百分比。不同学校的入学率不尽相同，例如哈佛大学和斯坦福大学的入学率都在80%以上，而有的学校则低于20%。一所入学率高的大学可以录取相对较少的人数来达到新生人数指标；相反，入学率低的学校则需要录取更多的人来达到指标。

大学提高新生入学率的方式有哪些?

拥有高入学率代表一所大学对新生有很强的吸引力。大学通常会通过以下几个方面来提高新生入学率。

录取更多早申请阶段的申请者

大学可以在早申请（early decision，又称ED）阶段录取更多的学生来提高入学率。提交早申请的截止日期通常在11月1日或者11月15日，早于常规申请（regular decision，又称RD）来年1月1日的截止日期。提早申请的好处是录取结果在12月中旬就会公布，而常规申请则要等到来年春季。需要注意的是，早申请是绑定申请，也就是说申请者被录取后必须选择入学，除非没有得到足够的奖学金来负担入学的费用。所以对一所大学来讲，录取早申请阶段的申请者就像吃了定心丸，因为入学率通常会接近100%。我们在第七章会详细探讨早申请和它的衍生计划“早行动”（early action）。很多大学在早申请阶段会录取超过大一新生总人数三分之一甚至一半的人。

将“过于优秀的学生”放到等待名单上

大学也可以将“过于优秀的学生”（the overqualified）放到等待名单上或者直接拒掉，因为这类学生很有可能不会接受这所大学发的录取通知书。采用此方式的某所大学招生办主任很现实地说道：“我们很清楚我们学校在美国大学里的水平，虽然我们不是社区学院，但我们也不是哈佛大学。”这种方式虽并不常见，但确有发生。

将学生对学校表现出的兴趣（Demonstrated Interest）作为录取依据

最后，大学可以有倾向性地录取那些已经对自己学校通过不同方式表达出浓厚兴趣的学生。大学都很清楚，那些努力了解自己学校的申请者更容易在被录取后选择入学，因此，很多学校在做录取决定时会将此作为考虑因素。我们在第十章会专门讨论demonstrated interest，以及它在录取中的作用。

"从常春藤联盟学校毕业能保证我以后可以赚更多钱"：纯属虚构

让我们回到为什么大家对顶尖大学情有独钟这个基本问题上来。看完上文，可能您现在会相信大学的知名度和排名确实并不等同于教育质量。但又一想，进入顶尖大学的最大吸引力难道不正是可以建立很多重要的人脉关系吗？似乎所有人都觉得顶尖大学吸引了相当一部分非富即贵且拥有广泛人脉关系的学生，所以如果能够与他们做同学一定会在以后的职业发展和申请顶尖研究生院上获得相当多的人脉资源优势，最终让自己名利双收。您是这样认为的吗？

家庭收入和大学选择性的关系

社会上的一些研究确实能作为证明上文论断成立的依据。顶尖大学的毕业生若干年后的平均收入的确高于毕业于知名度一般的大学的学生，这就好似大学毕业生的收入高于高中毕业生的收入一样。所以从中得出的直接结论可能就是进入顶尖大学能够决定日后收入的差异。但是经济学家斯泰西·戴尔（Stacy Dale）和艾伦·克鲁格（Alan Krueger）在两项相隔十年的研究中探索了另外一种可能性。他们推断，也许申请顶尖大学的学生在申请的时候就已经具备了某些个人特质，因而导致了以后的收入差异。

> "学生对自己能力的了解可能要多于招生录取委员会。举个很典型的例子，导演史蒂文·斯皮尔伯格就曾分别被南加州大学和加州大学洛杉矶分校的电影学院拒绝。"
>
> 斯泰西·戴尔（Stacey Dale）和艾伦·克鲁格（Alan Krueger），研究就读不同类型大学对毕业生长期影响的研究员

学生自身的特性才是关键，与大学类型无关

戴尔和克鲁格发现，在入学绩点成绩和标准化考试成绩相同的情况下，那些进入顶尖大学和被顶尖大学拒绝从而进入一般大学的毕业生在若干年后并没有收入上的差距。也就是说，那些有着相似学术能力并有动力冲刺顶尖大学的申请者虽没被录取但日后的经济能力表现与被录取的同伴相差无几。例外是，对特定的少数群体来说，例如非洲裔或者拉丁裔以及来自低收入和教育水平不高的家庭的学生，他们日后的收入确实能因从顶尖大学毕业而得到显著的增加。总的来说，除了特定的少数群体以外，戴尔和克鲁格的研究表明读什么类型的大学远不如学生自身的能力、积极性和野心重要。

> "我对学生的忠告是：不要认为最适合自己的大学就是将自己拒之门外的那所。要找一所学术强项与自己的兴趣相匹配并在这个领域的教学上投入了很多资源的学校。要清楚地认识到，自己的内在动力、野心和才华才是决定以后是否成功的关键，而不是学位证书上学校的名字。"
>
> 艾伦·克鲁格（Alan Krueger），普林斯顿大学（Princeton University）经济学教授

申请研究生院更容易?

入读顶尖大学就一定代表毕业生可以更容易被顶尖的法学院、商学院、医学院以及其他研究生项目录取吗？确实，相当多一部分的顶尖大学毕业生被声望很高的顶级研究生院录取，但这可能还是跟学生自身的特性有很大关系。同样的学生，就算是从一般的大学毕业也可以得到相同的申请结果。

戴尔和克鲁格也发现那些进入顶尖大学的学生并没有比那些被顶尖大学录取但选择去一所一般大学的学生在获得研究生及以上学位上更具有优势。另外，他们也没有发现任何依据可以证明一名学生本科就读的学校会与研究生院在水平上成正比。那些被顶尖大学录取但进入一般大学的学生在研究生录取率上并没有输给顶尖大学的同伴。

> "不要将选校的标准放在大学列出的各种数据上。大多数数据指的仅仅是学校的资源和名声，并不能代表教学质量或者其他具体情况。要将重心放在寻找能够匹配自己的具体需求和志向的学校上。就像爱因斯坦曾经说过的，'不是所有重要的事情都能够被量化；能被量化的也不一定都是重要的。'"
>
> 大卫·达文波特（Dave Davenport），佩珀代因大学（Pepperdine University）前校长

适合的重要性

我们认为申请大学应该以寻找真正适合自己的大学为前提。决定是否适合的因素有很多，例如学术项目、课外活动、社交环境以及地理位置等，这个过程也因人而异。评估各种因素既耗时又费力，这要比简单参考单一的排名辛苦很多。

我们写这本书并不是想试图劝阻您只将大学的声望作为选校依据。在第四章中，我们将讨论更多应该被考虑的选校因素，我们也鼓励您将它们纳入您的考虑范围内。另外，我们还要说明的是寻找适合自己的大学并不是一定要找到一所完美的学校，而是要充分考量各种能够为自己带来学术进步以及个人成长的因素。

在整个考量过程的最后，您可能还是会做出与考量前一样的选校决定，但最起码我们希望您的决定是在综合分析各种信息的基础之上做出的。也有可能您会在这个过程中认真考虑一些以前被忽略的学校，这都有可能。不管结果是什么，我们想做的就是来帮助您最大化地了解自己，熟悉大学的招生录取过程和认识不同类型的大学，让您能够做出最适合自己的选择。

史蒂芬·路易斯（Stephen Lewis），前卡尔顿学院（Carleton College）院长曾说道："我们该问的并不是'最好的大学是哪些？' 而是'这些大学更适合谁？'"

第二章

招生办想了解申请者的哪些方面?

我们经常听别人说大学的录取决定是不可预测的。所有人都知道现在被大学录取的难度比以往要高很多，但同时录取选拔的标准也正变得越来越模糊。例如一名被一所选择性超高的大学录取的学生，竟然被一所选择性稍低的学校放到了等待名单上。又或者，一名被三所大学同时录取的学生也同时被其他三所拒绝，而这六所大学的选择性都差不多。为什么录取决定会如此不一致?

更令人费解的还要属从同一所高中申请同一所大学的案例。一名学业成绩表现更加突出的学生被一所大学拒绝，而比自己成绩低的同学却被录取。为什么成绩好的同学没有被录取？虽然很多大学声称早申请和常规申请的录取标准相同，但很多案例和证据显示早申请在录取上更有优势。为什么连申请时间的早晚都会被考虑在录取过程中?

在这章里，我们会帮助您了解大学在审阅申请时考虑的众多因素。对整个审阅过程的充分了解能够为您揭开大学录取过程的神秘面纱，让您更有自信地开始自己的申请。需要说明的是我们没有灵丹妙药或者神奇的公式能够保证您得到大学的录取通知，但是您对整个审阅过程了解得越多，越能够更加从容地面对整个过程，包括选校、准备申请、得到录取后择校，以及处理这个过程中可能遇到的让人失望的结果。

大学录取的变革之路

在我们开始之前，我们先分享一段历史来谈谈大学录取是如何在这些年里发生翻天覆地的变化的。大约85年前，大学招收新生的方式跟现在完全不同。以耶鲁大学为例，1936届的录取率高达72%。

当年的耶鲁

1936届的新生大约30%都是耶鲁校友的儿子，也称为legacies（校友子女）。很多被录取的学生也都来自于传统的生源校（feeder school）。这些生源校都是精英级别的大学预备高中。它们的校长通常跟招生办官员有非常紧密的联系，几乎能够保证自己的学生都能被想申请的大学录取。新生中只有不到20%的学生来自公立高中。当时的耶鲁还不招收女生。当时的美国有专门针对女生的高校，被称为“七姐妹”（Seven Sisters），它们也采用与耶鲁类似的录取机制。当时被忽略的还有那些不属于精英权贵阶层的年轻人，不管他们多么有才华和能力也都很难得到录取的机会。耶鲁虽没有公开招生规则，但所有人都清楚录取的现实门槛。

现在的耶鲁

今天，与耶鲁水平相当的高校正在以学生群体的多元化为荣，并积极招募来自各种不同背景的优秀学生。申请耶鲁2020届的学生总数达到了1936届的23倍，最后只有6.3%的申请者被录取。更重要的是，与84年前相比，新生年级在各个方面都大有不同。例如只有13%的新生是“校友子女”，超过60%的新生来自公立高中。这种趋势在耶鲁的同类大学中也很常见。那些在历史上只因出身和环境就能被录取的学生在当下已经不复存在，规则已经彻底改变。

耶鲁大学的时代变迁

	1936届	2020届
申请总人数	1 330	31 455
录取率（%）	72%	6.3%
大一入学人数	884	1 373
来自公立高中（%）	少于 20%	60.4%
校友子女（%）	30%	13%

申请过程中哪些因素最重要?

大多数美国大学的招生网页都会说明它们想在新生身上看到的特质。其中包括很多不同方面，例如卓越的学术表现、深度参与课外活动和拥有卓越的领导力、有社会责任感和求知欲等。它们也会列出具体的审阅材料，例如课业成绩和课程难度、标准化考试成绩、推荐信、课外活动、文书写作以及面试等。申请者的背景（context）也会在过程中起到很重要的作用。这里的背景指的是大学会充分考虑学生在所处环境中的资源配置情况，以及是否有有挑战性的特殊情况。

这些特质信息几乎是每一所大学都希望看到的。它们标准统一，好像都参加了同一个招生录取培训项目一样。网页上的信息是招生办所能够公开的信息，虽然看似模棱两可，但它们并非刻意误导，因为这是它们在合理的范围内所能披露的一切。非公开的版本都是发生在门内的，要知道招生官们每年要从成千上万份的申请里挑出只有几百人的新生年级，这并不是件易事。我们并不是要暗示这一切都是在神神秘秘的情况下进行的，只是因为整个过程非常复杂和微妙，不同学校间和申请者间会存在很大差别。在这一章中，我们会一一讨论大学在审阅申请时所考虑的各种因素。在第三章里，我们还将探究审阅申请的详细过程。

大学考虑的有些因素是众所周知的，例如学业成绩和标准化考试成绩，但并不是所有学校都会考虑这些标准。在标准要求之外，顶尖大学的竞争程度也不容小觑。

学术表现

申请最核心的部分就是申请者的学术表现。学术表现指的是申请者在高中期间修的所有课程和获得的成绩。几乎所有大学都表示它们想看到申请者在高水平的课程里挑战自己并得到很高的分数，因为这是获得录取的最重要依据。

自己的学术课程挑战性如何?

很多大学会明确给出符合它们标准的申请者应该具备的学术条件，例如修英语、数学、外语等主科目的年数。

那您应该选择什么样的课程呢？

以得克萨斯州圣安托尼奥市的三一大学（Trinity University）为例，它为申请者提出的指导意见是：

> “很多学生和家长会问是在普通课程得A好还是在AP课程里得B更好呢？我的回答永远是在AP课程里得A最好。”
>
> ——一名哈佛大学招生官在讲座上评论道，紧接着观众里发出一阵紧张的笑声

三一大学寻求那些能充分利用自己学校的学术机会并在学术上挑战自己的申请者。申请者的绩点成绩、课程难度、班级排名（如果有的话），以及所修科目的多样性等都是招生办考虑的重要因素。

招生办公室会使用标准化的非加权打分区间重新计算每位申请者的绩点成绩，以弥补不同高中之间打分区间的差异。

招生录取委员会审阅的内容有哪些？

学术表现
- 学业成绩
- 年级排名
- 课程难度

标准化考试成绩
- SAT
- ACT

课堂以外的活动
- 课外活动
- 社区服务
- 工作经历

个人特点
- 推荐信
- 文书
- 面试

特殊吸引力和大学优先事项
- 校友子女
- 捐款潜力
- 缺乏代表性的族群
- 体育特招生
- 社会经济背景和地域
- 个人特长

课程的难度是录取很重要的一部分。我们会格外重视申请者是否修了荣誉课程、AP大学先修课程或者IB证书课程等高水平的课程（如果学校提供的话）。我们也会将课程的广度和深度纳入考虑范围。

三一大学的指导意见跟其他大学大同小异，区别可能会在很细节的地方，例如修数学和外语课的年数，以及成功的申请者所需要的学术表现等。具体细节除外，大多数学校都会着重强调学术准备的重要性。

为什么大学想看到有挑战性的课程？

很多大学，特别是那些具有一定选择性的大学希望申请者能充分利用所在学校的学术资源来挑战自己。这包括修学校所提供的荣誉课程、AP大学先修课程或者IB证书课程等。如果在这些课程里表现突出就说明学生有能力胜任大学的课程。作为一般的规则来说，如果您所在的高中提供类似的挑战性课程，那有一定选择性的大学都会期望您利用好它们。在某些顶尖高中，高三或者高四的学生可以到附近的社区学院、四年制大学或者通过在线课堂修那些已经超出学校所提供课程难度范围的课程。招生官们在审阅申请时会格外注意这些课程。

课程的数量和成绩都很重要

很多高中通过提供加权成绩来体现挑战性课程的额外比重。如果一门普通课程的分数A值4分，那AP课程里的分数A可能就值5分。加权有时还会反映在分数的加和减上，例如AP课程里的A+可能值5.25分，而A–可能值4.75分。挑战性课程的分数加权可能会让那些修了很多门挑战性课程并且表现突出的学生最后得到出奇高的绩点成绩，如4.6分。这些学生只代表了每年高中毕业生中的少数，但他们却占了顶尖大学申请库里的大多数。如果您的高中没有分数加权制，那也不用担心，因为大学会知道并做出相应调整。例如一所学校加权后的4.6分可能不比另外一所不采用加权制学校的4分强多少。

大学有可能重新计算您的绩点成绩

很多大学以非加权形式重新计算申请人的绩点成绩。计算从九年级开始，范围仅包括主要的学术课程（通常指的是学术主课，如英语、外语、数学、科学和社会研究），宗教、辩论、体育和新闻课程等通常被排除在外。这为评估来自不同高中的申请者建立了一个通用标准。尽管会重新计算绩点成绩，但大学还是会根据申请者所在学校的课程设置和难度仔细审阅申请者所修课程的质量。有些大学会将绩点成绩从成绩单中去除，不会选择重新计算。无论如何，在挑战性很低的课程中取得的绩点成绩就算再高也不会受到顶尖大学的青睐。

合理的数目

大学到底想看到什么？带着这个疑问，很多学生会利用春假或暑假到大学访校，结果都发现大学想看到他们修自己学校提供的“最有挑战性”的课程。到底什么是“最有挑战性”的课程？是一年修三门、四门还是五门AP？如果修六门是否会更好？如果学校不提供AP怎么办？申请者会处于劣势吗？（答案是不会。我们刚才提到过大学招生人员会从学校附在成绩单上的学校简介中了解学校的具体设置。他们在审阅时会根据申请者所在学校提供的所有学术资源的背景做出相应评估。）

很多学生都问过同样的问题，我们也承认这真的很难回答。如果有学生问，“我到底要修多少门‘挑战性’的课程才够？”我们的回答永远是“看情况”。有几个方面需要考虑，您是否真正喜欢这些课程？它们的教学质量如何？您能够在这些课程里有突出的表现吗？有什么不含加权的课程是您想修的？您对自己其他的时间是如何安排的，是参加课外活动，还是需要承担家里的责任，或者仅仅是正常的作息？每个学生都会有不同的答案。很遗憾的是，大学通常不会在它们的建议中说得太直白，例如“课程数量合理即可，根据自己能力能修多少就修多少，适可而止”。如果有这样的建议就能大大缓解学生自己遐想带来的无形压力。修了过多的挑战性课程，到头来可能会因为数量太多而事倍功半。

在学校具体设置中考量绩点成绩

虽然大学强调课程难度和成绩的重要性，但它们也认为单看成绩并不能说明太大问题。招生官跟学生一样非常清楚哪些高中（或者老师）打分异常慷慨，哪些不会。打分膨胀的现象在公立中学和私立中学普遍存在。

据美国大学理事会（College Board）称，参加SAT考试的2015届应届毕业生中，高中绩点成绩为A-的已经达到了48%，而20年前这个比率只有35%。单纯的高分已经不足以让人印象深刻了。

年级排名的角色

很多高中，特别是公立高中会根据学生的绩点成绩进行年级排名。年级排名体现的是学生在分数上的对比，这能让大学在审阅申请时更便于了解学生的位置，特别是那些来自学生人数众多的公立高中的申请。事实上，现在越来越少的高中采用排名制，尤其在私立学校。它们认为排名会导致学生内部竞争恶化，过度放大绩点成绩间微小的差距，使没有在最顶尖水平上的学生在申请时处于劣势。很多公立学校也逐渐认识到这一点，也开始慢慢停止使用排名。

> 招生官在选课方面会鼓励学生选择那些能够激发他们内在兴趣的课程并在这些课程中选择最具有挑战性的来修。所以“要修完所有AP课程”的说法并不是他们所要求的。
>
> 大卫·霍金斯（David Hawkins），美国全国招生咨询协会教育内容与政策执行主任

没有了明确的班级排名让招生官的工作变得更具有挑战性。但是他们同时也会从学校提供的评分方式里获得学生在校的表现情况。即便他们没有学校的排名信息，他们也可以将同一个学校不同申请者的绩点成绩进行对比，或者与历史上来自这所学校的申请者的成绩进行对比来获得想要的信息，因为这些打分标准每年的变化不大。

成绩的上升趋势是一件好事

> “全国和世界各地的高中数量众多，而且每一所学校都有自己的打分政策和老师的单独评价，因此绩点成绩（GPA）本身作为一个数字并没有太大意义。”
>
> 一名高中升学指导老师谈GPA存在的多样性

另外，大学也会考虑学生成绩的升降趋势。如果有两名绩点成绩和课程难度相似的申请者，其中一名的成绩呈上升趋势，另外一名呈下降趋势，那招生官一定会更偏向于成绩上升的那名，除非另外一名是因为有不可控的外部因素导致成绩下降，例如生病等。我们想强调的一点是大学不会采用“一刀切”的方式审阅申请，它们会根据学生自身的不同情况酌情考虑。

学校简介（School Profile）

高中通常会将学校的简介随成绩单一同递交给大学招生办。学校简介总结了学校的课程和评分体系，以便大学了解申请者相比学校其他同学的表现。简介也可能包括毕业年级的成绩分布区间，并列出学校所提供的所有AP、IB或者荣誉课程科目，还有升入四年制大学的毕业生比率以及往年的大学录取和入学结果。简介可能还会列出整个毕业年级的SAT或ACT的成绩分布，以及修AP课程的学生总人数

和课程通过率等。这些信息能帮助大学了解申请者所在高中的基本情况和学校为学生提供的所有有限资源。不管是否有排名信息，简介对大学来说都是非常有价值的参考。

大学通常要求申请者的学校，通常由升学指导老师提交一份推荐表，称为学校报告（school report）。报告会要求指导老师对学生所修课程的难易程度在整个高中的大环境中做出评估。这些信息能让招生官在审阅申请时根据学生所在高中的实际情况进行审阅，这样就不会让那些学校本身不提供挑战性课程的申请者处于劣势。

“大学狂热”现象的部分原因归咎于我们在本书开篇时提到的超低录取率。例如在每年申请哈佛大学的申请者中相当一部分是高中的全年级第一，但他们中超过75%都会被哈佛拒掉。其他几所选择性超高的大学也会拒掉申请者中的绝大多数高中第一。但如果您仔细想想，这其实并不值得大惊小怪。

美国全国有超过27 000多所公立高中和私立高中，还有数量一直在增长的特许中学（charter school）。每所学校一定都会有一名或者多名学生取得最高的学业成绩。所以很显然，分数并不是大学录取过程的全部。有太多的申请者有着出乎寻常的成绩，但来自不同学校或背景的成绩差别也很大，因此成绩不能成为决定录取的唯一考量。很多父母都会在录取决定出来后打电话到招生办抱怨：“我孩子的分数那么完美，但还是被你们拒绝了。”这样的抱怨对电话另一头的招生官来说并不会感到意外。

标准化考试

大多数大学要求提交标准化考试成绩（以下简称：标化成绩），即SAT或者ACT成绩。大学对这两种考试没有偏好，申请者可以选择任一提交。我们发现学生问得最多的一个问题就是标化成绩在录取过程中所起作用有多大。大卫·厄德曼（David Erdmann），罗林斯学院（Rollins College）已故的招生办主任曾经给出过最坦率的回答：“在大多数学校，标化成绩的重要性比学生想象的要低，但比大学愿意承认的要高。”我们在第六章会详细讨论标准化考试，包括如何二选一以及如何备考。

大学和学生都认为标化成绩更客观，因为它们独立于不同学校不同的打分标准之外。标化成绩也可以帮助大学区分两名课业成绩接近的申请者。

标准化考试也有众多批评者。大多数大学也都对过度依赖标准化考试持谨慎态度，因为人们对其真正的衡量标准以及潜在的偏见存在疑虑。尤其引人担忧的是考试培训市场的壮大。很多培训机构提供“保分”服务，但前提是要缴纳几千美金的培训费。很显然，能负担起此类服务的肯定是那些来自富裕家庭的学生。

> “标准化考试会让经济背景稍差的学生处于劣势，而采用‘选择性提交’会抵消这种不公平。”
>
> 威廉·布莱克（William Black），
> 天普大学（Temple University）
> 高级招生副校长

为了应对这些问题，越来越多的大学将标准化考试政策改为“选择性提交”。此项政策根据学校不同情况适用于绝大多数申请者或者全部申请者。这样一来，提交成绩的主动权就回到了学生手上。采用此政策的大学认为学生申请里除标化成绩外的其他方面也能够帮助它们甄选到想要的新生。不采用此政策的大学还是想看到申请者的标化成绩，但是它们允许学生自己决定提交哪种考试。例如AP或者IB成绩等。我们在第六章会详谈“选择性提交”（test-optional）和“灵活性提交”（test-flexible）两种政策以及如何来寻找采用此类政策的学校。

尽管有很多声音要求更多的大学取消标化成绩或者转向选择性提交，但大多数大学在可预见的未来可能还是会继续使用标化成绩。由于不同高中课程和分数复杂多样，难以统一解析，纵使标准化考试在目前看起来并不完美，但大学还不想放弃标准化考试所提供的额外信息。

课堂以外的表现

很多大学不仅要求学生在学业上表现优异，而且还需要成为一名有趣的人，并能够积极参与大学的各种活动为校园社区的建设贡献自己的力量。招生官以前经常会强调申请者个人的“全面性”（well-rounded）在录取过程中的重要性，他们期望看到申请者表现出在课外活动中的领导才能。而现在，招生官可能会更强调一个有“全面性”的年级，能够集合在各个领域内都有卓越表现的新生。

这其实很好地总结了一个很模棱两可的词“激情”（passion）：一种青少年在申请大学时就应该已经发掘出来的关于自己的某种不具象的特质。

这种期望值的转变说明招生办逐渐认识到青少年不可能在每天有限的时间内将所有事情都做到完美。大卫·古尔德（David Gould），布兰迪斯大学（Brandeis University）前招生办主任曾说道："想要寻找一名17岁时就精通各门学科的人不是一件容易的事情，但是我们可以通过组建一整个年级来达到这个目的。"大学更希望看到学生能够长时间专注于某一项活动，而不仅仅是短暂地尝试几种不同的活动。作为本书作者，我们认为"投入度"（commitment）要比"激情"（passion）更重要，因此我们选择在下文中使用commitment。

课外活动

那到底"杰出的才能"（exceptional talent）或"投入度"（commitment）指的是什么？总的来说，大学的选择性越高，它们审阅课外活动和领导才能的标准也就越高。例如参与辩论的层次可以从参与校队到偶尔赢得学校本地的锦标赛，再到赢取区域性的锦标赛，再到州/省或者国家级比赛。越有选择性的大学越看重更高水平的成绩和认可。成为高中交响乐团的一名成员固然很好，但成为首席小提琴手会更好。如果能赢得区域、州/省、国家或者国际级别的个人独奏比赛那更是好上加好。类似的还有体育比赛的获奖经历等，我们会在下面谈"特殊吸引力"（hooks）时讨论针对体育特招生的特殊政策。

同时，大学也期望看到申请者的领导才能。例如高中社团负责人、学生会主席、校报或者年册编辑等都是常见的领导力经历。当然，选择性越高的大学越期望看到申请者有更大的影响力。如果条件允许，申请者最好能够超越高中，胜任本地、区域、州/省或者国家级组织的领导职位。当然，能参与此类高级别职位的机会还是不多见的。

学生经常会问到底什么样的活动能够更吸引招生官的注意。其实招生官经常强调他们不会更偏向于某一项活动，而是希望看到申请者对自己所感兴趣的活动表现出一定的"投入度"，并能将自己做过的所有有意义的活动清楚地列出，不管是不是领导职位。要知道，参与活动的深度和"投入度"要比活动的"头衔"更重要。

服务社区和他人

参与社区服务跟参与体育运动、培养艺术特长或者参与学生会工作一样，虽然不是申请大学所必需的，但招生官还是想看到申请者乐于花时间帮助别人，哪怕这是高中课程的一部分。参与社区服务有很多种方式，例如辅导其他同学、在施舍处服务贫民、到医院或者无家可归者收容所做志愿者、为儿童运动队提供志愿辅导或当比赛裁判、为慈善组织筹集善款等。还有一些比较不正式的活动，例如照顾年幼的兄弟姐妹或者年迈的家人等都能体现对别人有价值的贡献。

参与社区服务与课外活动一样，长时间的投入是关键。在需要大量时间和精力投入的社区服务中担任领导职位更能体现学生的利他主义、热情度和与他人有效合作的能力。

利用暑期去世界各地做志愿服务，例如到贫困地区支教、协助建设房屋等也都受到很多学生追捧。虽然这些活动对学生自身以及对接受帮助的当地人来说是有价值的，但招生官在看待这些经历时并不会认为它们比在本地社区服务更有意义。所以，申请者并不需要刻意地跑到非常偏远的地方从事社区服务。另外，主动创造机会去服务他人也能够为自己在“投入度”和能动性方面增色不少。

工作经历

大多数大学都会给申请者罗列出工作经历的机会。根据具体情况，很多有报酬的工作也可以很有效地补充申请者在某一方面的兴趣，例如设计网页或者照顾有特殊需求的儿童等。如果工作内容包括管理其他雇员，那这也可以体现出申请者的责任心和领导能力。最后，如果从事某项工作的跨度很长，不管工作的性质是什么，也能反映出申请者或许不太宽裕的家庭背景以及家人对其打工收入的迫切需求。招生官非常理解打工会影响学生参与其他课外活动的机会，因此打工本身其实可以弥补有限的课外活动，也是申请里被考量的重要因素。

科研、实习和特殊项目

一些申请者会选择投入大量时间进行科研活动，他们可能与大学教授或与企业从事研发的研究员进行合作。根据科研的具体内容和深度，这可以为申请增色不少，也会引起招生官的重视。少数情况下，一些申请者的研究还会进一步获得本地、区域性，甚至国家级的认可。

很多大学或者社会组织会利用大学的场地和设施提供种类丰富的暑期科研项

目。这些机会有其优势，但除非项目本身招生非常挑剔，如果仅仅是单纯参与并不能对申请起到太大作用，特别是对选择性很高的大学来说。这并不是说这些项目不值得申请者参与，因为项目本身可能并不是为了辅助大学申请而设置的。

追随自己的兴趣

> “选择参与自己真正感兴趣的活动和为自己创造机会的学生更容易在申请里出类拔萃，就算他们的活动是在近在咫尺的社区内，而不是在不常见的国家或地区。那些依靠父母付钱就能去参加的活动除了能够让简历稍显丰富，在申请上反倒会显得平淡无奇，毫无亮点。”
>
> 拥有申请经验的某学生家长

在第十章，我们会探讨申请者应该如何在申请里分享课外活动、社区服务以及工作经历等信息。有时候学生仅仅是为了让自己的大学申请在招生官面前看起来更好而去参与一些活动，例如社区服务等。其实，招生官想看到的是学生在某一方面或多个方面表现出了长时间的投入和积极性，并从中得到成长。我们之前提过，活动本身的罗列其实并不是最重要的。如果有一个很长的活动名单但并没有花足够的时间和精力去做每一项活动并不会对申请产生任何积极影响。在这种情况下，少而精反而更好。

反复猜测大学想看到什么活动是徒劳的，做自己喜欢做的事就足够了。参与自己真正感兴趣的活动比尝试去匹配自己认为大学想看到的内容更有意义。

个人特质：申请背后真实的您

众所周知，申请里的量化记录，例如标化成绩、成绩单以及某些课外活动并不能很全面地展示您的全部，也更体现不出您将来想要成为什么样的人。因此，很多大学会要求申请者提交质化的信息，包括学术老师的推荐信、文书以及面试（依学校情况而定）。

推荐信

在第十章中，我们会讲到几乎所有有选择性的私立大学都会要求提交一封高中升学指导老师的推荐信，以及一封或者两封任课老师的推荐信。招生官在审阅推荐信时会寻找学生的各种亮点，例如申请者是否聪慧过人，在学术上是否有好奇心，是否多才多艺、乐于助人以及充满活力，而其中最重要的是要看学生在校期间的学术表现。招生官也希望能在升学指导老师的推荐信中了解学生大概的年级排名。

有些推荐信的重要性要大过其他

推荐信的有用程度差别也会很大。一名招生官说道：

“在大型的公立高中，很多升学指导老师要负责写几百封推荐信，很多时候他们对申请者并不了解，因此写的推荐信也非常简短。而在很多将大学升学率用于招生宣传的私立高中，我们甚至会收到指导老师写的整整四页的推荐信。为了公平起见，我会将不同的学校背景带入审阅过程，但现实是我从私立高中指导老师推荐信中得到的信息往往要大于公立中学的推荐信。”

虽然四页的推荐信非常罕见，但我们得出的教训是：不管读的是什么类型的高中，就算有很多现实的困难也一定要尝试多去跟升学指导老师沟通。一些高中的升学指导老师数量和学生相比较多，学生跟老师的交流也相对容易，但并不是所有高中都有这种条件。这种现象其实并不公平，要获得相同的资源也不容易，但这值得作为申请者的您为之努力。

了解自己的任课老师

多了解几名自己的任课老师会对申请有很大帮助，因为您可能会需要他们帮您写推荐信。给老师留下良好的印象，积极参与课堂讨论都能让老师在写推荐信的时候有理有据。把自己写的最好的论文或者作业留好，在写推荐信的时候可以提醒老师您在他们课上的一些具体表现。有些大学鼓励申请者提交高中期间已经得到任课老师打分的学术论文。有些大学还规定如果不提交标化成绩，则需要提交高中期间的论文来代替。所以最好将写过的论文保存好，说不定会派上用场。审阅此类论文时，招生官想看的是您的总结分析能力和写作能力以及您所在高中的学术课程难度。

文书

可能除了标准化考试之外，申请中没有哪部分能像文书这样让人“生畏”。很多大学还有自己的补充性文书（详细讲解请看第九章），但现在我们将它们统称为文书。文书要求申请者将自己的真实故事和对某话题的想法分享给一个要对自己做出评判的陌生人（招生官）。这对很多申请者来说是一种全新的写作方式。申请者们知道大学想看到好的课业成绩和标化成绩，但它们到底想从文书里得到什么信息呢？招生官通常会说他们想看到申请者最真的一面，真实做自己就好，但到底什么才是“真实做自己”呢？

招生官到底如何审阅文书？

文书能够展示申请者的写作能力，以及申请者如何思考问题和如何从自己的经历里收获心得的能力。文书也能够传达申请的其他部分无法提供的重要信息，同时也是申请者在申请里有很大掌控空间的唯一部分。如果文书透露出有价值的内容，那这将对申请起到实质性的影响。

> “有时候申请者提交的文书毫无品味可言，我们都很惊讶这样的文书怎么敢拿来申请我们学校。但从我的经验来看，没有任何学生仅仅是因为文书出彩而被录取，也没有任何学生仅仅是因为文书逊色而被拒绝。”
>
> 弗莱德·哈儿哥顿（Fred Hargadon），普林斯顿大学（Princeton University）和斯坦福大学（Stanford University）前招生办主任

招生官把文书视为了解申请者非常重要的一部分。有那么多分数、绩点成绩和课外活动都相似的申请者，申请者可以通过文书让自己鹤立鸡群。申请者可以将文书当作一个对自己的人生进行深度思考的机会，而不应该当成一件苦差事。一篇成功的文书能让招生官更进一步地了解申请者，也能让他们认可申请者的写作能力。

文书的分量有多大？

文书在申请中的分量到底有多大？调查结果显示学生和家长认为文书实际的重要性要比招生官所阐明的高。这样的认识其实并不奇怪，因为学生在文书上花费了太多时间和精力，而到了招生官面前可能会被快速地审阅。但不管怎样，调查的结果显示文书还是能在录取过程中起到非常重要的作用的。

一篇好的文书能够增强一份申请在一所有选择性的大学的竞争力，特别是在申请者学业成绩和标化分数已经非常高的情况下。一篇差强人意的文书则会削弱申请者在一所已经有很多优秀候选人的大学的录取机会。一篇不温不火的文书也许并不会给招生官带来任何有价值的信息，因此也不会对申请有实质性的帮助作用。非常明智的申请者会尽量在能为自己申请加分的项目上努力，尤其是文书。如果能够提早开始动笔打稿，那一定会有更理想的结果。我们在第九章中会谈到更多关于文书写作的内容。

面试

面试可能是申请过程中最容易被误读的部分。有些大学的面试被用来作为综合审阅的一部分，同时申请者也可以通过面试加深对大学的了解。面试的重要性因校而异，因为有些大学根本不提供面试。

面试一般很少能够发掘太多关于申请者的额外信息；更多时候，面试只是进一步确认申请里已经提及的信息。如果申请者在面试中表现得毫无礼貌或者显得不成熟，反倒会让申请大打折扣。相反，如果能避免这些比较少见的坏习惯，那面试本身一般不会对申请有任何不好的影响。

大学还可以通过面试了解申请者对学校的真实兴趣。我们在第十章中会提到，是否对大学表现出足够的兴趣有可能会被作为最终录取的考虑因素之一，尤其是在两份非常类似的申请中二选一时。我们在第十章中会详细介绍面试的不同种类，以及申请者应该如何准备面试以便给招生官留下良好的印象。

特殊吸引力和作用

特殊吸引力（hooks）是美国大学招生录取行业的业内术语。它指的是一所大学在其学生群体中格外想要获得的特质。大学的此类优先考虑因素在录取过程中会起到决定性的作用，尤其是在具有选择性的大学。特殊吸引力有时也称标签（tags），常常会引起争议，而且具体的细节也会因校而异，甚至在同一所学校每年的标准也不同。我们讨论特殊吸引力，目的是让读者了解大学在招收新生过程中考量的不同因素。如果申请者身上有大学急于想要的特质，那这可能会对申请有帮助，但绝大多数的申请者都没有。

校友子女（Legacy）

legacy通常指的是获得某所大学本科学位的校友的子女（此校友不需要有回馈母校的捐款记录）。有些大学，例如巴克内尔大学（Bucknell University）和宾夕法尼亚大学（University of Pennsylvania）甚至将校友孙辈的申请者也算作legacy。还有一些大学把获得本校研究生学位的校友子女也算作legacy，例如斯坦福大学（Stanford University）和普林斯顿大学（Princeton University）。

> **“大多数申请者会在所属的类别内进行相互比较，而不会与整个申请库进行比较。根据所属类别，录取率也有可能上下浮动。学校间的类别设置各异，而处于特定类别内的申请者通常被认为具有特殊吸引力，因为他们身上有学校格外想获得的某种具体特质。”**
>
> 保罗·马尔特尔斯（Paul Marthers），
> 里德学院（Reed College）前招生办主任
> 在回顾有选择性的大学在招生录取过程中的具体操作时说道。

那作为校友的子女在申请上到底有多大优势呢？

在很多顶尖私立大学，校友子女的录取率要比一般申请者的平均录取率高出两到三倍。很多大学辩护称校友子女的总体水准要高于常规申请者的平均水平。另外很多校友子女会选择递交早申请（early decision），而早申请本身就有录取上的优势。毋庸置疑，校友子女在很多大学的录取中都具有先天优势。要说明的是，虽然是校友子女，但这并不表明他们可以被直接录取，尤其是在那些录取率很低的大学。

为什么大学给予校友子女特殊录取待遇？

大学通常非常渴望有校友子女入学，因为它们觉得校友子女对父母的母校具有相当的忠诚度，在接到录取通知后也更愿意选择入学，入学后也会成为学校非常活跃的学生。简而言之，他们能够提升学生群体的整体士气。反过来，对父母来说，他们也期望自己的孩子能追随自己的求学脚步。另外，

> **“校友对母校常年保持的忠诚度我们都有目共睹，例如他们的捐款，帮助我们进行校友面试等等。如果校友在毕业后能够继续支持母校的各种活动，那我们支持他们也是应该的。”**
>
> 查尔斯·狄肯（Charles Deacon），
> 乔治城大学（Georgetown University）
> 招生办主任

大学希望将自己打造成一个充满爱心的像家一样的社区，校友子女的加入，也就像是丰富了一个大家庭一样。但说到底，给予校友子女特殊录取待遇的底线在于，这其实是一个对大学来说非常明智的财政决定，因为它们的运营靠的就是校友的捐款。

虽然校友子女的特殊背景也会在少数公立大学被考虑，例如弗吉尼亚大学（University of Virginia）和密歇根大学（University of Michigan），但其在私立大学录取过程中的比重要高得多。在很多私立大学，它们会专门为校友子女举行学校介绍会，提供专门为校友子女开放的面试机会以及指派专门招生官来解答校友子女的申请问题。校友子女申请也是一把双刃剑，因为随着大学录取率的不断降低，它们可能也要拒绝很多校友子女的申请。作为校友来说，如果自己的子女被母校拒绝，这会让他们感到特别失望。所以，大学在校友子女的录取上很多时候都如履薄冰，既要维护自己的录取制度，又要保证顾全“家人”。

校友子女录取争议

对校友子女的特殊录取待遇经常受到抨击，因为这与机会均等的录取价值观不符。批评者认为因为大多数从有选择性的大学毕业的校友都是富裕的白人，因此对他们子女的特殊照顾就好比是为中上层家庭专设的“平权法案”（affirmative action）一样，会导致更多社会分配不平等。而大学则称，对校友子女的优先待遇只涉及很少一部分学生，而且这对学校的发展具有潜在的好处。目前来看，校友子女的特殊背景在很多私立大学仍是录取过程中非常重要的考虑因素。

> “如果没有校友的慷慨捐助，我们就没有能力提供像现在这样高水平的教育。所以，我们给予校友子女录取上的偏好无可厚非。”
>
> 汤姆斯·帕克（Thomas Parker），
> 阿默斯特学院（Amherst College）
> 前招生和助学金办公室主任

发展录取（Development Admits）

很多有选择性的大学每年都会录取一小部分所谓的“发展录取”——那些凭自身能力还达不到录取要求，但能够为学校带来潜在数额可观的捐款的申请者。如果再加上是校友的子女那这意味着申请者的优势也会增加。

那捐款数额要达到多少才算呢？这因大学而异，而且大学也不会公开“叫价”。大学宣称这是为大学的自身发展寻求额外的财政支持。大学特设的发展办公室（development office）并不一定会主动去招募有捐款潜力背景的申请者，但如果有申请的，它们一定会非常欢迎。申请递交后，申请上会被标记特殊的发展标签以引起招生官的注意。招生办也会认真评估此类申请者能否胜任这所大学的学术要求并顺利毕业。

发展录取因其本身数量稀少因此对其他申请者的录取影响不大。尽管如此，此类操作还是会被大学低调处理以免引起不必要的曝光。2006年《华尔街日报》的记者丹尼尔·格尔顿（Daniel Golden）出版过一本名为《入学的价格》（*The Price of Admission*）的书又重新将这类有争议的操作拉回公众视线。虽然很多大学对曝光非常不满意，但是现实的筹款压力并没有促成任何实质性的改变。

体育特招生

出色的运动能力也是高校看重的优先录取因素。大多数大学都有非常活跃的体育项目并且它们已成为大学校园文化不可或缺的一部分。在校生、校友甚至教职员工都希望本校的体育队在与外校的比赛中获胜。发展办公室更是如此，因为它们的筹款成功与否也会跟体育队的胜败有很大关系。大多数高校都允许教练推荐一定名额的运动员被考虑录取。

> “通过体育特招进大学的学生通常来说还是不错的学生，也能够顺利毕业，并不是所有人都能只靠学业成绩被录取。”
>
> ——一名了解体育特招生情况的高四学生

什么是体育特招生？

我们将体育特招生定义为那些成为教练最终推荐名单上以获得录取为目的的申请者。对大学越重要的某个体育项目，教练的推荐也就越重要。例如大多数高校最引人注目的两项运动——篮球和橄榄球，因其能为学校带来可观的收入，因此教练推荐的分量也会很重。虽然一些运动员就算脱离特招只靠自己的学业成绩也能够获得录取，但也有很多人没有这个能力。

体育特招生有哪些录取优势?

普林斯顿大学（Princeton University）前校长威廉·鲍文（William Bowen）和他的研究助理萨拉·莱文（Sarah Levin）进行了一项名为常春藤联盟大学特招运动员录取优势的调查。调查是为了进一步了解运动员的平均录取概率与其他申请者之间的差异。他们在分析了大量学生申请数据后得出，在常春藤联盟大学，一名男性体育特招生的录取概率比一名拥有相似学术成绩但没有任何其他特殊待遇的男性申请者高出整整四倍。

虽然距鲍文和莱文的研究已经过去20多年，但如今情况并没有发生实质性改变。我们反倒觉得现在比以前更夸张，甚至大家低估了体育特招生这一因素真正的力量，因为常春藤联盟大学这些年的平均录取率连年创新低。这种现象不光存在于常春藤联盟大学，在其他大学也存在。

出众的体育特长可能是大学录取过程中最强大的影响因素。发展录取也可以归于其中，但区别是其数量太少，也没有公开数据进行研究。我们将在第十一章中详细探讨体育特招生与录取间的关系。

多元化

大多数大学认为拥有一个多元化的学生群体是提供高质量教育的关键。同时，很多申请者也会将大学的多元化作为他们选校的标准之一。多元化包括很多种不同的形式，例如种族多元化、社会经济背景多元化以及地域多元化等等。

欠代表性的学生群体

作为传统意义上缺乏代表性群体的一员（非洲裔、印第安裔和拉丁裔），在很多热衷于提高学生群体多元化的大学中也能够在录取过程中起到有利作用。亚裔有时也会被包含其中，特别是在亚裔美国人口欠缺的中西部农村、南部和东北部等，但大多数情况下亚裔被排除在外。

近年来，大学在招收和支持欠代表性学生群体方面变得越来越主动。因为这些学生没有足够的途径来了解大学，尤其是助学金政策，因此，他们很多只将眼光放在离家近的大学上。有的大学甚至会为少数族裔和即将成为家里第一代大学生的潜在申请者提供全额差旅费到校园参观访问。有些项目学生自己可以直接申请，但有些学校在发出正式邀请之前需要审阅学生高中期间的成绩单、标化成绩、文书，以及升学指导老师的推荐信。到谷歌上搜索“multicultural fly-in program”或者“diversity fly-in program”（都指多元文化项目并包含差旅费）就会检索到很多相关信息。另外一个了解此类项目的资源平台是Get Me To College（送我进大学），网站http://getmetocollege.org。进入主页后，点击College Readiness标题就能看到相关项目介绍。

> “我们每年秋季入学的新生总数只有440人，因此我们没有太多的空间来决定学生群体的成分，但是我们一直在朝学院的目标努力。”
>
> 乔伊·巴格诺利（Joe Bagnoli），格林内尔学院（Grinnell College）招生副校长

在录取中考虑多元化因素的正式名称为“种族敏感录取”（race-sensitive admissions），更通俗的说法是“平权法案”（affirmative action）。美国目前有八个州不允许公立大学在录取过程中考虑种族因素，它们分别是：亚利桑那州、加利福尼亚州、佛罗里达州、密歇根州、内布拉斯加州、新罕布什尔州、俄克拉何马州以及华盛顿州。但这些州的私立大学和其他州的公立、私立大学都会在录取过程中为了学生群体的多元化考虑种族因素。

社会经济背景和地域多元化

很多大学都想组建一个多元化的大一新生年级。它们希望新生年级的学生能够代表各种不同的背景，并能在课堂和大学社区内做出自己特有的贡献。大学尤其对即将成为家里第一代大学生的申请者感兴趣，并称他们为“firstgen”（first generation的缩称）。大学在吸引此类学生申请方面也取得了很大的成功。那些来自资源欠缺的高中的申请者尽管面临很多社会经济方面的挑战，但他们还能出类拔萃，说明他们进入大学后也一定会有足够的动力促使他们成功。

地域多元化也是大学录取考虑的因素之一，因为地域的不同通常代表人生经历的差别。来自美国欠代表性地区的学生在申请选择性高的大学时通常会有一定优势。但所谓的“欠代表性地区”是相对而言的，这要看大学具体的情况。例如从内华达州申请缅因州科尔比学院（Colby College）的申请者可能寥寥无几，但加州的匹泽学院（Pitzer College）却可能收到足够它们筛选的来自内华达州的申请。来自人口稀少的怀俄明州或密西西比州农村的优秀学生除了在自己的州以外，可能申请哪

里的大学都会成为“香饽饽”。

地域多元化在申请中的优势也有例外，尤其是在选择性高的公立大学，例如得克萨斯大学奥斯丁分校（University of Texas at Austin）、北卡罗来纳州大学教堂山分校（University of North Carolina at Chapel Hill），以及弗吉尼亚大学（University of Virginia）。这几所大学对州外学生有更严苛的学术要求，因为它们本州的优秀学生已经足够它们选择。直到最近，我们本可以将加州大学系统归于此类，但财政压力促使它们不断加大对州外学生和国际学生的招收，因为他们需要支付比州内学生高很多的学费。虽然很多私立大学不断寻求学生群体的地域多元化，但它们也可能会优先考虑一小部分本地的学生以便与当地社区保持良好关系，这其中包括塔夫茨大学（Tufts University）、杜克大学（Duke University）和东北大学（Northeastern University）。

特殊才艺

大学也希望自己的学生群体中包含各种各样的才能，例如音乐家、舞蹈家、演员、滑冰运动员、视觉艺术家、出版作家、科学家等。奥运会滑冰运动员、参与商业电影演出的演员、出版过小说的作家、英特尔科学奖获奖者等这些都是录取过程中会引起招生委员会格外注意的特殊吸引力。一个拥有各种出色才能的多元化学生群体会是一个非常有意思的新生年级。其中的一些才能可能会辅助大学的教育使命，例如科学奖获奖者或者出版过图书的作者等。其他的一些才能可能只是为学校增加有趣的一面。虽然大多数被选择性超高的大学录取的学生都没有任何高级别的特殊才艺，但是少部分还是有过人才能的。如果申请者很幸运拥有某项特殊才艺，那这一定会为申请助力。在第十章和十一章中，我们会探讨申请者应该如何将自己的特殊才艺（如果有的话）展示给招生官。

特殊吸引力公平吗?

特殊吸引力公平吗？这是一个棘手的问题。如果您碰巧有某种特殊吸引力，那您应该为此感到高兴，因为很少有学生会愿意放弃任何对申请有帮助的因素。如果您没有任何特殊吸引力，您可能会觉得整个招生录取制度都是在针对您。不幸的是，这恰恰证明了大家广泛认同的观点，那就是大学招生录取是一个非常错综复杂的过程，申请者必须善于利用自己的优点才能胜出。如果这让您陷入焦虑，那大可不必，因为绝大多数被大学录取的学生，包括被最顶尖大学录取的学生都没有此类优势。他们的录取还是基于传统的审阅标准，即学业成绩、标化成绩、课外活动、文书以及推荐信等。

整合

我们希望本章能帮助您充分了解大学录取中发挥作用的众多因素。另外还有两种需要考虑的因素——申请时间和对大学表现出的兴趣——将在第七章和第十章分别探讨。在接下来的第三章里，我们会分享招生办是如何做出录取决定的。我们谈的时候只能从总体上来分析，因为大学招生办如何考虑各种因素以及他们如何做出录取决定没有单一的标准。每所大学都会根据自己的优先事项、传统以及新上任的招生办主任的经验制定自己的招生录取政策。

许多学生和家长在了解完上述考虑因素后会说："申请大学真的有必要这么复杂和紧张吗？"其实升学指导老师、招生官和高等教育届的学者也都会问自己这个问题。当然，招生录取过程在那些仅仅依靠分数和标化成绩或者录取率超绝大多数的大学中会简单很多，但对申请其他大学的申请者来说，申请过程似乎还是会让人感到紧张。

不时会有声音出来想要从根本上改变大学的招生录取过程。其中一个半开玩笑的建议是将有选择性的大学的录取过程改为抽签制。只要达到了特定的要求，所有的申请者都可以被放到抽签库里，再随机性地选出大一年级的所有人选。对那些抱怨大学录取过程已经好比抽签一样的批评者来说这个想法也只能满足一时的幻想，因为很显然这对大多数人来说是不现实的。

对现状的最新挑战是哈佛大学教育学院名为《扭转局面：通过大学录取激励助人为乐和维护公共利益》（*Turning the Tide：Inspiring Conern for Others and the Common Good Through College Admissions*）的报告。目前，已经有超过一百所高校宣布支持这份报告中给出的建议，使其有可能成为招生录取改革以来影响最为深远的一份报告。该报告的摘要可以在哈佛大学教育学院官网找到，网址是：https://mcc.gse.harvard.edu。

这份报告批评了现今在大学申请过程中过度强调个人成就而忽视他人和公共利

益的现象。报告中给出的建议希望能挑战其成员高校并从根本上重塑现有的招生录取机制，“奖励表现出公民意识的学生，降低不应有的学业压力以及重新定义所谓的‘成就’，为经济背景多元化的学生创造更大的公平和机会”。报告中的一个核心建议是，“大学在录取过程中应该明确表明申请者对他人和公共利益的关心程度将被高度重视，同时清晰地描述何种服务、贡献及活动最能培养工作上的责任心、互利互助的人际关系以及高尚的道德操守”。

报告传达的精神已经可以在一些大学的补充性文书题目中看到。这些题目要求申请者分享他们对家庭、社区和公共利益的参与与贡献。报告对学生的行为以及录取制度的最终影响深度还须假以时日才能看出。报告末尾的核心建议是，“招生官、升学指导老师以及家长应该挑战一个常见的误解，不能认为好大学只有那区区几所耳熟能详的，也更不能认为只有在这些学校才能获得未来职场上重要的人脉关系”。作为作者，我们非常同意这条建议。

第三章

招生办如何做录取决定?

对大多数申请者和家长来说，大学招生录取充满了神秘感。每年有成千上万的学生申请各个层次的高等院校。每名申请者都会提交自己的学术表现和个人成就，然后期待几个星期或者几个月后大学做出的录取决定，要么被录取，要么被拒绝或者放到等待名单上，再或者如果提交了早申请被推迟到下一轮做决定。

本章我们将介绍申请者在递交申请后到收到申请结果期间所有的幕后信息。在本章末尾我们还将讨论高中升学指导老师、帮助低收入学生申请大学的项目（college access programs），以及父母在申请过程当中应该扮演何种角色以辅助学生得到理想的录取结果等内容。我们还补充了一小部分介绍独立申请顾问的内容，因为越来越多的家庭开始寻求他们的服务。

招生办的人员构成

招生官来自各种不同的背景。一些将大学招生录取作为自己人生职业的招生官已经积攒了很多年的经验；其他的大多比较年轻，他们一般选择在招生行业工作几年后转行到其他行业或者到研究生院深造。后者一般是本校毕业的校友，他们对母校通常有高昂的热情，并且有足够的成熟度和负责任的态度来胜任这份非常有挑战性的工作。

招生办会有意识地组建一个多元化的招生官团队以代表不同的经历和背景。每所大学的招生办现在几乎都会有至少一名或者多名亚裔、拉丁裔以及非洲裔的招生官。在做录取决定的过程中，招生办希望能听到招生官来自不同背景的观点。那些每年申请数量庞大的大学也有可能聘请季节性审阅人来帮助阅读申请，但他们并不一定会参与到最终做决定的过程中。

为吸引申请做各方面的努力

审阅申请和做录取决定只是招生官工作的一部分，他们的工作任务通常要比这多得多。在负责整个招生策略制定的招生办主任的带领下，他们需要准备宣传手册、信件、邮件和其他从招生办发出的招生宣传材料。他们还需要更新网站或者博客以方便申请者和家长顺利找到想要的学校介绍信息。招生办工作人员会决定在何时，用何种媒介形式发出宣传材料。有些大学甚至会在学生刚上高二时就开始给他们发送宣传材料。我们会在第五章探讨更多大学的招生宣传。

官方大使和“守门人”

招生官不光通过发送招生宣传材料与潜在的申请者建立联系，他们还会充当大学大使的角色面对面跟高中生分享自己学校的信息。每年秋季，招生官都会花六到八个星期的时间到各地高中与学生和升学指导老师见面。他们一般每天会到访四所学校。

招生办通常会为招生官指定具体的国内和国际招生区域。通过访问自己辖区内的高中，招生官能够充分了解所到高中的方方面面。他们也会负责审阅来自此区域的申请。招生官也会在自己辖区的酒店或者其他场地（高中校园、图书馆、校友宅邸等）举行大学介绍会。这些活动有可能是某所大学单独组织的，但通常是由几所学校联合承办的，目的是让家长和学生有机会更充分地了解大学，同时大学也可以见到很多他们在访问高中时没有见到的学生。有些大学从春天就开始举行针对高三学生的各种信息介绍会以备他们进入高四年级时提交申请。我们在第五章将探讨更多这方面的信息。

回到大学校园，招生官会为来访的客人主持校园招生宣讲会。春天、夏天和秋天是高中生和家长来访的旺季。校园宣讲会通常持续一个小时，宣讲会前后通常都有在校生导游带领的校园游览。宣讲会的目的是给来访的客人介绍学校的方方面面和各种亮点。招生官的工作还包括处理大量的工作邮件和电话。除了需要回复各式各样的问题，他们还会把相应问题转发给学校其他职能部门或者教授。 这是一份工作量很大、节奏很快的工作。

招生官工作的最直接成果就是为大学吸引来大量的优秀的申请。申请收到后，招生官的工作重心就将转移到下一步，他们将担任起大学“守门人”的职责——决定谁被录取，谁被拒绝。从宣传阶段的不停讲话和做公共演讲到几乎整个冬天都处在对外封闭的审阅申请状态，他们的工作节奏完全改变。审阅申请结束后，他们就开始进入录取委员会进行最终录取决定的表决。等到这个过程结束，他们才会再次“冒出”，问候刚刚被录取的新生。

您的申请如何被审阅？

与以往的纸质申请不同，现在的大学申请大多都通过网络在线提交。大多数高中也会直接在线上传升学指导老师和任课老师的推荐信以及官方成绩单。SAT和ACT的成绩报告会根据学生的指定自动发送到大学。通过邮局寄送给招生办的材料通常会被扫描，然后上传到申请者的电子档案中。当所有必需的材料到齐后，申请就可以被审阅了。

审阅方式会因校而异。一所只根据学生学术成绩和标准化考试分数进行录取的大学，它们的审阅方式非常直接，可以完全自动进行。相反，那些采用“综合评估法”（holistic review）进行录取的大学会仔细审阅每一份申请，有时候一份申请要经过好几遍审阅。有经验的审阅人会综合考虑学生多方面的表现再来决定是否录取。接下来几节内列出的综合审阅过程存在于很多私立高校。当然，每所学校的具体操作会根据本身的情况和选择度有所调整。我们涉及的很多细节都基于美国康涅狄格州（Connecticut）一所选择性超高的文理学院——维思大学（Wesleyan University）。

本节末尾，我们还会描述加州大学洛杉矶分校（UCLA）的录取过程。加州大学洛杉矶分校是一所选择性非常高的公立大学。它们的录取过程虽然与维思大学类似，但两所学校的申请规模差别很大。例如维思大学总共收到了12 000份2020届的申请，最终录取了2 100人，而加州大学洛杉矶分校收到了97 100份申请，最终录取人数为17 500人。

谁会审阅您的申请？

在一所典型的私立大学，每份申请至少会被两名招生官审阅，根据申请的具体情况有时甚至更多。这两名招生官中，其中一名是负责申请者学校所在区域的招生官。他们秋季时可能到访过该学生的高中或者在当地酒店或公共场所举办过招生宣讲会。另外一名招生官通常是从其他招生官中随机选择的。这样安排是因为招生办希望两名审阅者中既有对本区域熟悉的审阅者，又有了解申请总体情况的审阅者。有时两名审阅者都是随机选择的。许多大学会指定专门的招生官负责招收特定的少数族群申请者。这名招生官可能会作为第三审阅者审阅非白人族群的申请。在少数大学，教授也可能参与审阅过程，例如加州理工学院（Caltech）、威尔斯利学院（Wellesley College）和乔治城大学（Georgetown University）。在大多数大学，教授只会对申请者的特殊才艺，尤其是艺术才能进行评估， 例如数学、音乐、艺术等。

首要步骤

负责审阅申请的两名招生官会分别对申请进行非常详细的阅读。负责第一遍审阅的招生官通常会提炼出申请里的核心信息并将其输入到电子表格中进行记录。其中会包括很多一目了然的客观信息，例如学业成绩、年级排名、标化成绩、课程难度、课外活动等。另外还会记录申请者是否正在被某体育队的教练或者发展办公室考虑，他们是否是少数族裔或者拥有过人的才能和天赋等。

然后，两名审阅者会用书面形式总结申请者文书、推荐信和个人特质中的亮点，而不仅仅只看分数和课外活动。第一名审阅者通常会比第二名审阅者做更详细的记录。如果申请进入了终审委员会，这些书面总结将被念出来。通常情况下，审阅一份申请和做完书面总结可能需要花费10到15分钟的时间。比较复杂的案例可能需要30分钟甚至更长的时间。

招生官通常在审阅季（通常从1月份到3月中旬）的高峰期每天需要审阅30份左右的申请。一旦审阅季开始，漫长的工作日和无休的周末就成了常态。招生官平均每年需要读1 000份甚至更多的申请。

申请是如何被审阅的?

通常，每位审阅者都会在至少两个方面为申请者打分——“学术表现”（academic qualifications）和“个人特质”（personal qualities），以及以某种方式将两者结合起来进行总体评判或推荐。打分的区间因校而异，通常在1分到5分或者1分到9分之间。有些大学还为特招体育生设立单独的打分标准，有的则会为申请者的求知欲打分。大学的出发点都是为了能够将繁琐的申请内容（例如不同高中间的绩点成绩算法）精缩成一个相对标准化的形式以便进行比较。

审阅者可能会对每一部分中的各种具体细节进行考量，然后得出每一部分的综合评分。以维思大学为例，它的学术综合评分是分别对申请者高中课程的表现、求知欲和在探索自己学术兴趣上所花的时间和精力三方面进行单独评分后得出的平均分。打分区间从1到9，9代表最高级别。如果申请者提交SAT或者ACT分数，它们也会被纳入打分考量因素。维思大学采用选择性提交标化成绩的政策，所以标化成绩可以选择不提交。

在维思大学，4分的学术分代表申请者只获得了"一般的推荐"而且"申请里有明显的弱点"；5分表示申请者有"不错的学术表现"；6分或者7分则代表申请者在"比较有挑战性的课程里获得了优异的学业成绩"；顶级的8分或者9分则表示申请者在"最具挑战性的课程里获得了让人无可挑剔的学业成绩"。在求知欲上获得5分一般表示申请者在科研活动上"尽职尽责"；而在"科研、独立项目、竞赛等"中表现出"强烈的兴趣和活动参与度"则可以被评为6分或7分；一名"精通全球事务和科技信息"并且对"众多学科抱有巨大热情"的申请者则能获得8到9分的顶级评分。同样的打分方式也被用于评价个人特质或者课外表现。另外，每位审阅者会根据申请的不同方面打出"个人特质"分，例如学生对社区所做出的贡献、领导力以及参与不同活动的情况等等。维思大学会单独给两项非学术表现打分："个人特质"和"课外表现"，每项从1到9分。

像维思大学这样的评分体系是基于申请者在高中期间的综合表现的。虽然申请者永远也不会知道大学给自己的评分，但至少通过我们的讲解可以让您大概了解大学是如何洞察申请者高中期间的表现并将其浓缩为一个分数以便与其他申请者进行比较的。虽然打了分，但录取委员会还是会进一步讨论申请的具体内容。毋庸置疑的是，得到的分数越高，申请者被录取的可能性也就越大。

暂时的决定

一份申请被审阅者打完分和写完总结后就到了做录取决定的阶段了。录取决定可能是很干脆的录取、拒绝或者放在等待名单上，但也有可能是比较不确定的决定，例如录取边缘或者拒绝边缘，这样的案例可能需要花更多时间来讨论。做录取决定是一个非常困难的任务，有时甚至非常主观，但审阅者还是会从专业的角度做出评判并阐明决定的理由。实际上，大多数申请者进入大学后都可以做到在四年内毕业，所以问题不在于谁达到了录取要求，而是谁最应该得到录取机会。

大学的优先考虑事项

申请到了这个环节，大学的优先考虑事项就要开始发挥作用了。另外，审阅者个人的偏好也在一定程度上影响着申请结果的走向。大学是一个复杂的学术社区，它们致力于在学术、文化、体育和社交各个方面创造一个丰富的、充满活力的环境。正如我们在前一章中所讨论的，这意味着大学不仅会招收在学术方面表现卓越的学生，还包括获奖运动员、才华横溢的表演者和音乐家、来自全国和全世界各地代表不同种族和社会经济背景的学生、校友子女以及家长愿意为学院的发展做出慷慨捐赠的学生等等。

> “我去参加过一次自己母校的校友返校日活动。一名校友站起来说：‘如果我们今天再重新申请我们的母校，在座的65%的人估计都不能被录取。’很多家长不明白他到底为什么这么说。我们当年申请大学，如果您有差不多的分数，是个聪明的孩子，SAT也考得不错，而且家里能拿得出足够的学费，那被想去的大学录取不成问题。现在的学生跟我们当年已经不能同日而语，他们面对的要比我们严酷的多。”
>
> ——一名在某私立高中升学指导办公室做志愿者的学生母亲

这些优先事项可以在同一个案例里共存，但在现实生活中几乎没有申请者能够在所有方面都表现出色。因此，招生办还是会通过招收不同类型的学生，让新生年级整体呈现出大学所追求的所有优先事项。我们在第二章里谈到的“特殊吸引力”在这里会发挥作用。需要在众多有着相似分数的申请中做出选择，这对招生官来说意味着他们有相当大的空间来决定到底录取谁。这其中，大学的优先考虑事项就发挥着重要作用。

什么样的申请会被“脆录”或“脆拒”？

有时，录取结果非常明显。一些申请者在大学认为重要的所有方面都表现出色，这对两名审阅者来说做出录取决定显而易见。在某些情况下，第一名审阅者可以直接向招生办主任推荐那些有资格被直接录取的申请。也有一些大学会自动录取达到或者超过一定评分高度的申请，而无须进行进一步审核。

与之相反的是，大学有时也会预先筛选出申请库中那些远低于大学录取要求的申请。这样，审阅者就可以将更多精力花在那些需要仔细研读的申请上。预先筛选可以仅仅根据课业成绩、标化成绩或申请中其他明显的弱点做出，同时这些弱点又无法被申请中的其他因素所抵消。乍一听，花五分钟就能对一份申请做出决定可能让人感觉很苛刻，但在实际操作中确有发生。申请数量的不断增长导致招生官很难在每份申请上投入相同的时间。

有时，即使申请者在学术表现上非常有竞争力，两名审阅者可能还会将其拒绝。要知道，在很多无比挑剔的大学，它们每年都能收到足够多优秀的申请，但其中很多都乏善可陈，毫无区分度。没有区分度并不是因为申请者做错了什么或者有什么明显的缺陷，只是因为与其他的申请者相比，他们并没有过于突出的优势。用招生行业的术语来说，就是“DSO”（don’t stand out没有优势）或者“LMO”（like many others跟其他人一样）。如果是这种情况，录取决定可能也会很快被做出，最多也会再由招生办主任或者其他高级别的招生官简单审阅以确认最终的决定。

> “很多年前，达特茅斯学院让我旁听它的录取委员会讨论。其中一些让人意想不到的发现让我非常惊讶。例如做决定的时间——如果一份申请在早上九点半，当所有人都非常清醒的时候被表决，那结果可能会不一样。相比，如果一份申请在下午五点被表决，很多委员会成员都已经非常疲乏，心不在焉。”
>
> 约翰·梅罗（John Merrow），
> 梅罗报告（The Merrow Report）

“灰色地带”

最难做出的录取决定是关于那些处于中间位置的申请者的。他们的总体打分还不能让他们直接被录取或拒绝，有的还需要更多审阅者或者委员会讨论后才能做出决定。每年都有相当一部分申请进入“灰色地带”。通常，这些申请里有很多能吸引审阅者的内容，但跟其他申请相比又稍显普通。对这类申请做出最终决定是件很难的事情，所以也导致最后的决定更加依赖审阅者个人的感受，这也让录取结果变得非常没有确定性，也因此让外界觉得整个录取过程充满神秘感。

最终录取决定是如何做出的？

整个过程的最后一轮就是录取委员会。

委员会讨论

委员会由全体或者部分高级别招生官组成，他们会听取每份申请的口头总结陈述。负责申请者所在区域的招生官通常在讨论中会担任申请者的拥护者。一名年轻的招生官被问到他在入行第一年吸取了什么值得第二年改进的教训时说道："我学会了什么样的申请才真正值得被带进委员会。以后不能把所有感觉差不多的都带进来，那就太多了。"在委员会中，大家会提问关于申请的问题，也会对申请里的内容表达自己的意见，有时还会产生辩论，最后的环节就是投票表决。投票的结果通常是：录取、拒绝或者放到等待名单上（或者推迟到下一轮，如果是早申请的话）。美国著名演员蒂娜·菲（Tina Fey）主演的电影《爱在招生办》（*Admission*）对大学录取过程进行了幽默的讽刺。（电影里还快速闪过了本书第二版的一个镜头。）在小型学院，可能所有申请都需要经过委员会才能做出最终决定，就算是那些结果非常明显的；而有些大型大学甚至根本不采用录取委员会这种形式。

困难的决定

不管录取过程是何种形式，很多不是那么容易做出的录取决定可能因为换了另一天或者被不同的审阅者表决，结果就完全不一样。招生录取过程中以质为主的评估方式以及大学在招收新生年级时考虑的多重因素导致整个过程充满了不确定性。两名同样优秀的学生申请同一所学校，一名被录取，另外一名却被拒绝。这到底是为什么？

> "我真的搞不懂大学到底要什么。我的女儿成绩很好，课外活动也不错，还得了两项州级冠军，年级排名和SAT分数也很高，但还是被××大学推迟到了下一轮。老师和其他家长都说她很优秀，一定能被录取。难道非得我们在她刚出生时就开始教她在水上行走的绝活才行吗？"
>
> 一名焦躁的不了解大学申请库竞争激烈程度的母亲

很不幸的是，这个问题可能没有明确的答案，就算有，可能也是您不太想听到的。正如纽约大学（New York University）招生副校长肖恩·艾伯特（Shawn Abbott）所说："大多数美国精英大学可以很容易用申请库里非常相似的申请填满两个新生年级。”大学其实并不容易解释或者捍卫它们所做出的录取决定，它们也几乎从来都不会跟申请者解释最终的决定，甚至跟高中升学指导老师也经常只是提一些浮于表面的内容。它们更倾向于谈论“申请库的高质量和人数规模”以及“今年竞争更加激烈”。

> 我通过早申请申请了耶鲁大学，结果被拒了。我有非常高的学业成绩和SAT分数，还有非常多的课外活动等。所有人，包括我父母、老师、亲戚朋友等都认为我肯定能被录取，结果还是被拒了。我为此萎靡不振了好几天，但慢慢走出了阴影。然而，我妈还是不明白为什么我会被拒。她给耶鲁招生办发了一封态度非常友善的邮件询问我被拒的原因，这是招生办的回复：
>
> “您要知道耶鲁大学录取委员会成员的性格特征只代表耶鲁，就像其他学校录取委员会委员的性格只能代表他们自己学校一样。就算是在同一所学校也有不同的录取委员会，这些委员会也是由不同性格的成员组成并按照他们自己的想法进行投票的。在同一个委员会内，三名委员可能欣赏申请者的文书、推荐信、课外活动等，但另外四名或者三名委员却有不同的看法。意见有分歧的时候就会导致不太理想的录取结果。意见产生分歧在委员会里时常发生，甚至演变为争辩和分裂的投票。但这并不说明申请者本身不够出类拔萃，只是因为没有足够的人投赞成票而已。”
>
> 我不确定这段回答是否对我妈有任何安慰作用。

加州大学洛杉矶分校（UCLA）的录取过程

申请加州大学洛杉矶分校（以下简称：UCLA）2017年秋季入学的申请数量超过了十万，在全美位居榜首。在如此庞大的申请库里做决定也着实能让我们感受到做录取决定的不易。

UCLA的审阅者在审阅申请时会使用整个加州大学体系通用的14种公开的标准。其中包括传统的学术因素，例如：高中课程的难度，标准化考试分数，特殊才艺、各类成就和获奖经历，以及能表现出申请者拥有非同一般的领导力的经历。所有的因素都会在学生独有的学术和个人处境下进行审核，并结合UCLA申请库的具体情况做出决定。在整个审核过程中，申请者的个人处境发挥了关键作用。

除了申请本身，审阅者会看到关于申请者个人处境的各种信息，例如申请者的绩点成绩、所修课程以及标化成绩在毕业年级的大概排名如何；同一所学校参加考试的学生的平均分是多少；申请者所在高中提供多少门荣誉级别的课程，他们修了多少门以及表现如何；是否有其他对学生的学习和成长有阻碍作用的各种因素，例如学校处于社会经济发展落后的社区。校友子女在申请UCLA时不会有特殊照顾。另外，加州法律不允许公立大学在录取过程中考虑申请者的种族和性别因素。UCLA的每份申请会至少接受两次审阅和打分。每名审阅者都会为申请打一个基于申请总体水平的“综合分”（holistic score），从1到5。最后对多个审阅者的打分进行平均，其中1分为最高分，5分最低。这个平均分被称为“审阅分“（read score）。

最杰出的申请会得到1分，而申请库里通常只有5%的申请能达到如此高的水平。获得1分的可以是那些学业成绩出色，但又在其他方面，例如领导力、社会服务、个人特质、对校园社区的贡献等方面取得了非凡成就的申请者。获得2.5分表明申请者综合水平还算不错，但还是不够出色。得到1至2.5分的申请者总数占了UCLA整个申请库的25%左右，他们的申请也最具有竞争力。UCLA大约一半的申请者都是4分。这些申请者的学术表现达到了录取的要求，但整体水平并不突出。

UCLA文学和科学学院（College of Letters and Science）在审核申请时不会考虑申请者的具体专业方向，录取决定取决于“审阅分”以及新生的空余名额。其他学院的录取决定基于申请者的“审阅分”和其他与专业有关的考虑因素，例如申请工程专业的申请者需在数学和科学课程上有优异的表现，而申请艺术专业的申请者则需要提交作品集。

申请顶尖大学的特殊考虑

家长和学生们需要意识到顶尖大学的录取决定无比复杂。我们这样说不是为了劝阻您申请这类大学，而是希望帮助您在申请大学时保持一定的灵活性，并鼓励您制定一份最适合自己的大学名单，其中包括非常有把握能被录取的大学。

无法预测的录取结果

几乎没有哪名申请者敢保证自己能被全国最顶尖的大学录取，因为整个过程中有太多的因素超出申请者的控制范围，例如大学的优先考虑事项。没有人能够绝对肯定地预测录取结果。知道了这一点可能会让很多人的幻想破灭，但其实从另一个角度看也是一种解放。它能让您明白顶尖大学做出的录取或者拒绝的决定并不是对您自己作为学

> “申请者的家人可能认为申请者非常完美，但是在我们的申请库里有太多类似的申请者。我们必须鸡蛋里挑骨头。”
>
> 安·怀特（Ann Wright），莱斯大学（Rice University）前招生副校长

生和人的价值判断。同样，它也不能衡量父母养育子女的成功与否。

尽管如此，详尽了解大学录取背后发生的细节能够帮助我们理解在本章开篇处提到的令人费解的案例。一名有着出色表现的申请者可能会被几所顶尖大学同时考虑录取，但因过程中评判标准不一，再加上每所大学都有自己不同的需求以及过程本身以质取胜的评估方式，申请者最后可能会被其中一些学校录取，而被另外一些放在等待名单上甚至拒绝。

录取结果并不是随机的

虽然录取结果很难被预测，但它们并非随机。一所选择性超高的大学录取率可能要低于15%，但这并不意味所有的申请者都有15% 的录取率。大学的整体录取率只是一个总体比率，它并不针对那些很显然能被录取或者拒绝的因素。

> “我看到很多申请实力还达不到顶尖大学录取要求的学生最后被录取，而那些拥有高水平申请背景的学生却被拒绝。但话又说回来，申请者的水平越高，能被顶尖大学录取的概率还是越大。录取率对不同的申请者来说也是不一样的。”
>
> 一名有资深经验的独立升学顾问

如果一所大学搜集并公开它的录取过程，原则上我们很容易预测一名ACT达到这所大学录取学生的平均值，高中课程有一定难度并且得到3.9分的绩点成绩又递交了早申请的校友子女的录取率。对这名申请者来说，可能他的录取率要达到70%，而不是大学所公布的15%的总体录取率。

但即便如此，录取过程中还是有很多不确定性。70%的录取率意味着十个人中平均只有七人会被录取，而其他三名则被淘汰。对被录取的七人来说整个过程似乎理所当然，但对另外三名没有被录取的申请者来说结果就显得出乎意料。虽然同样的录取率适用于所有拥有相似背景的十名学生，但最后的结果可能还是会因人而异。

高中升学指导老师的角色

在理想的情况下，您的升学指导老师应该对您非常了解，并有足够的行业知识和时间来帮助您确定合适的大学列表，并帮助您完成申请的整个流程。您自己在了解大学和大学申请流程上做的功课越多，与指导老师交流时也就越有效果。我们在第十章会提到，升学指导老师会向大学提交一份申请中必须要提交的学校报告（school report）。学校报告会向您申请的大学推荐您，列出您在自己学校的背景下的学术和课外活动表现情况。

在很多高中，升学指导老师一个人要负责几百个学生的申请，工作量巨大，因此就算是那些最敬业的指导老师也难免会照顾不到所有学生。相比较而言，对那些可以通过自己高中的升学指导办公室获得高质量指导的学生来说申请过程肯定会更加顺畅。如果自己高中的升学指导资源有限，最好的应对办法就是充分利用学校提供的所有有限资源，再通过自己的努力来完成整个申请过程。不用担心，因为有我们在。如果您真的愿意付出努力并继续阅读本书，那您肯定能够自己顺利完成申请。

大学预备项目（College Access Programs）的角色

如果您是家里的第一代大学生并且来自低收入的家庭，或者所在高中的大学升学率很低，您可能需要除任课老师、升学指导老师、家长以及本书所提供的帮助以外的更加有针对性的辅导。幸运的是，美国有很多以社区为中心的组织（community-based organizations），简称为CBOs，以及联邦政府资助的大学预备项目来帮助和支持全国各地来自弱势背景的学生。

这些项目的具体服务内容和运作方式各有不同，但大多数都提供一对一的升学指导服务、考试辅导、申请奖/助学金、访校以及其他辅助。它们通常不会为自己的服务打广告，而是通过与所在社区的学校或组织合作让更多的本地学生了解它们的工作和加入方式。其中一个项目叫College Summit（“大学之巅”），它是美国最大的大学预备机构，专门服务于低收入家庭的学生，帮助他们实现读大学和获得理想工作的愿望。大学预备项目能够补充我们在第五章要讲到的其他学生能接触到的资源。大多数大学预备项目扎根于本地，您的升学指导老师可能比较清楚当地的项目，或者您也可以自己在网上搜索。

> “没有高等教育家族史的学生需要来自家庭、学校以及社区的支持和鼓励。我想说的重要信息是，只要学生想得到升学辅导的机会，他们就一定都能得到。”
>
> 麦特·鲁宾诺夫（Matt Rubinoff），Strive for College（“朝大学奋斗”）首席战略官

另一个有价值的资源是TRIO，这是一套联邦政府资助的大学预备项目，针对的也是那些来自弱势背景的学生，帮助他们进入

大学。Upward Bound（“一路向上”）和Educational Talent Search（“教育人才搜索”）是TRIO最被社会熟知的两个大学预备项目，每年能帮助到全国各地几十万的学生。在Council for Opportunity in Education（教育机会委员会）的网站www.coenet.us上您可以找到一个以州和区域分类列出的所有TRIO项目的列表。

一些在线资源也很有帮助，例如专门为第一代大学生设立的网站College Greenlight（“大学绿灯”）：www.collegegreenlight.com, 以及 Strive for College（“朝大学奋斗”）：http://striveforcollege.org。两个网站都为第一代大学生在通往大学的道路上提供支持、建议和鼓励，以及提供其他各种不同种类的资源来帮助学生了解和联系那些尤其欢迎第一代大学生入学的大学。除了了解大学和规划申请方面的服务，Strive for College还提供由受过专业培训的志愿者提供的一对一在线辅导，帮助学生完成申请文书并在奖/助学金申请方面提供特殊支持。

在本书相关部分，我们会重点介绍旨在帮助第一代大学生和来自弱势背景的学生申请大学以及成功完成大学学业的项目。

是否有必要聘请独立升学顾问?

在很多地区，收费的独立升学指导顾问变得比几年前更受欢迎。这些服务的范围从几个小时的选校和申请指导到跨多年的、提供全方位指导服务的“铂金套餐”都有。这类套餐服务收费也不菲，能达到四万美金甚至更多。他们从学生八年级时就可以开始指导，直到成功被顶尖的大学录取。“铂金套餐”服务并不多见，绝大多数独立升学顾问的收费比它要低得多。独立升学顾问有时也会为不太富裕的家庭降低收费或者为当地社区的大学预备项目提供无偿的指导服务。

虽然我们认为聘请独立升学顾问不是绝对必要的，但在某些情况下，他们可能会非常有帮助。当父母和学生因任何原因不能在学校获得良好的升学指导帮助时，独立顾问可以帮助学生进行诚恳的自我分析并制定一份全面的大学申请名单，以及帮助学生在文书中突出自己的优势。独立升学顾问也可以在申请奖/助学金方面提供帮助，帮助家庭回答和理解这个对他们来说可能有挑战性的过程中的问题。最后，在截止日期上，独立升学顾问可以作为学生和家长间的有效缓冲，他们会承担起关注截止日期的任务，而不需要父母太过于焦虑。

以上提到的服务离所谓的“铂金套餐”还差很远。这种套餐提供的服务包括聘请一名昂贵的、提供多年指导的私人顾问，他们会将还是青少年的申请者高中几年间做的所有活动都以申请顶尖大学为中心做刻意安排。我们认为将青少年阶段的最后几年都花在这个方面是非常不明智和没有必要的，并且也过分强调了只有进入顶尖大学才是正确选择的片面认识。这对以后要自己独立面对大学和社会的青年人来说并不能提供任何有价值的帮助。

如果您决定聘请独立升学顾问，那要记住，您还是应该让自己高中的升学指导老师对自己有非常充分的了解，以便他们能够为您撰写详尽的推荐信。您不能用独立升学顾问替代高中升学指导老师的角色。专业的独立升学顾问在您的要求下应该同意与您的高中升学指导老师讨论他们给您的指导建议。您可以在以下网站了解到更多与独立升学顾问合作的信息：Independent Educational Consultants Association网站（简称：IECA，独立教育顾问学会），网址：www.iecaonline.org和the Higher Education Consultants Association网站（简称：HECA，高等教育顾问协会），网址：www.hecaonline.org。IECA和HECA为独立顾问会员设定了从业标准，并在其网站上提供了可供搜索的会员顾问目录。

父母的角色

父母在孩子递交申请之前很久就已经开始发挥重要的作用了。一个有爱的、重视教育的家庭是父母给孩子最长久的礼物。当需要开始认真考虑申请大学的时候，作为父母的您可以采取一些具体步骤来帮助您的孩子应对一个不熟悉的，有时甚至是充满压抑的过程。

不同的青少年在不同种类和力度的帮助方面有不同的需求和接受度，所以您一定要清楚对您和孩子双方都有效的沟通方式是什么。我们接下来的章节里会提供专门的建议来供您参考。在这之前，我们想为您提供一个关于过度介入孩子申请过程的忠告。马丽莉·琼斯（Marilee Jones），麻省理工学院（MIT）前招生办主任生动地描述了当父母过度介入后，会发生什么极端的后果：

当今，越来越多的父母参与到孩子的大学申请过程中来。在很多情况下，他们的行为和态度已经到了失控的状态。在麻省理工学院，一名学生家长曾经要求我们返回一份已经开始接受审阅的申请，想再确认一遍自己孩子是否拼写无误。我们每天都会收到家长发来的关于自己孩子近况的传真。我们还被家长问过他们是否需要用印着自己名字抬头的纸来为自己的孩子写推荐信。很多家长替自己的孩子写文书，还试图替孩子参加面试。他们为自己孩子不理想的课业分数找借口，还扬言如果孩子高中的哪名老师为大学提供了任何对孩子申请不利的信息，就要将他们告上法庭。

幸运的是，像这样的滑稽行为并不多见，但许多可能看起来不那么极端的行为仍然应该避免。一名升学指导老师给出了建议："对眼前来说，将申请各个方面做到完美似乎无比重要。可能家长很难抑制自己所有细节都想亲力亲为的冲动。您比孩子在各方面都有经验，而且可能您确实是对的。自己的孩子很年轻，在很多方面都缺少经验，但是他们会是您一辈子的孩子，因此从现在到高中最后一年的5月1日（甚至在那之后），不要做任何有可能损害您与孩子长期关系的事情。无论短期利益是什么，都是不值得的。"然而还是这名指导老师，却趁女儿参加营地项目时偷偷用水蒸气法打开了刚刚寄送到家的女儿的SAT成绩报告。看来，有时自己的建议接受起来也有难度。父母的过度参与会向大学和子女传达一个信号，那就是他们无法独立完成整个申请过程。

第四章

不同类型的大学和学生

寻找最适合自己的选择

我们可能都认识一些估计从六年级就知道自己想去哪所大学读书的学生。他们想去的学校可能是位于美国另外一个海岸上的妈妈的母校，也可能是从小就听着名字长大的自己州内的州立大学，也有可能是新年当天在电视上看橄榄球比赛时经常看到的橄榄球队代表的学校。但如果您问这些学生他们认定这些大学的真正原因是什么，他们可能也说不出具体原因。当您问他们如果没有被自己的“梦校”录取，他们还会考虑哪所大学，您会发现他们甚至无法想象自己能被“梦校”拒绝。

另外一个极端是，很多学生连列出一个大学名单都非常困难。他们不仅不知道自己的第一选择是哪里，而且根本没有任何明确的选择思路，甚至根本就不知道从哪里开始。

当然，大多数学生介于两者之间。他们对选择大学有一些看法，但是没有行之有效的方法来确定这些选择是否真正适合自己。

> “我最初的选校标准是：①它必须有非常可爱的松鼠；②它必须要比我的高中大；③体育课不是必修课。但是在我现在的大学，体育课要上，松鼠们都很凶恶，学校大小也跟我的高中差不多。所以我打破了我当初所有的三条选校标准。如果当时找的话，我肯定也能找到符合我具体标准的大学，但是我非常喜欢我现在的学校。”
>
> 一名对自己选校结果非常满意的大二学生

太多的选择，该从何开始

对于所有学生，甚至那些认为他们知道自己想要什么的学生来说，列出一个好的大学名单的第一步是诚实的自我评估。在向外看之前，需要先探究自己的内心。在本章中，我们将探讨该如何进行自我评估。然后，我们会在本章大部分的内容中分享大学间的不同。在第五章，我们将探讨如何使用这些信息来帮助自己选定自己的大学名单。

完美的大学并不存在

首先，我们要强调的是虽然很多大学的网站和校园游览会让您相信它们几尽完美，但现实是，完美的大学并不存在。申请大学的过程中最核心的导向是“fit”（适合）。学生需要根据自己的兴趣、能力、价值观、理想、学术和社交偏好来选择适合自己的大学。您对自己和大学越了解，也越能够找到真正适合自己的大学。虽然完美的大学不存在，但您可以找到很多让您非常快乐的大学。这是所有申请者应该接受的一个关键点。就算您最终向您认为最适合自己的大学递交了早申请，但实际上还是有很多其他大学也同样可以让您很满意。

控制权掌握在自己手里

您需要知道您对决定申请哪所大学拥有完全的控制权。您可以依据自己的研究自主列出适合自己的大学名单。这个决定不是大学能为您做出的，虽然它们疯狂地向您发送宣传材料。一定要充分利用选校的机会仔细甄选适合自己的大学。在提交申请后，控制权将从您的手里转到招生办手里，它们会决定您申请的最后结果。而您只需耐心地等到审阅过程结束就可以。在整个申请过程的结尾，控制权将再一次回到您的手里，来决定应该接受哪所大学的录取通知。最理想的情况是您拥有至少两所甚至更多您感到满意的大学进行选择。

做好准备功课

我们还不能太着急考虑以后的事情。现在我们还在整个过程的最开始，应该先做点准备工作为列出一个适合自己的大学名单奠定好基础。首先，您要仔细考虑自己各方面的偏好以及了解大学间的不同设置，然后将名单慢慢缩减到只有那些最适合自己的选择。要注意的是，大学排名并不能帮您做到这一点，因为排名是基于他人的想法。做好选校的功课就能让申请达到事半功倍的效果。

需要自己探究的问题

在您回答下面的问题时，一定要忠于内心的想法。大多数学生会觉得这些问题很容易回答，也有的会觉得很难。您可能对一些问题感觉更加强烈，对另外一些则没有太多想法。或许您以前根本没有思考过自己想要什么，也或许您压根就不知道自己想要什么。没关系，无论您的情况是什么，您都不是孤单一人。

· **您的学术兴趣是什么？** 您是否对某一特定的职业有浓厚的兴趣，例如护理或工程，并计划在大学毕业后立即在该领域工作？您觉得您想学习心理学（或生物学或法语）但不确定您的最终职业道路吗？您感兴趣的领域有多专业？您是否还未决定专业，而是希望在做出选择之前先探索不同的领域？或者您介于两者之间吗？

· **您是什么类型的学生？** 您是否有很强大的自我激励能力去实现自己的目标？虽然您的成绩还不错，但您是不是没有太大的学术志向？您是否会在与同龄人的智力切磋中感到兴奋，还是这并不是您会优先考虑的事项？您是否只有排名在班级前几名时才会对自己满意，还是在竞争非常激烈的情况下，稍低的名次也可以？当有需要的时候，您是否愿意主动寻求帮助或者资源，还是您更希望这些帮助和资源可以轻而易举获得？您更希望独立还是在一定程度上被照顾？

· **您怎样学习最有效？** 上课的形式对您来说重要吗？您更喜欢没有压力的大班还是偏好于在小班中积极参与讨论，能够有机会贡献自己的想法和观点，而且总是需要提前做好准备？还是您希望两者兼而有之？

· **什么样的课外活动对您来说最重要？** 您是喜欢在很多活动中只参与一次，还是更想专注于某一两项活动并坚持下去？不管是竞争性的还是单纯为了好玩，您想在大学期间参与任何体育运动吗？您的运动有多专业？您的水平有多高？您的运动相对来说比较不常见吗？例如仅能在某些大学才能找到的壁球或者击剑？您想积极参与社区服务并且希望未来的大学校园有很多像您一样热爱社区服务的同龄人吗？您是否愿意努力成为您所有参与的活动的领导者，还是您只想做一名普通参与者？

· **大学的声望对您来说重要吗？** 您想让其他人一听到您大学的名字就面露崇拜之情吗？如果其他人从来没听过您的大学，您会很失望吗？即使这确实是您的真实想法，您为什么会在与其他因素进行权衡时更看重声望呢？顶尖大学的吸引力之大会让很多学生将目标锁定于它们，但是我想提醒您一定要合理权衡各种选校因素，因为最顶尖的大学，录取率也最低。

· **您希望您的大学非常多元化吗？**您是希望去一所在性别、种族、民族、性取向以及宗教信仰等方面高度多元化的校园，还是您更喜欢一所单一的校园，或者这对您来说无关紧要？校园活动是否敞开怀抱地欢迎和庆祝多元化对您来说重要吗？

· **您最喜欢什么样的社交和文化环境？**您想加入兄弟会或者姐妹会吗？您更喜欢有希腊生活（Greek Life）的大学还是没有的？您想要一个有强烈社区感的校园还是更愿意埋头做自己的事情？您喜欢在一个您几乎认识每一个人的校园，还是更喜欢在一个您不可能认识大多数人的大型校园？您更喜欢一个有艺术氛围的校园，还是一个政治气氛活跃的校园（自由派或者保守派），还是其他？您希望周围的同龄人来自典型的私立大学预备高中（preppy）还是无所谓？您想有很多不同的活动来供您在周五晚上选择还是少数的活动对您来说就够了？

· **您大学四年想住在哪里？**您想或者需要住得离家近吗？还是您更想体验离家远的其他地方？您喜欢大城市还是偏向于小城镇或者郊区？还是这些选项对您来说都无所谓？您希望大学保证四年的住宿？还是让您住在校外也会同样开心，或者至少愿意住在校外，有可能从大二年级就开始？您希望大学离滑雪场很近吗？还是可以冲浪，或者有很多书店、餐馆、购物中心？您喜欢什么样的天气？什么样的气候是您能够忍受的？

在做大学的研究时，请您仔细考虑以上的所有问题。在您列出大学名单的过程中，您可能会对自己在很多偏好上的改变以及自己的灵活度（或者没有）感到惊讶。进行自我评估的目的是帮助您认清自己的喜好，这样您可以更系统地思考什么样的大学适合自己。在本章末尾，您将看到一份调查问卷，它可以帮助您记录自己的偏好，以便在以后评估具体的大学时做参考。您也可以到官网上下载此问卷：www.admissionmatters.com。

除了了解自己的想法，您还应该知道大学之间有什么区别。大学的使命，也就是大学为自己设定的发展目标，是能够让您了解不同类型大学间差别的关键信息。

社区学院

我们私下熟悉的一名高中升学指导老师特别喜欢在高三秋季开学的欢迎集会上跟全体学生说他们的学生已经全部被大学录取了。每次这么说，下面的学生都会投来异样的眼光，直到她解释说社区学院有敞开的录取政策，只要有高中毕业证或者同等的文凭就可以入学。虽然我们写《升学之道》主要是为了帮助申请四年制大学的同学，但我们认为有必要简单介绍能够间接通向四年制大学的社区学院。学生选择社区学院有很多不同的原因，例如经济、个人，或者因为他们想向自己向往的四年制大学证明自己可以胜任大学阶段的课业。

社区学院提供为期两年的科学副学士学位或艺术副学士学位，旨在帮助学生转学到其他大学完成学士学位。社区学院的收费通常远低于公立大学，它们因小班授课和灵活的时间安排而受到欢迎。在大学教育的前两年，社区学院可以成为一种不错的、性价比很高的选择。一些社区学院有学校附属宿舍，但大多数没有，有些甚至自己提供四年制学位。

大多数社区学院与州内的公立大学签订了衔接协议，以便学生在完成副学士学位后能够轻松过渡到州立大学，有些还与一些私立大学达成了协议，但是学生也可以转到没有签订衔接协议的大学继续就读。我们将在第十二章中详细讨论转学申请。

现在我们来讨论不同类型的提供四年制学位的大学。

文理学院（Liberal Arts Colleges）

提供本科阶段的教育是文理学院最主要，通常也是唯一的使命。阿默斯特学院（Amherst College）、斯沃斯莫尔学院（Swarthmore College）、伯洛伊特学院（Beloit College）、戴维森学院（Davidson College）、诺克斯学院（Knox College）和伍斯特学院（College of Wooster）都是文理学院的典型代表。它们将大部分学位授予文科和科学学科的本科生，其中包括：社会科学类，例如经济学和政治学；科学类，例如物理学和生物学；人文和艺术类，例如英语、音乐和历史。

文理学院对以上学术领域的重视将它们与提供更多实用性课程的大学区分开来，例如工程、教育或商科等。但有一些文理学院也会同时提供两类课程，例如拉法耶特学院（Lafayette College）和联合学院（Union College）提供工程专业；斯基德莫尔学院（Skidmore College）拥有教育和商科专业。哈维穆德学院（Harvey Mudd College）和巴克内尔大学（Bucknell University）都以其强大的工程学科而闻名，

> “文理学院有非常特殊的优点。您在校园里能够经常看到自己的朋友。校长能够叫出学生的名字。教授还会邀请整个班去家里吃晚饭。您会有真正的归属感。”
>
> ——一名孩子就读于文理学院的家长

它们也被列为文理学院是因为它们颁发的相当一部分学位是在工程学科之外。

大多数文理学院只招收本科生，但有一些也会招收数量很少的研究生。是否将一所大学归类为文理学院的关键在于它对文理学科本科生的专注程度有多大。美国几乎所有的文理学院都是私立的，学费也比公立大学高。

学术项目

正如我们提到的，文理学院能让学生在核心领域夯实基础，例如在英语、哲学、历史、心理学、音乐、物理以及数学等方面。文理学院的英文为liberal arts colleges，但实际上更为恰当的名称应该是liberal arts and sciences colleges，因为它们提供广泛的学术课程，不仅有文科，同样也有理科。文理学院也提供跨学科课程，能够架构起不同学科间的联系，例如女性研究、科学哲学和国际关系等。文理学院的课程不以职业为导向，尽管几乎所有的课程还是能够将学生与各种实习机会联系起来，帮助他们探索与所学课程有一定关系的职业。

文理学院的课程都由教授亲自授课，没有研究生助教（也称为teaching assistants或者TAs）的辅助。除了一些很受欢迎的学科的入门课以外，其他的课程大多以研讨会的形式进行。研讨会的形式能让教授和学生共同探讨某个话题，学生也会参与到课堂对话中。小班制通常意味着学生会有很多写作的机会，也能够有机会参与课堂讨论并接受教授对自己学业进展的个性化反馈。

虽然小型学院不能提供与大型大学一样多的课程，但是本科阶段每个专业的专业课数量也都在12门左右，所以不管在什么类型的大学您都可以非常深入地学习自己感兴趣的学科。在一些文理学院，学生可以在周边的大学进行交叉选课，这大大增加了他们选课的范围。两个很典型的例子是马萨诸塞州的五校联盟（Five College Consortium），成员校包括阿默斯特学院（Amherst College）、马萨诸塞州大学阿默斯特分校（University of Massachusetts at Amherst）、史密斯学院（Smith College）、曼荷莲学院（Mt.Holyoke College）和汉普郡学院（Hampshire College）；还有加州的克莱蒙特联盟（Claremont Colleges），成员校包括波莫纳学院（Pomona College）、克莱蒙麦卡那学院（Claremont McKenna College）、斯科利普斯学院（Scripps College）、匹泽学院（Pitzer College）和哈维穆德学院（Harvey Mudd College）。

文理学院的本科生有充分的机会亲自参与教授的研究和设计自己的独立研究项

目，尽管其种类和强度要低于我们即将要谈论的研究型大学，但需要注意的是研究型大学大多数的研究项目都是由研究生或者博士生完成的。文理学院的教育理念强调培养学生的批判思维和分析问题的能力，它能为学生以后进入研究生学院深造以及职业发展打下非常扎实的基础。文理学院的毕业生在各行各业都取得了很大的成功。

校园大小和社区感

文理学院的学生规模一般在1 000到2 500名本科生之间，尽管有小部分文理学院，像巴克内尔大学（Bucknell University）、里士满大学（University of Richmond）以及维思大学（Wesleyan University），在校人数要更多。因为大多数文理学院都坐落于小镇或者郊区，学生生活大多围绕学院所提供的各类社团和活动进行。文理学院的学生一般大学四年都住校，对自己的同学也都非常熟悉，他们也更容易与教授在课内和课外沟通。大多数教授都有很多为本科生敞开的office hour（办公室开放时间）。这些紧密的关系创造了文理学院强烈的社区感，这也是文理学院典型的标志。

对那些既喜欢文理学院，又想离大城市近的学生来说，可供他们选择的学校并不多。符合此条件的学校有位于纽约的巴纳德学院（Barnard College）、圣保罗的玛卡莱斯特学院（Macalester College）、哈特福德的三一学院（Trinity College）和孟菲斯的罗德学院（Rhodes College）。

体育竞技和课外活动

很多文理学院的体育竞技水平属于美国大学体育协会划定的第三级别（Division III）。我们在第十一章中会讲到，美国大学体育协会将其会员大学根据竞争水平划分为第一级别、第二级别和第三级别。文理学院因为人数少以及体育竞争强度没有第一级别或者第二级别的大学高，因此参与校运动队的学生比例也要明显高于其他大学。

除了体育，文理学院的学生在其他活动的参与性方面也同样拥有很高的比例。通常不会有太多人同时争抢校报的工作，或者交响乐团小提琴区的位置，只要是想获得机会，通常都比较容易参与进去，尽管很多活动的规模并不太大。文理学院校报的出版频率可能是每周一次，而大型大学可能是每日一版而且内容可能也会更多。在文理学院可供学生选择的社团活动数量可能比大型大学少，但是学生还是能够找到足够多的活动参与，而且学生可以很容易创建自己的社团。在文理学院，您可能会经常在校园或各种活动中碰到自己的朋友、熟人和教授，因为学校很小。在阿肯色州的亨德里克斯学院（Hendrix College），食堂的服务员甚至可以叫上所有学生的名字来。

研究型大学

与文理学院相比，研究型大学有三个相互关联的使命：本科生和研究生的教学、科研，以及公共服务（尤其是在公立大学）。科研可以产生新的知识，而知识可以通过公共服务造福整个社会。哥伦比亚大学（Columbia University）、莱斯大学（Rice University）、杜克大学（Duke University）、俄克拉何马州立大学（Oklahoma State University）、密歇根大学（University of Michigan）以及内布拉斯加大学（University of Nebraska）都是典型的研究型大学。一所大学能否被归类于研究型大学主要看其每年授予的各学科博士学位的数量。大约三分之二的研究型大学是公立大学，三分之一是私立大学。

> “我妈反复跟我说我们参观过的那些很好的文理学院都有小班制，但我不以为然，我就喜欢在大型大学可以享受所有机会的那种感觉。”
>
> 某大型研究型大学的大一新生

学术项目

研究型大学提供各个学术领域的本科学位，从传统的文理教育到跨学科专业再到专业性和实用性很强的专业都有。在加州大学戴维斯分校（University of California, Davis），学生可以选择各类不同的专业，例如俄语、认知科学、生化物理、土木工程以及动物科学，等等。

研究型大学通常由专注于某一领域的学院组成。在加州大学戴维斯分校，俄语、认知科学以及生化物理全部由人文和科学学院提供，土木工程由工程学院提供，动物科学则由农业和环境科学学院提供。虽然学生可以参与全校各种不同的活动，但专业所在的学院会决定学生在大学期间的学术体验。

在人文和科学学院中选择专业的学生将在研究型大学的环境中接受文理教育。他们不仅能广泛涉猎各学科的课程，还能够深入学习自己的专业。其他学院的学生可能就没有如此大的灵活性，例如工程学院。由于工程专业的专业性太强，如果学生想在四年内顺利毕业的话，他们很难有机会修太多专业以外的课程。

研究型大学的课堂，特别是那些入门级别的课，其课堂有可能会很庞大，每节课都有几百名学生。这些大课通常会伴有小型讨论课或者实验室部分。教授这些大课的也通常是做助教的研究生，又称TAs。研究型大学的教授每学期教授的课程较少，因为他们还有其他职责，例如指导研究生或者博士生的教学和研究，因此本科生接触到教授的机会相比文理学院要难很多。

当然，您对研究型大学的看法要取决于您是否想与教授建立紧密的联系，或者您是否喜欢大课上可以“隐姓埋名”的环境。研究型大学在本科教学中使用研究生助教的程度也有很大差别。虽然很多助教在教学上充满热情，但是他们毕竟没有教授的教学经验丰富，而且当您申请研究生院需要提交推荐信时，他们可能很难被找到。

科研的角色

研究型大学教授的评估、升职和涨薪取决于他们的研究数量以及教学质量。在那些科研实力强大、知名度很高的研究型大学，教授可以使用配置完善的实验室和图书馆进行自己学科最前沿的研究。

然而，这并不是说这些大学忽视了本科生。作为本科生的您仍然很重要，但跟在高中和文理学院相比，您已经不是学校最核心的部分了。事实上，能跟着各自领域非常活跃的教授学习，对本科生来说是一件非常有价值的事情，特别是科学和社会科学专业的学生，因为新的科研发现可能会快速改变一个领域。跟那些研究将出现在明天头条和明年新的教科书上的教授学习是一件非常让人兴奋的事情，他们能直接告诉您什么才是真正的科学发现和做学问。

研究型大学不光为研究生，也为本科生提供很多参与教授科研项目的机会，但是您需要非常努力地寻找才能找到。有动力、有准备的学生几乎总是能够找到愿意接纳他们加入研究项目的教授。

校园大小和社区感

研究型大学大小不一。有非常小的，例如加州理工大学（Caltech）只有1 000名左右的本科生和1 250名研究生；有中等大小的，例如约翰·霍普金斯大学（Johns Hopkins University）有6 000名左右的本科生和8 200名研究生；还有大型的，例如得州农工大学大学站校区（Texas A&M in College Station）有将近49 000名本科生和145 000名研究生。大多数研究型大学的在校总人数，包括本科生和研究生，在20 000人到30 000人之间，是文理学院平均人数的十倍还要多。研究型大学地理位置多样，遍布城市、郊区和农村地区。

由于大多数研究型大学规模很大，您可能需要花更大的努力才能交到朋友。因为很多学生大一以后会住在校外，除非您努力通过加入社团或者不同的团体并经常参与课外生活来建立自己的社交圈，否则很难找到真正的归属感。

体育竞技和课外活动

研究型大学和它们的第一级别运动队通常会主导媒体对大学橄榄球和篮球的报道。许多研究型大学的返校日（homecoming）通常安排在一个自己是主场的橄榄球比赛日。这样返校的校友可以加入在校生一起为自己学校的球队加油。围绕体育竞技的爱校精神（school spirit）也是研究型大学校园生活很重要的一部分，尤其当体育场坐满了为主场球队呐喊助威的学生时。

当然，研究型大学的课外活动不仅限于观看体育比赛，它们通常会举办几百种不同的活动和学生社团，以及外加社团和校内级别的运动队。校园内还经常建有表演艺术大厅，不仅是校园文化的中心，也是学校所在社区的文化中心。这些设施往往能吸引很多大牌演员和演说家前来举办活动。研究型大学可供学生选择参与的活动通常不计其数，如何明智地选择非常重要。

> "这里能做的事情太多了，就好比您对着消防栓喝水一样，根本顾不过来。"
>
> 某研究型大学在校生

荣誉项目

研究型大学，特别是公立大学，会为它们最具学术动力和能力的学生提供荣誉课程或其他特殊机会。这些课程提供小型讨论式研讨会、专属的荣誉宿舍、特殊的顾问和辅导机会等。典型的学校例子有密歇根大学（University of Michigan）、得州大学奥斯丁分校（University of Texas, Austin）、宾夕法尼亚州立大学（Pennsylvania State University）、亚利桑那州立大学（Arizona State University）、加州大学洛杉矶分校（UCLA）等。在这些课程中，水平很高的学生可以在小班上课并获得如同在文理学院一般的个人关注，同时也可以利用大型研究型大学提供的各种资源优势，还有可能支付相对便宜的学费。在一些大学，学生在申请入学时必须单独申请荣誉项目；而其他学校通常会根据学生优异的学术表现主动邀请他们加入。

大学名字里的玄机

不要让大学的名字误导了您。虽然巴克内尔大学（Bucknell University）、科尔盖大学（Colgate University）以及里士满大学（University of Richmond）都有“大学”（university）在名字中，但它们都是小型的文理学院；而达特茅斯学院（Dartmouth College）、威廉和玛丽学院（College of William and Mary）虽然名字里都有“学院”（college），但它们其实都是中等规模的研究型大学。所以不能只看学校名字中的college或者university来判断一所大学真正的使命和教育类型。要知道，比名字更重要的是个人在本科阶段的亲身经历。

另外，您还要注意一些容易混淆的名字，例如三一学院（Trinity College）和维思大学（Wesleyan University）都位于康涅狄格州，但是三一大学（Trinity University）和卫斯理安学院（Wesleyan College）则分别位于得州和佐治亚州。迈阿密大学（Miami University）位于俄亥俄州，另外一所迈阿密大学（University of Miami）才是位于佛罗里达州的迈阿密。我们可以找出更多类似的例子，就不一一罗列了。

硕士大学和本科学院（Master’s Universities and Baccalaureate Colleges）

尽管文理学院和研究型大学得到了很多关注，但它们在美国四年制的高校中占的比例还不到25%。剩下的学校，除了我们将进一步讨论的专业类高校外，主要分为两类：硕士大学和本科学院。

硕士大学（Master's Universities）

硕士大学，不管是公立还是私立，通常在本科阶段提供文理教育外加一些实用性很强的专业，例如商业、工程、教育或者护理专业，但它们超过一半的学位都会授予参加硕士研究生课程的学生。硕士大学的招生范围通常只局限于学校所在地区。

通常情况下，相当一部分硕士大学的学生每天通勤上课或者住在校外，当然也有例外，例如维拉诺瓦大学（Villanova University）、伊隆大学（Elon University）以及普罗维登斯学院（Providence College）等私立大学。公立和私立硕士大学的数量相当。旧金山州立大学（San Francisco State University）、莫尔黑德州立大学（Morehead State University，肯塔基州）和杰克逊维尔州立大学（Jacksonville State University，阿拉巴马州）都是公立硕士大学的例子。硕士大学的规模差异很大，平均班级规模也各不相同，班级大小往往介于文理学院和研究型大学之间。

大多数硕士大学的体育项目属于美国大学体育协会划定的第二级别，有些也是全国大学校际体育协会（National Association of Intercollegiate Athletics，又称NAIA）的成员，这是美国另外一个大学体育管理组织。那些超过半数的本科生都住校的硕士大学通常有非常丰富的课外活动。本科生住宿比例较少的校园虽然也有很多活动，但是参与的人较少。

因为硕士大学在很多方面差别很大，所以当您在选择学校时需要格外注意它们的不同特点。有些硕士大学感觉像文理学院，例如加州圣玛丽学院（Saint Mary's College of California）和罗林斯学院（Rollins College）；而圣何塞州立大学（San Jose State University）和克雷顿大学（Creighton University）则更像是规模较小的研究型大学。

拥有多元课程的本科学院（Baccalaureate Colleges）

Baccalaureate（学士）是对本科生的另外一种称呼。提供多元化课程的本科学院主要专注于本科教育，类似于文理学院，但它们在商业、护理和教育等应用领域会授予一半以上的学位，因此不符合文理学院的分类标准。其中一些学校招收了大量年纪偏大的返校生和非全日制学生，他们会与传统年龄的全日制本科生一同上课。大约85%的本科学院属于私立，例如伊丽莎白镇学院（Elizabethtown College，宾夕法尼亚州）、阿斯伯里学院（Asbury College，肯塔基州）、卡罗尔学院（Carroll College，蒙大拿州）和高点大学（High Point University，北卡罗来纳州）。大多数本科学院入学人数不足两千，但有些学校人数稍多。本科学院与硕士大学相似，都以招收学校所在地区的学生为主，但学生的住校比例通常要比硕士大学高很多。

如果学生住校比例很高，本科学院通常会提供很多校内活动，包括校内和校际间的体育比赛，有点类似文理学院的设置。本科学院的体育竞技大多属于美国大学体育协会划定的第三级别，也有一些学校是NAIA的成员。

综合考虑所有选项

提供多种不同课程的硕士大学和本科学院在录取选择性方面差别很大，但只有很少几所能称得上是我们所定义的有选择性的大学。对很多学生来说，它们可以成为文理学院或者研究型大学更加经济实惠的替代选择。本科学院对于那些既想得到小型住宿类学院提供的各种福利又想在护理、体育管理或者刑事司法等应用领域获得本科学位的学生来说尤其具有吸引力。

在此类大学中寻找适合自己的大学与我们接下来提到的如何选择文理学院和研究型大学的方法是一样的。最重要的是要了解您想申请的每一所大学的使命以及本科生的切身经历。一旦您清楚了这一点，学校的具体分类对您来说也就没那么重要了。

专业类院校

另一种类型的大学是高度专业化的学校，如音乐学院，例如茱莉亚音乐学院（Julliard School）或新英格兰音乐学院（New England Conservatory）；艺术学院，例如加州艺术学院（California Institute of the Arts）或罗德岛设计学院（Rhode Island School of Design）；本科商学院，例如波士顿地区的巴布森学院（Babson College）或本特利大学（Bentley University）；工程学院，例如纽约的库伯联盟学院（The Cooper Union）、印第安纳州的罗斯—霍曼理工学院（Rose-Hulman Institute of Technology）以及科罗拉多矿业学院（Colorado School of Mines）。由于专注于军事训练和军事方面的职业发展，美国西点军校（United States Military Academy West Point）和空军学院（the Air Force Academy）等军事类学院也属于这一类。一些专业院校，如茱莉亚音乐学院和军事院校，在招生录取方面具有高度的选择性。

您应该考虑专业类院校吗？

专业类院校适合那些对自己的兴趣高度专注、受过良好专业训练以及专业目标明确的学生。例如一名想成为专业音乐家并致力于一生都追求表演艺术的学生可能会觉得音乐学院是最适合自己的选择，而一名计划学习土木工程的学生则可以选择专注于培养工程师的大学，等等。其他对这些专业仅仅是感兴趣的学生可能会觉得上一所非专业类院校能够让他们涉猎更多专业课以外的课程；而且如果您的兴趣日后发生改变，那在同一所大学内转换专业要比转学到另外一所大学容易很多。

更多考虑因素

选择什么类型的学校取决于您对专业的兴趣水平。对于专业类院校，您需要非常明确自己想修什么专业以及毕业后从事何种职业。本书末尾的参考资料部分，我们为您提供了更多了解专业类院校和军事院校的链接。

专业类项目通常有非常详细的录取要求，一般要求申请者必须在某一方面表现出高水平的才能，所以申请者可能需要从高三就开始着手准备作品集。一定要尽早了解专业类院校的录取要求，才能在申请时有的放矢。我们也会在第十一章讨论针对艺术家和表演者的特殊项目。

有特殊背景的大学

一些大学还延续着非常吸引人的历史传统和独特环境。

宗教信仰背景

很多大学都有可以追溯到创校时期的宗教依附背景，但发展到现在，宗教背景对学生日常生活的影响在不同学校间大不相同。也许在这方面最为人熟知的是天主教大学，例如乔治城大学（Georgetown University）、圣母大学（University of Notre Dame）和波士顿学院（Boston College）。戴维森学院（Davidson College）由长老会（Presbyterians）创立，而维思大学（Wesleyan University）则由卫理公会（Methodists）创立，斯沃斯莫尔学院（Swarthmore College）和哈弗福德学院（Haverford College）仍然保留了它们奎克（Quaker）的起源传统，杨百翰大学（Brigham Young University）仍然是摩门教会（Mormon Church）的正式成员，圣奥拉夫学院（St.Olaf College）由路德教会（Lutheran）创立，而布兰迪斯大学（Brandeis University）则起源于犹太教（Judaism）。还有非常多的例子，我们就不一一列出了。大多数有宗教渊源的大学，不管现在是否还依附于教会，都欢迎来自各种背景的学生入学。

宗教背景在不同学校校园生活中的影子也大有区别。在一些学校，对于那些想接触宗教的学生，他们可以很容易得到相应的资源，但对其他学生来说宗教的影子可能并不明显；而在其他一些学校，宗教的影响可能更为突出。很多学校会要求学生参加弥撒、宗教祷告以及完成其他宗教方面的要求。您可以去网上做一些相关研究来帮助您决定这类大学是否适合自己。

传统黑人大学和学院

传统黑人大学和学院（Historically Black Colleges and Universities，简称为HBCUs）创建于美国历史上高等院校禁止黑人入学的历史时期。今天，美国还有一百多所HBCUs存在。尽管它们向所有人开放，但它们的主要使命还是教育非洲裔美国人。HBCUs大多位于美国南方地区，入学人数占全国所有非洲裔美国学生人数的8%，获得学士学位的15%。大多数HBCUs都是男女同校，例如霍华德大学（Howard University），但有少数只招收女性或者男性，例如只招收女性的斯佩尔曼学院（Spelman College）和著名的男校莫尔豪斯学院（Morehouse College）。这些大学为黑人学生创造了提供各种支持的环境，推动了他们在各自职业领域的成功。

本书末尾的参考资料部分，我们为您准备了更多关于HBCUs的信息。

女子学院

直到20世纪60年代，美国一些最知名的私立高校还都是单一性别。一些备受瞩目的女子学院也继续保持着只招收女性的传统。作为一个整体，女子学院是那些想在一个全女性的环境中被赋予更多权力的学生最心仪的选择。女子学院包括斯蒂芬斯学院（Stephens College）、韦尔斯利学院（Wellesley College）、曼荷莲学院（Mount Holyoke College）、艾格尼丝斯科特学院（Agnes Scott College）、史密斯学院（Smith College），以及在本书成稿时存在的其他35所学院。

少数女子学院还附属于一些大学联盟，与成员高校共享资源和设施。例如斯克里普斯学院（Scripps College）是南加州克莱蒙特联盟（Claremont Colleges）的成员。斯克里普斯的学生可以在联盟成员校间选课，使用图书馆，到不同食堂用餐，等等；反之亦然。她们还与成员校克莱蒙特·麦肯纳学院（Claremont Mckenna College）和哈维穆德学院（Harvey Mudd College）共享运动队。另外还有一些学院与其他大学签订了单独的合作协议，例如巴纳德学院（Barnard College）与哥伦比亚大学（Columbia University）间的合作。这些安排为女子学院的学生提供了男女同校的大学经历，同时又保留了自己作为女子高校的氛围。研究表明，女子学院的校友比男女同校的校友在大学经历方面的感受更为积极。美国当代很多著名人物，例如美国前国务卿希拉里·克林顿（Hillary Clinton）、记者格温·艾菲尔（Gwen Ifill）和黛安·索耶（Diane Sawyer）都是女子学院毕业生。如果您想了解关于女子学院的更多信息，请访问：www.womenscolleges.org。

美国国外以英语授课的学位项目

美国国外以英语授课的项目能将高质量的教育与沉浸于另外一种文化的体验结合起来，例如美国大学（American University）在巴黎、罗马、开罗和贝鲁特的分部，或者荷兰的乌特勒支大学（Utrecht University），以及日本的索菲亚大学（Sophia University）的本科项目。越来越多的美国大学也在国外设

> “虽然美国和加拿大有很多相似之处，但我在加拿大感受到的多种文化让我很惊叹。您可以看到来自世界很多不同国家的人们在一起生活、工作和学习。这真的可以让您大开眼界。”
>
> 在加拿大读书的一名美国学生

有校区，远至中国、中东、中欧，以及中亚。

从目前来看，选择出国读书的美国学生通常都会去以英语为母语的国家，例如加拿大和英国。在本节中，我们将简单介绍部分很受欢迎的目的地。与此同时，教育的国际化和全球化让很多非英语国家也开始提供英语授课的项目，学费非常便宜，有些甚至可以免学费。我们将向您介绍一些欧洲国家的案例。如果您想了解更多这方面的信息，您可以参考美国全国招生咨询协会官网www.nacacnet.org上的Guide to International University Admission（国际大学指南）栏目。

加拿大

对美国人来说，去加拿大读书具有得天独厚的地理优势。几乎所有加拿大的大学都位于美加边境160千米的范围内。虽然加拿大的大学数量要少于美国，但您也同样可以找到世界一流的专业和文理教育，而且校园环境与美国十分相似。因为每六个加拿大人中就有一个出生在加拿大以外，所以加拿大的校园非常多元化。它们还有非常多可供选择的带薪实习项目，学生不仅可以获得工作经验，还能得到相应的报酬。另外，加拿大的大学学费也只有美国大学的一半到三分之二。

加拿大几乎所有大学都是公立的，它们的教研质量会经常被省或地区主管机构以及大学自己的监管者评估。大多数本科学位是四年制，但也有一些省份提供三年制的本科学位，并为希望继续攻读研究生课程的学生提供可选的第四年的“荣誉”学位。由于加拿大有两种官方语言（英语和法语），您还可以修以法语或双语授课的专业，特别是在东部的省份。

与申请美国大学一样，您在递交申请时不必考虑具体专业，但您通常需要申请某一学科类学院，例如自然科学、社会科学、艺术（包括人文科学）或者商业。它们的整体设置与美国大多数的公立大学类似。大多数加拿大高校都是中型到大型学校，很像美国的州立大学。

英国和爱尔兰

如果您已经准备好专注于某一个具体学科，那英格兰、威尔士以及北爱尔兰的大学会对您比较有吸引力。苏格兰和爱尔兰共和国的大学设置略有不同，它们允许学生刚入学时修某一领域内的三到四门课，例如科学类或者商科。我们将在第十章详细介绍它们的具体设置，现在只做简单介绍来帮助您了解不同的大学设置。

选择专业和获得学位的时间

对大多数英国大学来说，您需要申请某个特定专业而非整个大学，所以您需要在申请时就明确自己想学的专业。英国对专业（majors）有另外一种称呼，叫课程（courses），学生一般很难涉猎专业课以外的课，只能专注于所修专业。一旦注册入学，转换专业也非常困难。因为您是被某一个特定的专业录取的，所以如果今后想换专业，很可能另外的专业没有空余的位置供您转入。这种方式与美国的文理教育理念截然不同，后者要求无论什么专业的学生都要涉猎各领域的课程。因此，在您申请英国的大学之前，一定要清楚自己的主要学术兴趣是什么。

与加拿大一样，英国的学费也要远低于美国，但也要看具体的专业，科学类的专业通常要比人文类更贵一些。获得英国的本科学位通常需要三年时间，有时需要四年（主要在苏格兰），具体取决于项目本身和大学的设置，有些职业类学位可能需要七年的时间。通过伊拉斯谟计划（Erasmus Programme），您可能有机会花一个学期或者一整年时间到33个欧洲国家中的任何一个国家进行学习或者接受培训，但前提是这是您所修专业中包含的一部分。在大多数爱尔兰大学，一年的海外学习或参加伊拉斯谟计划意味着要花四年才能拿到本科学位，而不是通常的三年。英国大学称这一年为夹在中间的“三明治年”，之后，学生需要修一年的额外课程。

语言在这里也值得一提。作为岛国的英国和爱尔兰都以一种非常陌生的方式使用着对我们来说并不陌生的词语，好比我们之前提到的majors（专业）在英国称为courses（课程）一样。美国大学使用的catalog（信息册）在这里被称为prospectus（小册子），faculty（全体教职员）被称为department（学术部门），residence hall（宿舍）被称为accommodations（住宿），teachers（老师）被叫作staff（员工）、lecturers（讲师）或者tutors（辅导老师）。说北美英语的人到了这里可能需要借助一本词汇表将自己的英语翻译成英式英语。

校园生活

英国和爱尔兰的大学校园生活也非常丰富多彩，但跟北美大学比还是有很多不同。例如，虽然这里的体育运动与北美的体育运动一样具有竞争性、多样性和充满活力，但是这里的体育运动是由学生会赞助的而不是大学本身。很多大学都有一些既严肃又俏皮的传统，很多都已经延续了几个世纪。欧洲大陆的交通非常便利，学生可以顺便游览欧洲很多国家而不需要太高的花费。

如需了解更多英国和爱尔兰的大学信息，您可以访问英国UCAS（大学和学院招生服务系统）网站：www.ucas.ac.uk，或者访问爱尔兰大学协会（Irish Universities Association）网站：www.iua.ie。英国文化教育协会（British Council）也有一个非常实用的网站：www.educationuk.org/global，涵盖了在英国学习以及如何申请英国大学的方方面面。

英国大学排名

英国每年都会发布基于高等教育统计局（Higher Education Statistics Agency）和全国学生调查（National Student Survey）搜集的数据的大学排名。每个排名机构都会参照多重标准发布大学综合排名和单独科目排名，标准包括学生满意度（其中包括教学质量）、职业发展和科研质量等。具体标准的使用及其权重取决于不同的排名。虽然排名在英国有些争议，但它们要比美国的大学排名更受社会重视，可以为其他国家的学生提供比较可靠的选校参考。

最受欢迎的排名出版物是《优质大学指南》（*Good University Guide*），由伦敦时报社出版并可通过亚马逊网站amazon.com订购。您也可以通过在线订阅伦敦时报获取交互式排名表。英国最主要的报纸之一，《英国卫报》（*The Guardian*）也提供免费的排名信息，您可以访问www.theguardian.com/education/universityguide获取。第三组排名信息是《完整大学指南》（*Complete University Guide*），您可以访问www.thecompleteuniversityguide.co.uk进行免费获取。最后，还有一个很好的资源平台可以让您全面地比较英国高等教育的各种专业数据和毕业生走向，您可以访问：http://unistats.direct.gov.uk。

在非英语国家修以英语授课的专业：荷兰的案例

欧洲的许多国家以及世界其他地区都有以英语授课的本科学位项目。各国的大学系统差别很大，不仅体现在招生录取标准上，还体现在入学程序、术语、收费等方面。有些国家的高等教育甚至不收任何学费（需要注意的是这里的“学费”指的只是上课的费用，并不包含生活费、书本费等其他杂费）。如果您感兴趣的话，可以到网上搜索每个国家的英语授课项目。

> “在如此国际化的环境生活彻底改变了我的一生。我变得更加成熟和有责任感，视野也变得开阔，因为我能跟很多来自不同文化和背景的同伴沟通。我们在课上互相交换对世界的看法；在课堂外，我们非常热切地互相了解彼此的成长环境、饮食、电影、政治和历史等。”
>
> 一名在荷兰读书的外国学生

在荷兰，有超过60%的本科学位项目都以英语授课。在荷兰的研究型大学里，有超过一百个以英语授课的本科学位项目，外加一门免费的荷兰语课程来帮助国际学生更好地适应荷兰的生活，尽管用英语在荷兰沟通并不成问题。这些三年的本科项目会从研究的角度来广泛涉猎各个学科。另外，荷兰的应用科学高校也提供了两百个以英语授课的本科项目，这些项目专注于职业培训，通常需要四年的时间完成。荷兰的本科系统还包括八所大学学院，它们附属于大型的研究型大学，通常坐落于大学校园内，为学生提供小型住宿社区以及三年以英语为授课语言的文理教育。所有大学的学生都可以使用伊拉斯谟计划（Erasmus Programme）。

荷兰的教学方式互动性很强，课堂教学以学生为中心，专注于学生的团队协作，而教师主要起到辅助和引导学习过程的作用。与加拿大和英国一样，荷兰的高等教育质量也受到国家质量监管系统的评估和保障。学费对美国学生来说要低于英国和加拿大。如果您持有欧盟或欧洲经济区的护照，那您将支付与荷兰公民同等低廉的学费。

哪种大学最适合您?

到底哪种学校更适合自己呢？这跟生活中和大学申请时的大多数情况一样，得看情况。这要看您自己的性格、学习方式以及学术兴趣。在做了充分的了解和自我剖析以后，您的偏好会与其中一种更加匹配吗？如果是的话，那您就可以大胆往前走了。也有可能您还是没有找到与自己想法匹配的选择。很多学生对多种选择都感觉不错，他们最终的选择可能要看自己被哪几所学校录取以及其他自我剖析后找出的因素。在本节中，我们将一起来看我们之前在讨论大学类型时所涉及的大学的一些特征。我们觉得有必要再详细地一一回顾，也希望您能在这个过程里逐渐认清什么因素对自己最重要。

地理位置

当您闭上眼睛试着想象自己在理想的大学环境中时，您看到了什么？您想象的是一个繁华的城市，身处人海，到处是让人兴奋的事物，还拥有非常多元化的社区？或者您想象的是一个更加充满田园风光的环境，也许是在一个小镇附近，遍地青翠无垠的草坪和缓慢的生活节奏？又或者是介于两者之间？虽然很多学生在择校时会将眼光放射到全国，但大多数学生还是会选择离家近的大学。而有些学生则将上大学作为自己探索美国或者世界其他地区的机会，并将其纳入自己的择校考虑因素内。

> “我对我儿子的大学选择感到非常惊讶。他作为一个典型的喜欢穿勃肯凉鞋（Birkenstock）到处走的加州男生，竟然同时喜欢上了一所马萨诸塞州乡下的文理学院（入学人数2 000人）和一所纽约市的研究型大学（入学人数23 000人）。这都是什么逻辑？”
>
> 一位对自己孩子的选校结果感到惊讶的家长

气候和文化

美国每个地区都有自己不同的气候和本地文化特征。选校时，要尽量保持开放的思路，不能在没考虑清楚原因的情况下就将某一区域自动排除。需要注意的是，如果您不喜欢雪，那秋季访校时看起来非常漂亮的缅因州乡下学校或者美国中西部偏北的学校在冬天可能会是另外一番景象。文化的差异也会对一些学生构成挑战。例如我们认识的一位东海岸的女学生下定决心要去录取她的所有学校里最有声望的一所，不管这所学校在哪里。根据这个理由，她选择了一所拥有超高选择性的西海岸大学，结果她的经历让她很痛苦，因为她觉得那边下雨太频繁而且生活节奏太慢。应该很少有学生会这样来描述斯坦福大学吧？但这确实是她的亲身感受。对她来说，这是一次非常糟糕的选校决定。

> “我儿子在一座有一所大型大学的小镇上长大，他已经习惯了这种类型的大学。当我们参观一些小型学校时，他总是说：‘他们的学生活动中心太小了吧？！他们的体育中心也好小！’”
>
> 一位自己儿子就读于某大型大学的家长

一定要做好准备功课

如果您被美国其他地区的大学吸引，那一定要做足功课，充分了解在那边度过四年的时光会是什么样子。要考虑饮食、政治倾向、天气和生活中可能存在的差异。另外，有时从很偏远的大学放假回家在交通上也会非常不便利。因此，有些家长希望自己的孩子只到离家一个直飞航班就能到的地方读书。但话又说回来，如果您想体验不同的经历，能够到一个离家远的地方读书也是一个很难得的机会。

入学人数

正如我们之前描述的，大学的入学人数相差很大。一些学校的本科生总人数不到1 000，有的则超过了40 000甚至更多，其他的都在两者之间。私立文理学院一般都是最小的，而最大的校园通常都是研究型大学，特别是公立的。

学校大小如何影响校园氛围

学校大小在决定校园氛围方面有重要的作用。迈克尔·塔马达（Michael Tamada），西方学院（Occidental College）前院校研究办公室（Institutional Research）主任，现任职于里德学院（Reed College）说道："一所小型学校就跟一座小镇一样，只要从校园中心广场走过您就能很容易见到熟悉的面孔。而一所大型大学就像一座城市，当您从校园中心广场或者走廊经过，您看到的可能都是陌生人的脸，偶尔才会碰到认识的人。这种感觉对有些人来说很舒服，非常放松和解放，但同时也会让一些人感到窒息和疏远。"

> "我们到了加州大学圣塔克鲁兹分校（UC Santa Cruz），我心想：'哇，这太棒了。'但我的儿子说：'这周围什么都没有。'等我们到了加州大学洛杉矶分校（UCLA），我心想：'这里太大了，他会迷失自我的。'结果，我儿子在参观完后无比兴奋。"
>
> 加州的一位母亲

学校大小与教育体验的关系

学校大小不仅影响校园的氛围，也影响学生的教育体验。一方面，更大的校园通常有更广泛的专业和课程供学生选择，例如符号系统、植物学、公共政策和多门外语等。但缺点是，校园越大班级也就越大，尤其是在很多入门级别的课上。这里的例外情况是我们之前介绍过的大型大学内专门设立的荣誉项目。如果班级的大小是您所关心的选校因素，那您需要弄清楚您想选择的专业中具体课程的人数是多少。一般哲学或历史专业的课比经济学或生物学的人数要少，因为后者是许多校园中最受欢迎的专业。大学经常引用的低师生比可能并不能反映真实的课堂大小，因为它们的计算包括了所有教职人员，甚至那些不怎么教课和根本不教本科生课程的人。

学校大小没有对错之分，偏好因人而异。有些学生会专门到家附近的不同大小的学校参观，虽然他们可能对这些学校并不感兴趣，但是可以很直观地感受不同大小学校间的差异。

无形的因素

学校大小、位置和课程设置都是很容易观察到的因素，并且易于描述和比较。难以评估和比较的是那些可以在很大程度上影响校园的整体学术和社交氛围的因素。就像学校大小一样，校园氛围没有正确和错误之分，每个人都有自己的偏好和需求，重要的是找到最适合自己的大学。

在校生住在哪里？

大多数提供住宿的大学要求甚至强烈推荐大一新生住在校内，但大一以后就变得很灵活。大型的公立大学可能没有足够的宿舍保证所有学生四年的住宿。所以，您应该问大学的问题是：“大一结束后大多数学生住在哪里？是校内还是校外？如果住校外的话离学校多远？学生对学校的住宿选择满意吗？”那些大多数学生都住校的校园会更有社区感，但住在校外通常比校内更便宜，因为您不需要加入学校非常昂贵的就餐计划。

校园安全对很多学生来说也很重要。校园晚上光线充足吗？如果在图书馆或实验室工作到深夜不想一个人走回宿舍，学校是否提供护送服务？宿舍楼是否有安全的门禁系统？很遗憾的是，没有哪个校园可以免于犯罪活动，但是学校可以采取很多措施来减少其发生的概率。

联邦法律规定每所大学都要发布年度克雷莉报告（Clery Report），提供有关校园犯罪的统计数据。在学校主页上输入“Clery Report”就可以查阅学校的报告。如果校园安全是您或家人特别关注的问题，那可以访问校园安全办公室获得更多有用的信息。

校园社交文化如何？

兄弟会和姐妹会在校园中扮演重要角色吗？有多少百分比的学生加入希腊生活组织？有多少人住在兄弟会或姐妹会宿舍？得到的答案是否符合您想要的？不同校园的民族、种族和地理多样性也各不相同。有些是非常多元化的，有些则没有那么多元化，还有一些学校学生成分非常单一。大学都会提供有关其学生群体的性别、种族结构以及地域等方面的信息。这些数字可以帮助您了解一所大学的多元化情况。如果您有兴趣，您也可以更进一步了解，例如学校是否有针对少数族裔学生的特殊住房安排？不同群体如何相处？他们是相互融合还是自我隔离？这些都是您需要问的问题。

其他因素也起到了营造大学社交氛围的作用。体育竞技在校园生活中起多大作用？有很多学校精神和士气吗？校园的社交生活主要围绕周六主场篮球比赛或者其他大型活动吗？这些听起来对您有吸引力吗？最后，一些校园以它们自由派的政治氛围和不拘一格的学生群体而闻名，而其他校园则以吸引了更多保守派的学生为人所知。这些标签的发展和延续是因为人们喜欢将大学分类。这些标签随着学校的改变可能已经变得不准确，或者过时，而且每所大学自身的内涵可能比外部赋予的标签更丰富。您应该想想您想得到何种体验，并对标签保持谨慎态度，就像您应该谨慎看待排名一样，因为它们可能更多的是在帮助大学进行推广营销而不是以您的需求为中心。

校园的学术氛围怎么样？

大学在学术严谨性方面的声誉也不尽相同。虽然一些学生不管在哪所学校都要比其他同伴更刻苦，但一些学校在学生学术参与度方面要比其他学校有更高的要求。另外，在一些学校，学生似乎对自己也有更高的要求。一些以学术严谨性和学习风气著称的大学，例如斯沃斯莫尔学院（Swarthmore College）、里德学院（Reed College）和芝加哥大学（University of Chicago）都是学习和生活的不错选择。它们对一些学生来说可能是最适合的选择，而对另外一些学生可能正好相反。说到底，判断学术强度是有其主观性的。我们希望您能够周全地考虑不同的大学和自己的想法。毕竟，您自己对一所大学的评估才是做出最后决定的关键。

学生如何度过课堂外的时间？

一名典型的全日制在校生每个学期需要修三到四门课，但不需要像高中一样每天都上课。这就给学生留出了很多课外的时间，而且并不是所有额外的时间都需要用来学习。那学生如何利用他们的闲暇时间呢？他们都属于各种不同的社团组织吗？更重要的是，这些活动有符合您兴趣的吗？这里有您高中没有的活动吗？学校的休闲设施怎么样？使用起来很便利吗？在校生周六晚上都做什么？如果您去参观学校，那您可以问一问带队的学生导游他和他的朋友周末都做什么。

大学对未到法定饮酒年龄的学生在饮酒方面的容忍度也略有不同。大学生过度以及滥用酒精在美国是个全国性问题，而且在几乎所有高校都存在，除了一些最虔诚的宗教大学以外。虽然没有哪所大学鼓励未到饮酒年龄的学生饮酒，但它们在执行自己的校规以及州法律方面的严格程度却存在差异，而这会直接影响校园的饮酒量。所以，您应该弄清楚一所学校的学生是否会因同学给的压力而饮酒？如果您不喝酒会不会影响与同伴的社交来往？学校是否为有需要的学生提供专门的无烟酒宿舍？

专业、职业和课程

什么是大学专业？主修某一领域的学生必须在该领域和相关领域修满一定数量的学分，以建立起在该学科的知识和技能。专业会要求所有学生必修一部分特定的课程，例如心理学专业中的统计课或者化学专业里的有机化学课。剩下的课程都是选修课，可以由自己决定。在很多学校，您也可以在另一个领域修一个副专业，这可以让您深入了解第二个领域，而且不需要修像主专业那么多的学分。对于那些精力十分充沛的学生，他们也可以修双专业或者偶尔的三个专业。很多学校还允许学生在导师的指导下设计自己的专业。医学和工程学等专业有从大一就要开始准备的专业课。

> “大一学生会经常改变专业的说法一点也没错。这才第一学期，我就已经从电子工程改到了计算机科学又改到了牙科预科又到现在的政治科学。”
>
> 一名在研究型大学还未定专业的大一新生

选择专业

学生经常会在申请大学选择专业时倍感压力。一些学校，特别是公立大学，不同专业有不同的录取率。一些最受欢迎的专业可能会有额外的录取要求，甚至要比其他专业更加有选择性。如果您被学校录取，但没有被心仪的专业录取，以后再转专业可能会很难，也有可能根本转不了。所以在申请上填报专业时最好提前弄清楚专业的具体安排。

然而，大多数学校只会问学生潜在的专业兴趣，并不会以此来决定学生以后的专业。事实上，“未定专业”（undecided）在很多大学都作为申请时专业下的一个选项。虽然很多学生入学时就有清晰的学习计划和专业方向，但也有很多学生没有，或者在毕业前至少会改变一次专业。

作为教育工作者，我们倾向于让学生利用大学前两年的时间自由探索自己的学术兴趣，然后再选专业。这能让学生有充分的时间在各个领域选课来探索自己真正的兴趣所在。试想，在没真正修过心理学或者哲学的课前，您怎么能够肯定自己一定会喜欢这个专业呢？虽然我们更喜欢这种方式，但我们也知道有些学校要求对某些领域感兴趣的学生比其他学生更早申报专业。

专业和职业间的关系

美国大学理事会（College Board）设立的BigFuture网站上有关于大学专业与职业发展的详细信息供您参考。您可以登录www.bigfuture.org进行免费获取。网站非常易于使用，上面的职业规划工具介绍了许多大学专业和相应的职业准备，以及每种职业的就业前景等。网站上的搜索引擎也可以帮助您找到提供某个具体专业的学校。

特别有趣的是，对于主修人文学科（如英语，历史或法语）的学生，尽管人们通常误以为这些专业无法为学生提供职业上的准备，但实际上他们的就业前景十分广泛，毕业生可以从事各行各业的工作。这个网站可以让想要学习某个自己喜欢的专业但不确定上这个专业是否能够在毕业后找到工作的学生得到想要的答案。

大学的网站和印刷的招生宣传材料也可以帮助您了解一所大学的专业设置，以及它们对选报专业和更换专业的政策。如果您在读完这些材料后还是没有找到想要的答案，那您可以给大学的招生录取办公室打电话或者发邮件进一步问询。

专业和选择学校

正如我们所指出的，一些学生在进入大学时就已经有明确的学习计划了，而其他学生则还没决定。这对您的选校过程会有何影响？如果您对某个特殊的专业感兴趣，例如工程、舞蹈、商业、体育管理等，那大学是否提供这个专业就应该成为重要的考虑因素。

灵活度可能比您想象的要大

大学在专业选择方面的灵活度可能比您想象的要更大一点，至少对某些领域来说。例如如果您想学习工程，尽管您肯定想要去了解那些提供工程学位的学校，但是也有很多没有工程专业的学校跟工程类院校合办了3+2的合作项目可以考虑。学生先在第一所学校学习三年，通常主修物理或数学专业，并得到为3+2的学生提供的专门指导，然后在最后两年转学到一所拥有工程学专业的学校。在五年结束时，学生将获得两个学位：第一所学校颁发的数学或物理学士学位和第二所学校颁发的工程学士学位。作为额外的福利，这名学生在取得工程学位的同时也接受了非常广泛的文理教育，这能让他以后在就业市场上与其他只学工程专业的同伴区分开来。我们还从来没有见到过任何一名选择了3+2的学生后悔自己将文理教育与工程专业相结合的决定。

到达同一目的地的不同路径

举一个可能以后想成为海洋生物学家的学生的例子。大多数海洋生物学家的工作需要研究生学历，而能为此做最好铺垫的本科学位是几乎所有大学都提供的生物专业和化学专业。所以，在择校时没有必要将目光只放在少数专门提供海洋生物专业的学校上。

同样的原则也适用于对商业感兴趣的学生。很多有此想法的学生会很自然地寻找提供商科的学校，但最近一项雇主调查表明，很多雇主其实更愿意招收商科以外的毕业生，例如经济学或者国际关系学专业的，因为他们有比传统商科专业更广泛的学术背景和不同的分析问题的能力。我们认识的一位历史专业出身的银行家表示他尤其喜欢雇佣英语专业的毕业生，因为大部分银行业务都涉及书面写作和口头沟通。

这两个例子以及其他许多案例都说明，看似与职业有直接关联的专业可能不是唯一能够通向此职业的路径，甚至在有些情况下并不是最好的选择。如果您在申请大学时有明确的职业方向，一定要做足功课了解通向该职业的所有可能的途径。您可能会找到一些让您出乎意料的选择。

本硕/博连读项目

一些学校提供特殊的本硕/博连读项目，学生可以同时获得学士和硕士或者博士学位，而且通常花费的时间少于单独学习这两个学位所需的时间。这些项目对有明确职业目标的学生非常有吸引力。在一些BS-MD（理学学士学位与医学博士学位）的双专业项目中，学生可以在七年的项目结束之后同时获得两个学位。BA-JD（文学学士学位与法学博士学位）可以在六年内完成。这些项目通常会比单独读两个专业节省一年的时间和花费。类似的项目还有一些学校提供的BA-MA（文学学士学位和文学硕士学位），以及其他职业类的项目，如药物学（BS-PharmD）、物理治疗（BS-DPT）、牙科（BS-DDS）。提供这些项目的小型学校通常与提供研究生学位的研究型大学设有合作协议，而大型大学则可以自己单独提供双学位。在任何一种情况下，接受双学位意味着如果您学得好，您将不必经历第二次研究生录取的过程就可以直接实现自己的教育目标。缺点是，许多项目，特别是与医学博士连读的项目具有高度选择性。

通识教育的要求

本科教育的另一个很重要的方面是大学如何安排学生的通识教育（general education，简称为GE）或者学科分配要求。学生在选择学校时往往会只关注专业而忽略了这一重要部分。

通识教育是什么?

通识教育的目的是保证所有学生，无论专业是什么，能够在大学毕业后成为一个真正受过良好教育的人。这就意味着人文学科的学生需要涉猎社会科学以及自然科学的课程，而工程专业的学生则需要接触人文和社会科学的课程。大学通常是学生可以接触到广泛的学科知识的最后机会，这能让他们获益终生。

不同类型的通识教育

通识教育在不同的学校有不同的表现形式。一些学校有各学科的必修要求（distribution requirements），形式有点类似中国餐厅的菜单，学生必须从不同门类（如科学、人文、社会科学）课程中选择一定数量的课程来修。另外一种方式是核心课程（core curriculum），是一套大学特别设计的要求所有学生必须修的课程。有时这两种方式会相结合。还有一些大学已经不以学科作为通识教育的选课标准，而是让学生在以定量推理、道德推理以及全球公民为主题的课程中选课。

一些学校只有有限的通识教育要求，甚至没有任何正式要求。阿默斯特学院（Amherst College）、布朗大学（Brown University）、汉密尔顿学院（Hamilton College）以及维思大学（Wesleyan University）都是没有通识教育必修课要求的例子。这些学校把选课的主动权完全交给了学生。尽管没有具体要求，但它们还是希望学生能够广泛涉猎不同领域的课程。很显然，对于想要选课自由的学生来说，这些学校对他们非常有吸引力。

在择校时，一定要了解清楚学校在通识教育方面的要求以免入学后感到吃惊或失望。虽然通识教育有必修课的要求，但最后修的课程总数可能与没有通识教育要求的学校差不多，而且到最后您可能会喜欢上这些必修课，因为在每一个领域可供选择的课程很多。

能够很容易地获得指导和帮助吗?

几乎所有学生在他们的大学生涯中都会不定期地需要指导，无论是在选课、决定专业、获得实习机会、申请工作或申请研究生院方面。最近的一项研究表明，公立大学的学生把是否能够获得良好的学术指导列为他们教育经历中最重要的方面；而私立大学的学生则把获得良好的学术指导列为仅次于教学的第二位。两个小组都将奖/助学金、校园气候和校园生活在重要性方面排得较低。

学术指导和帮助

尽管指导对学生很重要，但是很多家庭在择校时都忽略了这一点。大学在指导服务的质量和可及性方面差别很大。大学的官网上可以提供一些相关信息。您可以去了解学校如何为大一新生和高年级的学生提供指导服务，学校如何帮助学生识别和获得实习机会，有何种以职业为导向的项目指导，指导的范围有多广泛。您同时也应该了解学校提供的其他支持性服务，例如帮助学生修改论文、提高学习技巧以及提供具体学科的课外辅导等。

第一代大学生应该了解学校是否有专门针对他们的指导和服务。加州大学体系内的每一所校区都有一个“教育机会项目”（Educational Opportunity Program，简称EOP），专门为第一代大学生提供各种专门服务，包括特殊的新生入学指导（orientation）、学术和个人指导、同伴间指导、具体学科的特殊辅导，以及为申请研究生项目做准备的指导。

当然，学校的官方介绍只是一方面，您应该尝试与在校生和毕业生沟通，了解他们在学校指导和服务方面的亲身感受。大学通常很乐意为您提供愿意回答潜在申请者问题的在校生的名字和邮箱联系方式。如果您到学校参观，您也可以直接询问学生导游或者其他您见到的在校生。您需要了解的是在需要的时候是否可以很容易找到指导老师？他们非常了解如何指导学生并且能够为学生提供有用的选课和专业要求信息吗？在学生遇到学术困难时指导老师能够帮助他们找到合适的帮助吗？他们能够为学生提供特殊机会、职业兴趣以及毕业后计划的指引吗？

以职业为导向的项目指导

对于那些对法律、医学或其他健康类职业相关的专业学位感兴趣的学生来说，学校在课程、课外活动以及申请过程本身（包括面试）的良好指导至关重要。大学通常设有办公室或特定的教职员工进行此类指导服务。您可以了解学校在这方面提供的具体指导服务，以及了解您所感兴趣的职业类项目的录取率有多高。

在校期间能够得到实习的机会，无论带薪与否，都会为您探索不同职业以及得到第一份正式工作提供很大帮助。大多数工程专业为学生提供带薪实习的机会，但东北大学（Northeastern University）和德雷塞尔大学（Drexel University）更进了一步，它们为所有学生提供带薪实习的机会，允许学生选择一整个学期的时间从事与专业相关的全职工作。大学通常有专门的办公室和职工帮助学生寻找匹配的实习机会。您感兴趣的学校提供何种实习和职业咨询服务？它们对找到实习机会的帮助作用有多大？它们提供修改简历和准备面试的帮助吗？毕业以后您还可以继续用它们的服务吗？每年来校园进行校招的企业有多少？都是什么类型的企业？这些都是您在择校时应该了解的问题。

健康和心理咨询服务

学生偶尔会生病或受伤，需要去校园健康中心治疗。有些学生的慢性病需要长期监控。还有的学生正在面临心理健康的挑战。有一些学生是在大学期间才第一次感受到精神方面的压力并需要接受心理咨询或精神治疗，而有些学生只是孤独或想家。学校有什么样的服务可以帮助学生应对这些挑战？宿舍楼是否提供任何支持服务以帮助学生适应大学生活，并在学生遇到困难时提供帮助？校园健康中心是否配有足够的人手？学生是否需要使用附近的其他医疗资源？转诊病人的程序是什么？

提早计划

总的来说，您一定要了解清楚学校如何为在校生提供各种保障。特别要着重了解针对自己特殊情况的配套服务。我们强烈鼓励有心理健康问题或学习障碍的学生的家长联系相应的学校办公室，讨论可用的支持服务。我们将在第十二章中详细讨论这一点。有长期慢性健康问题的学生的家长应考虑联系学校健康中心，询问它们所提供的服务。一定要了解清楚，在有需求时，它们是否能提供所需的帮助。

确定您的优先事项

本章旨在帮助您了解更多有关大学的信息以及自己的想法。您可能仍在试图寻找对自己来说真正重要的东西，而且了解不同的大学肯定需要更多时间，所以，趁着您现在正好有很多不同的想法，我们鼓励您填写下面“确定您的优先事项”的问卷。即使您的答案只是暂时性的，这也可以帮助您开始认清最适合自己的大学。在第五章，我们将向您展示如何获取与您匹配的特定大学的信息。

确定您的优先事项

此调查问卷将帮助您确定择校时对自己最重要的因素。问题分为三类：校园环境、学术环境，以及课外和社交环境。尽可能准确地回答每个问题。针对每一个问题，您也可以标出自己的偏好：非常重要（V）、有点重要（S），或者不重要（N）。

		重要性		
校园环境	您的偏好	V	S	N
1. 您想住得离家多远？在家附近？开车很近，还是很远？可以乘飞机到达吗？				
2. 您更喜欢大城市、小城市，还是城镇、郊区或者乡下？				
3. 气候对您来说重要吗？有没有哪个地区是您不想居住的？				
4. 您喜欢多大的大学：小型（2 500人以下）、中型（10 000人以下）、大型（20 000人以下），还是超大型（超过20 000人）？				
5. 您大一以后想住校内还是校外？				
其他：				
其他：				

		重要性		
学术环境	您的偏好	V	S	N
1. 您更喜欢文理学院还是研究型大学？				
2. 您想看到大学提供您感兴趣的专业或者课程吗？				
3. 您更喜欢小课、大课，还是大小课混合？				
4. 您对某一特定的专业感兴趣吗？				
5. 您喜欢某些具体的课程设置吗（核心课程、荣誉课程等）？				
6. 您更喜欢何种学术环境：非常严谨、中等水平，还是比较放松？				
7. 您只想追求学校的名牌效应还是想找到一所适合自己的大学？				
8. 您需要特殊的支持服务吗（如学习障碍、健康问题等）？				
其他：				
其他：				

		重要性		
课外和社交环境	您的偏好	V	S	N
1. 您是否希望看到大学提供您想要的具体的课外活动或者特殊设施？				
2. 您想参加某项校队级别的体育项目吗？还是俱乐部或者校内级别？				
3. 体育竞技在校园里的角色应该有多大？				
4. 您希望大学有兄弟会或者姐妹会并且它们占据了校园生活中重要的部分吗？				
5. 您想要多么多元化的校园？您想寻找哪方面的多元化？				
6. 您想去一所有宗教依附关系的大学或者女子学院吗？哪怕您没有主动寻求这类大学，您会对它们持开放态度吗？				
7. 您在寻求某种具体的校园氛围吗：艺术氛围浓厚、政治气氛活跃、有强烈凝聚力的社区，还是其他？				
其他：				
其他：				

		重要性		
杂项	他们的偏好	V	S	N
1. 您的父母有任何选校方面的要求吗？				
其他：				
其他：				

请在下面提供的空间中列出您确定为对自己非常重要或者有些重要的首选项。然后按照每组内的重要性对它们进行排名。此列表将指导您在申请之前确定适合自己的大学，并在收到录取通知后帮助您做出最终的选校决定。

优先项总结

下面的偏好对我来说是非常重要的：

____

____

下面的偏好对我来说有点重要：

第二部分

做出最适合自己的大学选择

第五章　如何决定申请哪所大学？

第六章　标准化考试

第七章　绑定性早申请和其他早申请计划

第八章　支付学费和申请奖学金

第五章

如何决定申请哪所大学？

在第四章，您已经开始根据大学不同的设置以及自己的偏好来列出适合自己的大学名单了。这是申请中很重要的一步，因为您至少需要一个大概的想法才能帮助您最终找到适合自己的学校。您的想法可能会随着过程的推进发生改变，但是光美国国内就有2 200多所非营利性的四年高等院校，很显然一所一所逐一排除并不现实。

通过对自己的评估，您心里应该有一个大概的选校方向了。但是您应该怎样来找出这些适合您自己标准并且有可能是非常适合您的学校呢？在本章中，我们将引导您完成后续的步骤。创建大学名单没有统一的标准可循，但我们会为您提供一些行之有效的方法。

高中升学指导办公室

自己高中的升学指导办公室是开启大学申请过程的最佳起点。一些资金充足的公立高中和大多数私立高中都配有专门的升学指导老师。他们唯一的工作就是与学生一起完成申请过程的各个方面。其他学校会将大学升学辅导职责纳入学校辅导员的日常职责中，他们在辅导升学外可能还有其他方面的职责。还有一些学校将两者结合起来：升学指导老师负责升学指导，但学生的日常辅导员也可以提供相应的帮助。

不同高中间升学指导的师资配置差别可能会很大。如果学校的学生和指导老师相比比率很高，那就很难保证所有学生都能得到同样的辅导。不管自己学校的情况如何，您都要充分利用好学校提供的所有资源。通过仔细阅读和使用本书中的信息，您可以弥补校内所缺失的辅导，或者也可以将本书作为校内辅导的补充。我们写《升学之道》就是为了让所有学生都能获得所需的大学申请辅助。

使用Naviance，如果有的话

越来越多的学校开始提供网络工具帮助学生申请大学。其中最受欢迎的是Naviance，一个由高中购买的可以让学生按照自己标准搜索大学的网站。使用Naviance上的SuperMatch大学搜索引擎，然后将找到的学校发布到自己的账号中保存，不仅能帮助自己整理大学名单，还能将名单分享给升学指导老师，因为他们会直接看到您发布的信息。还有一些其他的平台同样可以帮您做到这一点，所以如果您的高中没有Naviance，您还是有其他的选择。我们接下来会介绍。

升学指导老师的意见

高三是与升学指导老师开始建立互动关系的好时机。要记得，升学指导老师会为您要申请的大学提供一份您在学校的表现报告，以及一封升学指导老师推荐信（如果学校要求的话），所以他们对您是否了解非常重要。高三寒假过后，如果指导老师还没有联系您会面，那您可以主动约个时间与他们见面，因为那时他们已经结束了对高四毕业年级的指导，时间会比较灵活。这样可以让指导老师在还没有开始提供指导意见前先对您有一个初步的认识。在整个申请过程中要保持与升学指导老师的沟通。在人数较多的公立学校，您可能需要更加主动地联系指导老师。

升学指导老师可以根据他们对不同大学的了解和您的学业成绩以及个人喜好，帮助您增加或者修改自己已经通过不同资源创建的大学名单。您的选校要求越具体，指导老师提供的意见也就能更精确。指导老师可能要比其他人更了解某些大学，他们帮助您创建的大学名单可以让您有效地开启申请的过程。如果您得不到相应的指导，那也没有关系，您可以根据我们接下来提供的工具自己创建一个同样适合的大学名单。

在第十章，我们会跟您分享如果高四才能跟升学指导老师见面，如何保证他们能够获得所有关于您的信息。这种情况时有发生，特别是在升学指导办公室人员调动或者指导老师手头案子太多的时候。

创建大学名单是第一步

您与升学指导老师共同创建的大学名单仅仅是整个过程的第一步。您还需要与其他熟悉您的人沟通来听听他们的意见，例如父母、其他家庭成员、朋友、同学等。如果您起初的名单很长，这大可不必担心，您可以慢慢在过程中将其缩短。您的名单最后看起来可能会像一个倒置的金字塔，开始的时候很宽泛，越到底部范围越小。

使用大学搜索工具

在线搜索引擎能够让您详尽地了解可能适合自己的大学。只要您有网络，那获得信息就轻而易举。我们鼓励您尝试几个不同的工具，因为它们给出的结果可能会有差别。您可以用它们来增强已有的名单，或者从头开始创建一个名单。我们在上文已经提到了Naviance平台上的SuperMatch，但不是所有高中购买了Naviance。

BigFuture

我们在第四章中简要讨论过的BigFuture（www.bigfuture.org）可以帮助您使用您自己的标准来定位大学，例如学校大小、地理位置、专业、体育竞技、课外活动、实际花费，以及最近的新生入学记录等。它还可以让您评估每个标准对您的重要程度：不关心、还可以或必须有。这种“模糊”方法有助于建立符合不同范围标准的学校名单。

然后，BigFuture会从那些满足您标准的学校开始，提供一套符合您标准的学校名单。网站色彩鲜艳，简单易用。列表顶部会显示搜索出的学校数量。您可以保存您感兴趣的学校，也可以通过更改一个或多个条件扩展或收缩您的列表。

College Navigator

美国教育部有一个搜索工具，即College Navigator，其工作方式与BigFuture的搜索功能非常相似。您可以通过College Affordability and Transparency Center（大学可

负担性和透明度中心，网址为www.collegecost.ed.gov）找到它。College Navigator没有BigFuture或SuperMatch那么色彩丰富，它也不会让您区分不同标准的重要性，但它有一个广泛的专业列表可供选择，并允许您指定SAT或ACT分数范围进行搜索。College Navigator网站还包含在线的Occupational Outlook Handbook（职业展望手册）链接，您可以在其中探索不同职业的就业前景。

College Affordability and Transparency Center网站包含一个链接，可以立即将您带到任何一所大学的净价计算器（net price calculator）。（在第八章讨论财政补助和大学费用时，我们将详细介绍净价计算器，这个工具可以帮助您估算不同大学的实际自付费用；注：此计算器不适应于非美国国籍的申请者。）它还链接到大学记分卡，可让您使用本网站独有的数据来比较大学的可负担性和其他与费用相关的标准。

更多关于大学搜索工具的信息

您可以在网上查找更多大学搜索工具。我们推荐您从BigFuture、College Navigator以及SuperMatch（如果有的话）开始，再往外扩展。不同的搜索工具通常来说都非常简单易用。可能最后得到的搜索结果会有差别，但就目前来说这正是您所需要的。您可以通过这些不同的结果来扩充您的大学名单。

特别要注意那些在不同搜索结果中重复出现的大学，因为它们与您可能非常相配。如果最后的搜索结果有数百个学校，那您需要缩小搜索条件范围；如果最后的结果只有几个学校，则必须扩大搜索范围。请特别注意您在搜索中输入的专业内容。如果专业非常具体（或者名词使用不当），您的搜索可能会产生很少的结果。每个搜索引擎都可以轻松添加或删除搜索中使用的条件，因此您可以使用不同搜索引擎来查看更改条件对结果的影响。

CollegeXpress

创建大学名单的另一个有用资源是CollegeXpress（www.collexxpress.com）。CollegeXpress提供一个大学搜索引擎，里面包含了在各学科见长的大学名单，从国际关系到商科再到海洋科学都有。它还包括以不同话题分类的大学名单，例如体育竞技以及校园生活的方方面面等。这些名单主要是通过升学指导老师的评语产生的，所以内容并非详尽无遗，但它可以帮助您缩小让人眼花缭乱的各种选择。

与招生官见面

到目前为止，您已经开始创建自己的大学名单了。我们还会继续为您提供更多寻找合适大学的方式，但现在我们想暂时将您的注意力转移到其他可以让您既能够寻找更多大学同时又能缩减范围的方式上。

大学展会（College Fair）

大学展会通常在秋天或者春天在美国以及世界各地举行。大学展会能够让您与很多大学的招生官在同一个地点见面，通常是在高中的室内体育场里。在展览会上，许多大学代表，无论是招生官还是校友志愿者，都会站在按字母顺序排列的展台后。这是一种非常有效的搜集大学信息并得到问题答案的方式。您可以了解以前不熟悉的学校，以及搜集更多已经在名单上的学校信息。我们鼓励您在高三的时候就参加在自己学校或者附近举办的大学展会。

> "我女儿觉得大学展会非常有用，前提是她每次都会提前做好功课。她一一拜访了自己名单上的所有学校的展台，还专门到离家很远，她不能亲自去参观的学校展台前表达自己对学校的兴趣。她还准备了很多问题并与很多招生官进行了长时间的交谈。"
>
> 一名充分利用了大学展会的学生的母亲

如何利用大学展会

在大学展会上不可避免会出现学生和家长都围在那些最受欢迎的大学展台前的情形。在这种情况下，可能最佳的策略就是到自己感兴趣的大学展台前拿一份学校的宣传材料，并在邮寄登记卡片上填上自己的名字和信息。如果可能的话最好提前注册大学展会，尽管有些展会也对非注册人员开放。预先注册的学生有可能获得条形码，可以让参展的大学通过扫码将学生信息自动输入邮寄名单中。如果没有可用的条形码，请考虑提前打印出并携带带有您的姓名、电子邮件以及邮政地址的标签纸，这样您就不用花时间在展会上反复写这些信息了，可以直接贴到大学的邮寄登记卡片上。

知名度不太高的大学在展会上更容易接近。可以直接走上前去向大学招生官介绍自己并询问任何关心的问题。一定要主动。招生官出席展会就是为了解答您的问题和提供关于学校的信息。最好能够提出一些体现您已经对学校有初步认识的问题，例如，“您能不能介绍一下贵校的神经科学项目或者曲棍球队？”这就比“你们有神经科学这个专业吗？”要有深度很多。

大学展会除了能够让您见到大学的招生官，还会举办各种关于大学招生录取过程的讲座，而且您还可以提问。这些对参展的人员都是免费的，包括家长。您的高中升学指导办公室会提供当地大学展会的日期和地点的信息。美国全国招生咨询协会的网站www.nacacnet.org也会发布由其举办的最新的大型全国性大学展会。虽然大多数大学展会会邀请不同种类的高校，但专业性的展会变得越来越普遍，包括针对对STEM（科学、技术、工程和数学）领域感兴趣的学生的展会、美国本土以外的大学展会，以及视觉表演艺术类大学展会等。

尝试虚拟大学展会

在虚拟大学展会上，您足不出户就能得到跟现场展会同样的好处。一年中，有数十所大学参加为期一天的College Week Live（大学在线）活动。学生和家长可以和他们感兴趣的大学的招生官员及在校生进行实时聊天。这些虚拟展览还包括关于大学录取过程不同方面的主题演讲，例如财政补助等。个别学院还会在未举办展会的日子安排在线实时聊天活动。您可以到www.collegeweeklive.com上查看下一个虚拟展会和其他特殊活动的时间表，以及查看已归档的演示文稿。

与到自己高中访问的招生官见面

从9月初的“劳工节”到11月中旬，招生官会造访全美和全世界多地选定的高中与感兴趣的学生见面。然而高中数量太多，他们不可能一一走到，所以他们更倾向于造访那些之前收到过优秀申请的高中。

留意来访通知

如果有招生官拜访您的学校，那一定要尝试参与几场。多留意升学指导办公室的通知，如果您能从课堂中抽出时间，尽量去与那些您感兴趣大学的招生官见面。即使您只是好奇并且之前对大学一无所知也完全没有问题，因为这正好可以成为您了解一所新学校的机会。但话又说回来，如果您能够带着对大学最基本的认识去参加见面会，可能会给招生官留下更好的印象，也能更好地利用双方的时间。

> **我有一个大学招生官朋友。他在访问高中时会将那些给他留下深刻印象的学生记录下来。当这些学生申请时，他会格外留意。**
>
> ——名学生家长谈与到高中访问的招生官见面的好处

访问时长通常在30分钟到1个小时之间，包括一个简短的大学介绍和问答环节。招生官通常需要每天拜访四到五所高中，因此他们不能在一所学校花费大量的时间。如果您去参加，招生官会邀请您填写一张邮寄登记卡片，这能让您收到学校日后寄来的纸质或者电子宣传材料，并且加入对学院感兴趣的学生的名单。如果参与的学生人数少，招生官可能会有时间快速写下对学生的一些看法，供日后参考。

与招生官见面在申请中会如何起到帮助作用？

参与招生官访校是一种能够表达自己对大学感兴趣的很简单的方式，这可能会在最终录取决定中起到一定的作用，正如我们在本章接下来要讨论的一样。更重要的是，参与访问能够帮助您决定是否想要申请这所大学。参与前最好提前准备好一些自己感兴趣的问题。来访的招生官很有可能是第一位阅读您申请材料的审阅者，所以一定要给他们留下好的印象，哪怕只是过来露个脸打个招呼也能在后期起到帮助作用。如果因为一些难以回避的冲突，如要做英语报告或者物理考试等不能参加见面，可以通过升学指导办公室的来访协调员给招生官留一个纸条表达自己的遗憾和对学校的兴趣，也可以给招生官发送一封邮件表达同样的心情。

招生官偶尔会在学校访问期间或临近的周末进行单独学生面试。如果您已经在学校的邮寄列表中，他们应该会提前通知您。但是，请不要犹豫联系大学招生办公室，看看是否有招生官会到您所在的地区，因为面试时间很快就会被填满。我们将在第十章中详细讨论面试以及如何准备。

大学路演

除了到高中访问，很多大学还会为学生和家长举办地区性的活动。这些活动能够让招生人员见到那些没有到访过的学校的学生。这些活动可能会包含招生官和年轻校友主持的学校介绍、幻灯片放映等，学生可以获取印刷宣传材料和得到提问的机会。之前向学院索取材料的学生可能会收到特别邀请，但这些活动对所有学生和家长都开放。大学会提前通知高中并在其网站上公布活动时间表。这些活动通常是晚上或周末下午在酒店或其他公共场所的大型会议室举行。

一些大学会组团联合起来举行活动。例如，哈佛大学（Harvard University）、杜克大学（Duke University）、乔治城大学（Georgetown University）、斯坦福大学（Stanford University）和宾夕法尼亚大学（University of Pennsylvania）每年春季和秋季都会联合到访全国各地，并在50多个城市举办一个名为“Explore College Options”（探索大学选择）的项目。美国西北海岸地区的五所小型学校——刘易斯和克拉克学院（Lewis and Clark College）、里德学院（Reed College）、普吉特海湾大学（University of Puget Sound）、惠特曼学院（Whitman College）和威拉米特大学（Willamette University）会在夏季组团作为太平洋西北学院联盟举行活动。还有很多其他的团体，其活动时间表和成员校会不定期改变。

阅读大学寄送的宣传材料（但也要保持头脑清醒）

如果您已经考了PreACT、PSAT、ACT或者SAT并且点击同意直接从大学接收信息的选项，那您很有可能发现您的信箱和邮箱已经被大学发来的各式各样的宣传材料填满。大学可以从考试机构购买符合特定标准的学生姓名、邮箱和邮政地址，例如地理位置、分数档位、特定专业兴趣或宗教信仰等。然后它们会针对有可能对自己的学校感兴趣的学生列出一张邮寄名单。收到大学邮寄的材料后，您可以阅读里面的内容，并进一步了解您感兴趣的学校，然后归档，方便日后需要时能找到。

> “我妈妈和我在收到某顶尖文理学院的来信时都感到非常激动。里面还有招生办主任的亲笔签名，他非常鼓励我申请他们学校。我PSAT考得还不错，所以这有可能是为什么他们得到了我的信息。我以前参观过这所学校，而且非常喜欢。我妈妈说这封私信意味着他们对我也非常感兴趣。所以我决定申请。5月份的时候我得到了录取结果——我被拒绝了。我和我妈妈都太深信那封‘私信’了。”
>
> 某大一新生

有时大学会发送个性化的信件而不是电子邮件或宣传册，以鼓励学生了解更多大学的信息并申请。不要太深信大学发来的个性化“搜索”信，特别是来自具有高度选择性大学的信。这些大学向在标准化考试中取得良好成绩或具有有吸引力的地域、人口特征的学生发出数万封信件。这有助于它们建立一个强大的候选人群体，但它们知道它们只能接受一小部分候选人。大学辩护称这么做是为了获得更有代表性的多元化学生群体并且可以更广泛地宣传大学。不幸的是，这些温暖而讨人喜欢的信件可能会导致学生和他们的家人相信学生在申请时会有内部优势。

以下内容节选自真实的大学搜索信件：

· “我希望这是您和威廉姆斯之间长期关系的开始。当您在秋季申请大学时，我们希望您会考虑申请威廉姆斯。”

· “我们特意来信祝贺您在学术上取得的成绩，并鼓励您在规划学术未来时考虑哈佛大学能为您带来的各种机会。”

· “在您继续探索各类学院和大学的过程中，我非常渴望将芝加哥大学的方方面面分享给您。”

· “我们最近了解到了您在测试上的卓越表现，觉得您可能会发现纽约大学非常适合您。”

在大多数情况下，搜索信仅仅代表您对大学来说是一名有潜力的学生，仅此而已。尽管收到此类信件会让您感到很开心，但是要记住这都是大学非常精明的营销手段之一。

如何缩小选择范围?

跟随我们的建议走到这一步，您肯定已经列出了很多潜在的适合自己的大学，下一步可能需要更多地了解这些学校来缩小选择的范围。我们现在将注意力转向一些可以帮助您实现这一目标的工具。我们的工具名单并非详尽无遗，但这些是我们个人的最爱，也是我们发现的最有帮助的工具。

使用BigFuture

之前我们提到过的一个工具还可以在这里派上用场：BigFuture（www.bigfuture.

org）。它不仅是一个搜索引擎，可以帮助您定位符合您特定标准的大学，还可以提供有关学术课程、体育、课外活动、学费以及招生录取方式的各种信息。这是了解学校概况的非常好的方式。点击搜索列表中的任何大学，您可以马上查看到学校的概况以及其他各种详尽的信息。请务必点击Majors and Learning Environment（专业和学习环境）、Campus Life（校园生活）、Applying（申请）和Paying（支付）等各种链接，以及每个链接的子链接，以获取特定学校的具体信息。您也可以利用网站上的比较工具来比较不同的大学。

大学指南书

缩小名单的另一个有用工具是厚重的大学指南书。它们提供各种有关大学的轶事以及数据信息。这其中包括《全美最佳381所大学》（*The Best 381 Colleges*，每个版本中"最佳"大学的数量略有变动）和《费思克大学指南》（*The Fiske Guide to Colleges*）。这些指南书每年更新一次，内容包含有关大学的基本信息，类似于您在BigFuture上可以找到的。书中还有基于学生访谈的有关校园学术和社交生活的信息。这些书中的评论可以让您感受到数据以外的学校信息。此外，这些书籍没有受到大学市场营销的影响。我们发现当中的描述，至少对我们非常熟悉的大学来说，还是非常精准的，尽管大部分信息都是轶事，并没有完全反映所描述的大学的复杂性。

这类书籍的一个主要缺点是它们的覆盖范围有限。它们只报道了不到400所最知名的大学。如果您名单中的某些甚至所有大学都不在其中一本书中，请不要担心，您可以通过其他方式获得同样的信息。

大学官网

大学的官网可能是了解大学最有价值的信息来源。没错，大学不会告诉您它们餐厅的食物是无味的，或者很难在课外接触到教授（您必须通过其他方式了解这些信息），但是在大学主页上点击Admissions（招生录取）或者Prospective Students（未来的学生）能为您提供更多有用的信息。在官网上，您通常会找到最近的校园新闻和体育赛事结果、大一年级的新生统计数据、入学要求，以及提供的学术课程和专业等。点击进入不同的学术部门能为您提供有关教授和专业设置的详细信息，以及一份课程目录和介绍。

查看截止日期、申请要求和特设信息

大学官网可能还有突出该校本科部特色的特设信息，包括出国留学、社区服务以及参与各级体育运动等。

有关入学申请截止日期、标准化考试要求和其他申请方面的信息在大多数大学的网站上都会被格外凸显，其中会包含申请链接或者列出大学所接收的不同申请形式。有些大学还为申请者提供了不同的申请格式，我们将在第九章中具体分享。您也可以在网站上填写一份登记表将自己添加到大学的邮寄名单上。填完后，您通常会收到一个资料包裹，里面包含大量学校的信息和图片以及有关财政补助的信息等。之后您可能还会收到很多后续的邮寄材料。如果您提供了电子邮箱地址，您也会收到该大学的电子邮件。招生网页还将提供参观校园的推荐信息，包括附近的酒店和机场、班车公司的列表以及如何预约面试（如果学校提供的话）等。

能够对大学产生好感的方式

越来越多的大学招生办公室开始使用网上聊天室与申请者建立联系。聊天室通常会有招生官和在校生在线解答申请者的疑问。招生网页上通常会发布在线聊天的日程安排，所有人都可以加入。一些大学还在网站上设有博客，招生官会在上面分享一些非常实用的信息。社交媒体也被大学广泛使用。您可以订阅一所大学的推特（Twitter）、Instagram、Snapchat，还可以通过“赞”（like）大学的脸书主页来得到实时更新的信息。最后，您可以在线阅读大多数在校生办的报纸。它们可以让您了解校园内的热门问题。

阅读大学的信息册

很少有申请者愿意花时间阅读大学的信息册（college catalog），也被称作大学公告（college bulletin），但是他们应该尝试去阅读。信息册的设计主要是为在校生或新生提供学校的官方参考，内容没有受到学校营销宣传的影响，涵盖了无比丰富的学校各方面的信息，尤其是学术设置。

信息册通常首先介绍学院的使命和简要历史，并列出每个学术部门的教职员工以及每个专业和副专业的课程和要求。它还解释了毕业要求，如通识教育课程和毕业

论文。它还包括有关双学位和荣誉课程、学术日历和诚信要求（honor code，如果学校有的话）的信息。信息册还可能包含有关出国留学、实习项目和其他校园方面的信息。

在大学的官网上搜索college catalog或college bulletin将引导您进入学校信息册的网页。根据不同学校设置，您可以浏览网页版或者PDF版。

其他的网络信息渠道

有好几个网站为申请者提供在校或已毕业学生分享的学校信息。您可以在这些网站上了解大学的氛围和文化，因为这些信息都是由亲身经历过的人分享的。这些评价虽然远没有通过科学方式进行意见调查那么精确，但是确实能为您提供一些有用的信息。

Niche（www.niche.com）和Unigo（www.unigo.com）网站为学生提供在学术、体育、校园住宿、多元化、社交生活、当地氛围以及许多大学其他方面的评论。学生告诉过我们，一旦他们根据专业、规模、选择性和其他客观因素缩小了学校名单，他们会发现Niche和Unigo对他们深入了解大学特别有帮助。这些网站让他们能够深入了解校园的氛围，帮助他们进一步缩小名单。但请记住，任何学生都可以在这些网站上发表评论；那些花时间这样做的人通常要么对学校很满意，要么非常不满意。您通常不会看到太多处于两者之间的评论。

校园参观

从各种间接的途径了解完现有的名单上的大学后，到大学校园参观可以帮助您进一步缩减名单。有些学生选择在高三春假的时候由父母陪同到不同的大学参观。选择这个时候参观正好可以赶上大学还在学期中，能够感受到非常活跃的校园氛围。访校通常包括一个小时的由招生官主持的校园宣讲会以及由学生导游带领的校园游览。两种安排都能为您提供关于学校的各种信息，并且您都可以问自己感兴趣的问题。

> “从纸面上看，每所大学看起来都差不多。但是当您亲自去了以后，您会有一个完全不同的感受，尤其是当您知道自己想要什么的时候。您需要考察您是否喜欢校园的氛围。如果您能看到自己在那里生活和学习，那可能说明这所学校很适合您。”
>
> 在离家很远的大学读书的大二在校生

学校安排以外的探索

访校时除了参加学校安排的正式宣讲会和校园游览，最好能够花时间自己探索一下校园。到学校食堂或者学生活动中心吃午饭，不仅能尝到学校餐食的好坏，还能感受到校园的氛围。如果可能的话和在校生坐在同一张桌子上，聊聊他们对学校的感受和需要改进的地方。最好能准备一些自己感兴趣的问题，特别是那些在其他途径得不到答案的问题。如果您愿意倾听，每个人都会有自己独到的看法。当然，这只是一个单独的样本，但大多数学生都喜欢谈论自己的学校，所以您应该能得到很诚实的回答。

留意和阅读学校公告板上的活动通知。上面都张贴了什么信息？有哪些即将举行的活动？到图书馆走一走，看看里面的学生在做什么。他们是在学习吗？如果是的话，是在单独学习还是在隔音室里跟小组讨论？图书馆里有光线明亮可以很舒服地坐下来的地方吗？

最重要的是，环顾四周的学生，试着想象自己也是他们中的一员。对自己看到的东西做好笔记。如果您连续参观好几所大学，记录下来的细节可以方便您日后梳理和参考。一名我们认识的资深升学指导老师建议她的学生在访校时将校园内最高的楼用相机拍下来。她说这不仅能帮助学生记住不同的学校，还能够让他们想起其他访校时的感受。根据自己的情况，您还可以在访校时与感兴趣的运动队教练见面或者到感兴趣的学术部门与教授约谈。招生办通常可以协助您安排这些见面，但需要提前很早就提出预约请求。

> “我有一个长椅子测试。在每个校园访问结束后，我都会找个长椅子坐下来。然后想：‘这是属于我的地方吗？’”
>
> 某高四学生

访校时应该做的事情

标有星号的选项通常必须提前预约。

□参加由在校生带领的校园游览。

□参加由招生官主持的招生宣讲会。

□在招生办公室填写一张访客卡，并领取学校的宣传材料。

□在学生活动中心或餐厅吃午餐。留意公告板上的帖子，拿一份学生办的校园报。到书店浏览，特别是教科书，而不仅仅是学校的文化产品。

□到图书馆转转。它看起来像一个舒适的学习场所吗？

□查看您感兴趣的体育休闲设施。

□旁听一节课。*

□到学生宿舍住一夜。*

□进行正式面试。*

□与您感兴趣领域的教练或教授会面。*

□询问在校生他们对学校的看法以及想改变什么。

□探索离学校最近的城镇和交通选择。

□坐在长椅上，看学生在校园里穿梭。您能想象自己成为他们中的一员吗？

我们建议您查阅由印第安纳大学（Indiana University）“全国学生参与程度调查”（National Survey of Student Engagement，简称：NSSE）出版的宣传册——“择校口袋指南：访校时应该提出的问题”。NSSE指南提供了一系列您在访校时可以问的关于学生校园参与程度的问题，例如，学生与教授的交流程度如何？学校的学术指导体系怎么样？本科生如何参与科研项目？您可以在www.nsse@indiana.edu网站上的Students and Parents链接上免费下载。

> “参观校园时，您可以尝试拿着校园地图站在校园最繁忙的地点并面露疑惑，然后看有多少学生会主动上前提供帮助。虽然这不是很科学的研究样本，但是这能让您对学校的友善度有一个基本的认识。”
>
> 约瑟夫·格林伯格（Joseph Greenberg），乔治·华盛顿大学（George Washington University）荣誉退休教授和前区域招生主任

掌握访校时间

我们通常不建议在高三第二学期前就开始正儿八经地访校。或许您是例外，但是大多数学生那时候还没准备好全身心投入选校的过程中。他们还没有花时间认真考虑自己想要什么，访校时可能关注的大多是大学的建筑和学生的穿着等。我们认识的一位学生在高四第一学期准备申请时跟她的父亲说她已经完全不记得她高三第一学期参观过哪些学校。所以访校时间需要掌握好。

夏天、春天还是秋天？

夏天是一个访校的热门季节，因为正好赶上暑假。所有大学都会在夏天提供校园宣讲会和校园游览，虽然在校生已经都放假了。根据地理位置不同，特别是位于郊区或者乡下的学校，校园可能会因为没有学生而显得格外安静。

秋天访校正好可以赶上学校学期中，而且到时您已经对适合自己的大学有了初步的想法。您可能还有机会通过招生办联系一名在校生在学校宿舍里住一夜（并不是所有大学都有此安排，尤其是在非常受欢迎的学校或者大型大学。如果您有认识的朋友，那通常可以自己联系他们）。在学校过夜可以帮您更深入地了解学校的文化氛围，例如学生晚上十点在宿舍都讨论什么。在学期中访校您还可以预约旁听一门自己感兴趣的课。旁听的课最好是一门普通的讲授课，这样您的出现不会对课堂有太大的影响。虽然您没必要因为一门课就得出对学校的结论性评价，但是可以格外注意课堂上教授的备课是否充分，讲课条理是否清晰，学生是否能够保持足够的注意力而不是在玩手机或者上网浏览其他网页，等等。

秋季访校的弊端是您会因此缺席高四第一学期的一些课程，而这是高中阶段非常重要的一学期。您可以考虑秋季访校，但前提是您能够将其对学术课程的影响减到最低；否则，最好计划在高三和高四中间的春季和夏季进行访校。

有大局观

要知道，很多因素会影响您对大学的第一印象，包括学生导游的性格以及当天的天气等。大学很清楚学生跟学生之间会产生更强的共鸣，所以它们会聘请那些充满活力并且非常渴望将学校和自己美好的大学生活介绍给访客的学生做导游。但有时候，学生导游可能没有接受过良好的培训，或者因为还是新手，所以在介绍学校上可能还欠妥。如果碰到这种情况，最好用大局的眼光来看待，因为毕竟一名学生导游并不能代表整个学校。同样，在晴朗的日子里见到的校园可能到了雨天也会大变样。在比较不同大学时，尽量不要被这些难免的因素干扰到。最后，不论访校时在校园待了多久，您看到的也仅仅只是校园生活的一小部分，不论是好的还是坏的。

“当时我最喜欢的学校在我还没有被录取前就邀请我到学校参加一个周末的工作坊。我当时已经参观过这所学校了，但现在要在学校过一夜。我不知道该期待什么，但是我非常兴奋。我被安排跟一名非常疯狂的女生一起住，结果她和她的朋友一直在喝酒。我当时特别害怕，因为我完全没有料到会是这种情况。我以前从来没有喝过酒。我觉得这个工作坊的组织者们显然知晓会有这种情况发生，因为他们说：‘晚上要小心点。’我回到家后心想：‘我完全不适合这所学校。’后来我才知道我当时住的宿舍是学校里出了名的party dorms（开派对的宿舍）。如果当时我的室友是另外一个人，可能我的经历也会大不相同。最后，我还是选择了另外一所学校，我非常喜欢在这里读书和生活，甚至连圣诞节我都不想回家。”

某大一新生

父母该如何帮忙？

虽然一些学生会选择单独去学校参观或跟随一个有组织的访校团，但是大多数学生都会由父母陪同访校。无论这次出行是度假的一部分，还是专门安排的大学参观，父母的观点都会成为孩子择校非常有价值的一部分。这可能也是一次父母和孩子相处的美好时光。但要记住，不管父母的观点如何，最后的择校决定还是需要学生自己做出。作为父母，您的存在能更好地让孩子交流他们的感受。您和孩子可以设计一个访校的游戏计划。您可以承担诸如了解食堂膳食计划和洗衣方式等细节类的任务，这样可以让您的孩子自由地专注于感受校园以及学术和课外活动。几乎所有大学都邀请家长和他们的孩子一起参加正式的校园游览，但您一定要让孩子有充分的自由去看他们感兴趣的东西，并提出他们想问的问题。如果财政补助是您关心的问题，您正好可以趁机到财政补助办公室了解一下情况。

“我们又得重新开始择校的过程。早知道这样，当时就不把两个孩子生得那么近。”

一名有两个孩子的母亲

如果不能访校怎么办？

如果因为时间冲突或者费用问题阻碍了您访校该怎么办？没问题，学校通过一系列资源能够帮助您弥补这一遗憾，这包括在线虚拟游览、视频以及幻灯片放映等，让您在网络上“参观”校园。这些机会可以在学校官网上直接找到。

另外，您可以考虑通过电子邮件将您关于校园生活的简短问题（包括“您最喜欢学校的什么方面？”以及“您最想改变学校的哪一个方面？”）发给愿意回答的在校生。招生办通常可以给您提供“学生大使”的姓名和电子邮箱。您可以充分利用这些机会来了解学校。您高中的升学指导老师也可能有现在就读于不同大学的从您自己高中毕业的校友名单。一旦您有了一些名字就可以通过大学官网的在线通讯录找到他们的联系方式。我们发现，在校的学生，尤其是来自您家乡的学生，总是乐意与您分享他们的经历。

学校的选择性和您的大学名单

我们之前在本章中提到，招生数据是您在BigFuture网站上搜索大学的选项之一。即使您最初在大学搜索中没有把它作为一个选择因素，当您最终确定学校名单时，被某个大学录取的可能性还是会影响您最终的申请决定。

有把握（Likelies）、有可能（Possibles）和有距离（Long Shots）

一名聪明的学生会将大学名单根据录取的可能性分为三类。第一类，我们称为“有把握”（likely）的大学，包括那些您根据自己的情况以及学校最近的招生数据几乎能够确定被录取的学校。第二种类别是“有可能”（possible）的大学，涉及的学校包括那些录取概率从差不多一半再到不太现实的范围内的。这是这三种类别里范围最宽泛的。您选择的大多数学校应该都属于这一类。最后一种是“有距离”（long shot）的学校，包括那些录取率本身就很低（低于10%或者20%）或者再加上自己的情况就更显得没有可能被录取的学校。这三个类别对应于您可能更加熟悉的流行术语：“保底校”（safety）、“目标校”（target）和“梦想校”（reach）。我们觉得我们的术语——likely、possible 和long shot更准确地反映了大学录取的客观现实和录取的可能性，而不是您希望的大小。不管使用什么样的语言，问题还是大学的选择性，而不是大学的质量。但是很多人将两者混淆。仅仅因为一所学校对自己来说是一个long shot，并不代表它就一定适合您。只是因为它很受欢迎，申请的人多，所以很难被录取。

> “我很后悔当时没有申请更多所‘中档’的学校。我觉得我申请的学校都有点超过我的水平了，但我又不喜欢其他学校。”
>
> 一名学生在高四最后一学期（已经递交完申请）说道

最常见且最痛苦的错误就是认为如果申请大量的long shot类的学校，被其中至少一所录取的概率就会增加。我们称之为彩票原则：购买的彩票越多，获胜的机会就越大，即使只有渺茫的机会。彩票的比喻永远都不适用于选择性大学的录取。即使学校间的录取方式有所不同，但总的来说，它们审阅的都是相同的内容，寻找的也都是申请者的相同素质。没有比在一个星期内得到十所具有高度选择性的大学发来的拒信更让人沮丧的事情了。如果到最后申请了十所long shot类的学校，而只申请了一所possible的学校、一所likely的学校，那等待您的很有可能是非常糟糕的结果。

确定自己的录取概率

您如何知道自己在不同大学的录取概率是多少？ BigFuture网站可以为您提供一些帮助，至少可以给您一个大概的估计。点击进入每所大学的admissions（招生录取）选项，您可以查看上一年的录取数据，显示中间50%的新生的SAT和ACT分数范围，以及在高中毕业年级排名前10%、25%和50%的学生的百分比（如果高中提供排名信息的话）。如果您的高中有Naviance，上面的散点图会根据您高中以往的申请情况为您提供更准确的预测。我们将在本章中讨论如何进一步使用它们。

如何识别Likelies？

中间50%的SAT和ACT分数相对于平均分能帮助您更清楚地了解自己的分数所处的位置。数据中还包括录取的百分比。如果您的标化成绩很明显超过了入学新生成绩的中间范围，而且GPA也处在新生平均GPA范围的高端，再加上如果这所大学的整体录取率至少达到50%，那么该学校可以被视为您的likely选项。大学的录取率越高，哪怕您的标化成绩和GPA在新生平均值范围内稍低，那这所学校也可以作为likely。

什么样的大学可以作为Possible？

可以作为possible的大学有多种形式。它可以是您的GPA和标化成绩将您置于其新生年级的中间范围并且学校整体录取率为50%或更高的学校。而在另一所possible

的学校，您的分数可能会大大超过新生的中等水平，但学校录取率只有35%甚至更低。与普通新生相比，您的标化成绩越高，学校的录取率越低，那它就越有可能成为您的possible学校。在录取率较低的学校，标化成绩和GPA等客观数据的分量会降低，但它们还是需要在新生入学成绩的范围内。当录取率非常低时，诸如文书、推荐信、特殊才艺和其他特殊吸引力等非学术因素往往会左右最终的录取决定。在这类学校，没有谁是单单因为分数而被录取的。

Long Shot学校

对于几乎所有学生来说，属于选择性极高和超高类别（入学率低于20%）的大学都应该被视为long shot学校。影响录取决定的诸多因素使得预测这些学校的录取结果变得几乎不可能，即使对于那些具有完美或几乎完美分数的学生也是如此。相比而言，预测一名学生不被录取的概率倒是容易很多，特别是在GPA和标化成绩都很低的情况下。

对那些录取率稍高的学校来说，我们将long shot学校定义为那些根据您的情况您的被录取概率低于35%的学校。这意味着，所有的因素都是相对的。一所学校可能对各方面成绩都一般的学生来说是long shot，但对成绩更好的学生来说会变成possible，而对毕业班全年级第一来说可能就变成了likely。您永远也不能得到最精准的推测，唯一能做的就是依据已有的信息来做出最有根据的猜测。这就是为什么您需要申请不同类别的大学，这样才能有把握在来年4月份大学放榜的时候榜上有名。

> “几年前我有一个学生是全年级第三名，他把自己的大学名单拿给我审阅，我看了后倒吸了一口冷气，心想：‘哦，我的天啊，他申请的根本不是七所不同的大学，而是同一种类别的大学申请了七所。’”
>
> 一名高中升学指导老师

查看数据

随着大学申请数量的日益增长以及考试培训行业的兴起，再加上全国性的分数膨胀，选择性大学每年公布的平均标化成绩、GPA以及申请数量也在逐年攀升。大学的官网有最新的统计数据。大多数大学会在秋季将大一入学新生的数据公布出来。春季放榜后，大学也会在其网站发布新闻稿，提供被录取学生的统计数据。这些数据通常比入学新生数据更令人印象深刻，因为一些顶级的申请者可能会选择其他学校入学。在看这些数据前最好先了解清楚它们所指的对象：是针对刚被录取的学生（只是获得录取通知书的学生）还是注册新生（接受了学校发的录取通知决定入学的学生）？

通用数据库（The Common Data Set）

通用数据库是大学和许多出版媒介之间的合作成果。大学同意每年提供标准化的统计数据，包括新生年级成分的详细信息、录取人数、放在等待名单上的人数以及标化成绩的中间范围等。参与的出版媒介包括美国新闻（U.S. News）和美国大学理事会（College Board），它们会通过其网站提供其中的部分数据。一些大学也会将其完整的报告公开。

> “我感觉我儿子很快就把选校名单做好了，上面有哥伦比亚大学（Columbia University）、纽约大学（New York University）、加州大学洛杉矶分校（UCLA），还有其他五所顶尖大学，但一所有把握（likely）的学校都没有。我当时应该更多地参与到他的选校过程里才对。”
>
> 一名被所有申请的大学都拒绝的学生的父亲，后来儿子去了一所当时没有在名单上但是现在感觉非常匹配的学校

如果学校公开自己的数据，您通常可以通过查看大学的院校研究办公室（institutional research office）网页或在官网主页搜索栏中输入“common data set”来查找报告。报告通常会在每年的1月份上传到网页，包含了去年秋季刚刚入学的新生信息。每份报告的C部分都是关于新生录取的信息。如果学校选择公开自己的报告，那这些数据可以让您很快掌握学校的录取情况。

散点图（Scattergrams）

散点图可以将自己学校内的GPA与SAT或ACT分数进行比对，并显示自己学校的申请者在某一所大学近几年的最终录取结果，包括录取、拒绝或者等待。通过吸引人的视觉化呈现，您可以很容易将自己的成绩与往年申请这所大学的来自自己高中的申请相对比。散点图需要至少五个数据点才会有用，也就是说至少要有五名学生申请了这所大学并汇报了自己的录取结果。一些高中会制作自己的散点图，但是很多都使用Naviance提供的标准化散点图。如果您的成绩离最近从您学校被录取的成绩范围还差很远，那这应该引起您的警惕，除非您有某一方面特殊的吸引力

（hook）。当然，您也可以通过散点图确定那些有录取可能的学校。

但请记住，散点图只显示这两个维度：标化成绩和GPA。其他因素，例如课外活动、推荐信、文书和特殊才艺，同样对录取结果有至关重要的作用。这就能解释为什么当两名学生拥有相同的GPA和标化成绩时，一名被录取而另一名不被录取。一名升学指导老师问自己的学生他们怎么看待散点图，结果学生纷纷摇头表示疑惑。她说："招生办会仔细阅读申请材料的每一部分，申请中分数以外的其他部分也同样重要。充其量，散点图只能提供一个估算，并不能提供明确的答案。"

就算您的学校不提供散点图，您的升学指导老师应该可以告诉您近几年学校申请某些大学的情况。

申请多少所学校最合适？

在考虑创建大学名单时申请者通常会问的问题之一就是到底申请多少所大学才合适。这个问题没有通用的答案，但我们有一些值得您参考的指导意见。

平衡名单里的Likelies、Possibles和Long Shots

大多数学生会先从那些有距离的学校开始，特别是那些他们经常听到的。我们的建议正好相反。从有把握的学校开始。首先要找到一到三所有把握的学校。这些学校必须是您真正喜欢的，而不仅仅是能够被录取的。如果您找不到这样的学校，说明您找得还不够努力，或者您的眼光还只放在名校上。选择这些学校需要您投入大量的时间和精力。很多情况下，不重视这类学校的选择，导致学生在录取结果出来后不得不选择其中一所时格外窘迫。一份好的有把握的学校名单可以为充满不确定性的申请过程提供重要的缓冲。然后再选择两到三所有可能的学校以及两到三所有距离的学校就可以很圆满地完成学校名单的创建了。

具体申请数量要看情况

根据上述的指导意见，最后的申请数量应该在五到十所内。但有一些成功的学生会申请低于五所的学校。那些特别渴望被有可能的学校和有距离的学校录取，或者想有更多可以比对的奖/助学金包裹的学生，可能会申请十二所或十五所甚至更多。申请数量很少也没关系，只要其中有至少一所或者两所有把握的学校就可以。申请数量多了会很必然地增加了解学校的时间和申请的花费，也会导致不能花足够的精力去研究每一所学校。所以，最好能将申请名单上的学校浓缩到一个合理的数量。一些高中通过限制升学指导老师推荐信和开官方成绩单的数量来限制单个学生递交申请的总数。通过限制申请的数量，这些高中希望它们的学生能够仔细研究每一所想要申请的大学。即使高中没有正式限制学生递交的申请数量，大多数升学指导老师都不会建议学生申请过多的学校。

早申请和大学名单

在第七章，我们会讨论早申请。早申请需要您认定一所自己最心仪的大学，在提早的截止日期前递交申请以换来提早审核和录取结果。要注意的是早申请具有绑定性，申请者只能通过早申请申请一所大学。在合适的学校和条件下，递交早申请可能会给您带来明显的优势，但您还是需要仔细创建一份完善的大学名单。如果您没有在早申请阶段被自己最心仪的学校录取，那有了适合自己的大学名单也会让接下来的申请更加有的放矢。不管怎样，一定要有后备计划。

> “我们参观了哈佛大学。参观后我决定不会递交申请，但我爸说：‘不行！你无论如何也要申请。’”
>
> 一名（在收到哈佛拒信后）说“哈佛的拒信写得非常委婉”的学生

创建大学名单的关键

创建一份合适的大学名单的关键是确保名单上所有的学校都是您真正想去的。它们其中肯定有您特别情有独钟的，但是因为录取过程的不确定性，保持名单的均衡分布非常重要。我们想提出一个更激进的思想实验：将最终名单上的所有大学都视为“第一选择”。换句话说，除了有可能会申请的早申请学校，不要将名单上的学校按喜好程度排位。平等地看待名单上的所有学校。

创建大学名单对您和家人来说会是一件既兴奋又苛刻的过程。我们鼓励您首先使用第四章末尾的“确定您的优先事项”调查问卷进行仔细的自我评估。要特别注意对您来说非常重要或有些重要的特殊特征。然后使用自我评估的结果列出一份初始名单，再慢慢通过了解学校的各方面信息以及对比学校的选择性和自己本身的条件来缩减学校的数量。一份好的大学名单来自深思熟虑的自我评估以及对大学的深入研究。附录A中的“大学研究工作表”（College Research Worksheet）能够帮助您组织最后的研究结果。您也可以在本书官网www.admissionmatters.com上下载此工作表。

关于费用

在这里，我们想引入另外一个考虑大学的因素：费用。虽然很多学生可以通过家庭的支持来支付大学的花费，但是还有很多学生需要财政的援助来支付全部或者部分费用。美国大学的财政补助资源很多，大多数都用来帮助来自低收入家庭资金需求最大的学生。虽然一小部分大学已经在它们的财政补助包裹里取消了贷款，但获得援助资格的中产阶级和中上阶层家庭通常需要使用贷款来解决一部分的花费。另外，优异的学术表现和杰出的才能可能会赢得学校的优等生奖学金（如果学校提供的话）。优等生奖学金的发放不会基于学生实际的资金需求。您的家人愿意并且有能力为您的教育分担多少费用？如果贷款的话，多少钱是他们能承受得了的？费用虽然不应该成为您选校的唯一标准，但也绝不容忽视。

在第八章，我们将为您提供更多关于支付大学费用的信息，并指导您使用在线计算器，称为“净价计算器”（net price calculators，只适用于美国国籍家庭），可以估算您在不同大学的自付费用。在自己感兴趣的学校输入要求的各种信息查看估算的数额，会让自己心里更加有数。

大学会使用复杂的公式来计算财政补助的具体数额以保证公平，但是由于对财政补助的巨大需求，您可能得不到您认为自己需要的补助。在这种情况下，您应该至少有一所您知道自己可以负担得起的大学。这可能是您所在州的公立大学，您可以支付州内学生的学费并且被录取的可能性很大。换句话说，您需要申请一所能负担得起的有把握被录取的学校（likely）。我们将之称为“财政和录取都有把握的学校”（financial likely）。不管其他申请的学校录取和财政补助结果如何，您都应该找到一所既能有把握被录取又能负担得起的学校。

第六章

标准化考试

围绕标准化考试的疑问有很多，例如它们对学生学术水平的实际衡量、如何备考以及在大学录取中的角色。这也是为什么标准化考试也是整个申请过程中最让人焦虑的一部分。每年，有上百万的高中生在周六清晨奔赴考场，参与这场事关梦想的考试。

本章将帮助您了解标准化考试在整个申请和录取过程中的角色以及您应该如何自信地应对。我们将分享SAT和ACT这两大主要标准化考试的相似和不同之处。我们将探讨大学为何以及如何使用标准化考试，以帮助您确定两种考试哪种更适合您，并考虑如何最好地备考。我们还将讨论为什么越来越多的学校取消对标准化考试成绩的硬性要求，将其转为可选项，将是否提交的选择权交到学生手上。

SAT 和 ACT

SAT和ACT考试在大学录取过程中被广泛认可且能够互相替换。两者存在的历史都很长，但也经常饱受争议。 SAT的第一个版本于1926年首次推出，ACT也于1959年首次亮相。与ACT相比，SAT长期以来一直被认为是一个充满玄机且让人困惑的测试，而ACT则被视为对学生在高中阶段学业的直接测试。2016年3月，美国大学理事会，同时也是SAT的监制机构公布了经过彻底革新的新版SAT。新版SAT采纳了许多ACT的特点，同时也增加了自己的特色。

虽然它们的起源和演变各不相同，但现在的SAT和ACT都是为考量学生在高中期间所学知识和评估他们对大学的预备情况所设计的。对招生办来说，因为它们需要审核来自不同打分标准的高中的申请，因此标准化考试成绩能为它们提供额外的非常有价值的信息。标准化考试一视同仁，因为它与高中自身评分标准的严格或宽松程度无关。

> “仅仅关注考试技巧和利用排除法除掉答案已经不管用了。我们不仅仅对学生是否选择正确的答案感兴趣，同时也要求他们证明自己的答案。”
>
> 大卫·科尔曼，美国大学理事会主席在评价新版SAT时说道

因为这些测试可以考量学生的学业水平，越来越多的州开始使用SAT或者ACT来衡量学校和学区在达到州或联邦政府标准方面的表现。在这些州，高三年级的学生必须在特设的考试日参加考试，无论学生是否有读大学的计划，考试费都全免。北卡罗来纳州、明尼苏达州、威斯康星州以及密苏里州是采用ACT的典型例子，康涅狄格州、特拉华州、密歇根州以及新罕布什尔州是采用SAT的几个典型例子。虽然很多学生还是会重考全国范围内的考试，但是他们完全可以使用州内的考试成绩来申请大学。

从目前的考试形式来看，SAT和ACT的相似之处很多。一名在其中一个考试中表现优异的学生也会在另一个考试中有相当好的表现。这种情况很正常，因为它们本来就应该考量同样的技能。但它们又并不相同，而这些不同点对您来说可能很重要。

SAT和ACT的结构

两个考试都包含几个选择题部分，这些部分以可预测的顺序出现，然后是可选的写作。除了ACT的数学问题有五个选项以外，两个测试的多项选择题都只有四个选项，猜题不会失分。加上写作，每个测试大概需要四个小时，包括休息时间。一场完整的考试从到达考场到结束需要花费将近五个小时。

在国家考试日期进行的考试采用纸质的考卷和答题卡，考生需要在答题卡上用铅笔涂上答案，沿用几代人共同的答题方式。两家测试公司都为州和学区提供在线版本的考试，ACT还于2017年开始在其国际考场采用可在电脑上操作的在线版本。在线版考试可以在考生参加考试时根据每个考生的能力水平自动进行调整，避免为特定学生提出太容易或太难的问题。俗称为CAT（Computer Adaptive Testing）的在线版考试效率很高，也更安全，并且有可能成为未来所有学生参加的方式。但从目前来看，大多数参加SAT或者ACT的考生还需要沿用传统的方式。

SAT和ACT在结构上大有不同。SAT包括两个部分，以循证为基础的阅读和语法（Evidence-based Reading and Writing）、数学，外加一个可选的写作部分。数学

包含两个部分，其中一部分可以使用计算器，另外一部分不可以。ACT包含四个部分，分别是英语、阅读、数学和科学，外加可选的作文部分。ACT数学部分可以使用计算器。

SAT和ACT测试的内容

SAT和ACT是为了考量学生在高中期间的学业而设计的，所以在考试内容上也会有类似。它们的不同之处在于它们对特定问题类型的强调以及考试的节奏。

SAT和ACT内容方面的相似之处

阅读

· 两者都会测试考生对阅读材料的理解和基于此的一系列问题。

· 两者都没有单独的词汇部分，但是阅读部分会考查考生对单词的理解。

英语或者以循证为基础的阅读和语法

· 两者都测试各种语法规则，涉及语法使用、结构、时态、语法一致，以及标点符号。

· 两者都询问文章中关于句子的问题，以测试考生在写作风格、事态发展、行文架构以及观点表达方面的知识。

· 这个测试在ACT上被称为英语，在SAT上被称为以循证为基础的阅读和语法。

数学

· 两者都测试算术、代数1和代数2、几何和三角学。

· 两者都强调考生应用数学概念的能力。

写作

· ACT和SAT都有一个可选的写作部分，与其他测试分开评分，会在考试的最后一个环节进行。

· 写作分数不会包括在SAT整体分数或ACT综合分数之中。

两者的不同

阅读

· 虽然词汇不是两种测试的重要组成部分，但SAT的词汇题大约是ACT的两倍。

· SAT的阅读部分有五篇阅读文章，其中两个包括图形或图表。ACT阅读部分有四篇阅读文章，没有图形或图表。

· SAT阅读文章的水平比ACT高出约两个等级。也就是说，SAT的文章更难以阅读和理解。

数学

· ACT比SAT更重视几何——大约25%的数学题是基于几何的，而SAT只有大约5%。

· SAT会强调使用表格和图表来做代数题、应用题和资料分析题。

· ACT数学测试包括少量涉及高等数学的题目。

· SAT提供了一个包含常用公式的表格供参考；ACT没有。

· 大约75%的SAT数学题是选择题，25%是填空题；所有ACT的数学题都是选择题。

· 您可以在所有ACT数学题上使用计算器；SAT有一个可以使用计算器部分和一个不能使用计算器部分。

科学

· ACT包含科学部分；SAT没有。

· ACT 科学部分测试您分析图表和示意图并得出相应结论的能力。

· 这部分不是单纯对科学知识的测试，而是侧重于逻辑和科学思维。然而，一些问题确实需要了解一定的科学概念。通常，每个科学文章都有一个问题来评估这些知识。

写作

· SAT写作要求考生通过讨论作者如何使用证据并在文章中提出论证来分析一

篇文章。

·ACT写作要求考生撰写一篇有说服力的论证文，以回应一篇涉及特定当代问题的文章。该文章包括三个不同的辩论观点，考生必须分析这些观点，并将这些观点纳入一篇能够展示考生对这个问题看法的文章。

SAT和ACT的考试节奏

虽然SAT每个题目的平均答题时长要比ACT长，但两个考试都需要考生快速答题。平均而言，SAT的每个阅读题需要在75秒内答完，每个语法题大约需要在50秒内答完，每个数学问题大约需要在85秒内答完。您有50分钟的时间来写可选的作文部分。

相比之下，ACT的每个阅读题大约需要在55秒内答完，每个英语题大约需要在35秒内答完，每个数学题大约需要在60秒内答完。对于科学部分中的每个题，考生有50秒以上的答题时间，而对于可选的作文则有40分钟的时间完成。

正如我们所指出的，SAT文章的阅读水平通常较高。虽然考生会有更多的时间来回答SAT的题目，但通常不会感觉时间富裕，因为这些文章更具挑战性。基本上，除了一些例外，两者的不同归结起来就是SAT更复杂，需要更多的时间来完成；ACT没有SAT复杂，需要的答题时间也稍短。

两者如何打分

SAT和ACT虽然内容相似，但是打分方式不同。

SAT打分

SAT的成绩报告包含两个部分的分数，每部分的分数区间为200到800分，两个部分是以循证为基础的阅读和语法，以及数学。它们构成了SAT的总分，分数范围从400到1600分。

以循证为基础的阅读和语法部分的得分结合了阅读和语法两部分的结果。数学部分的分数反映了数学测试中可以使用计算器和不能使用计算器部分的表现。 SAT成绩报告还显示了许多交叉测试的子分数以及其他子分数，但大学通常不使用它们。

SAT的写作部分有单独的打分标准。两位独立的审阅者通过三个 “维度”——阅读、分析和写作，为每篇作文打出1到4分。然后将每个维度的两个分数分别加到一起，最后得到三个分数，每个维度一个，打分范围从2到8分。写作部分的分数会单独上报。

ACT打分

ACT分数报告包含四个部分的分数，每个部分的分数从1到36分。四个部分——英语、数学、阅读和科学的分数被平均后得出1到36分的综合分。综合分数会进行四舍五入得出整分。ACT还会生成各种子分数，但与SAT一样，它们在大学录取过程中起不到什么作用。

ACT写作由两名不同的审阅者在四个不同的“领域”中以1到6分的等级进行评分，最后每个领域的得分分别为2到12分。然后对四个领域的得分进行平均，产生的写作总分数范围为2到12分。四个打分领域分别是想法与分析、开发与支持、组织，以及语言使用。另外还会产生一个以英语、阅读和写作的综合结果为标准的英语语言艺术（ELA）分数，会被少数学校使用，但不包含在综合分数中。如果学生没有选择作文部分，则不会报告ELA分数。

SAT和ACT对比

	SAT	ACT
考试	以循证为基础的阅读和语法 数学 可选写作	英语 数学 阅读 科学 可选写作
打分	两部分分数，每部分200—800分，总分1600分；写作分数2—8分，分三个打分维度	四部分分数，每部分1—36分，满分36分；写作分数2—12分
考试时长	大约3个小时，不包含写作部分	大约3个小时，不包含写作部分
写作细节	可选写作，考试最后一部分，答题时间50分钟	可选写作，考试最后一部分，答题时间40分钟
形式	选择题和填空题（仅指某些数学题）；包含可以使用计算器和不可以使用计算器两部分	只有选择题；允许在数学部分使用计算器
打分基础	猜题不扣分	猜题不扣分
网站	www.collegeboard.org	www.act.org

标化成绩重要吗？

标准化考试在大学录取过程中有多重要？在第二章中，我们引用罗林斯学院（Rollins College）已故的招生主任大卫·艾德曼（David Erdmann）说的话："在大多数学校，标化成绩的重要性比学生想象的要低，但比大学愿意承认的要高。"这是对标准化考试重要性的非常精准的描述。

在许多具有选择性的大学，标化成绩被用来评估学生的学术水平，但其重要程度低于GPA、排名（如果有的话，越来越少的高中会报告排名）以及学生课程的难度。在其他一些大学，尤其是对GPA有特殊要求的公立大学，较高的标化成绩可以抵消较低的学业成绩。一些学校，例如加利福尼亚州立大学系统中的各个校区，已经公布了这种权衡运作的公式。因此，标化成绩有其重要性，但这取决于大学的理念和您在其他方面的表现。与此同时，越来越多的大学开始采用选择性提交标化成绩的政策，因此学生可以选择不向这些学校提交分数。我们将在本章中进一步讨论采用此政策的学校。

在学生的特定背景中审核标化成绩

在大多数不使用计算公式的大学中，招生官会对申请进行综合评估，在充分考虑各种因素后做出录取决定。例如，您的考试成绩将根据您所处的环境所给予您的各种机会以及您个人的生活情况进行评估。大学知道父母的教育水平高低和家庭收入与标化成绩密切相关，因此招生官会很自然地认为，拥有高端职业的父母并且能够接受到昂贵寄宿制高中教育的学生在考试分数上会高于父母是工薪阶层和少数族裔移民的学生，以及在内城低收入家庭聚集区居住和入学的学生。对两名不同的申请人来说，相同的分数可能包含着完全不同的意味。

中间50%的分数

大学通常只会报告新生年级中间50%的分数，而不是平均分。这也是《费思克大学指南》和《美国新闻》排名所使用的数据。一般来说，大学的选择性越高，新生年级中间50%的分数也就越高。例如，A大学可能报告称新生年级中间50%的SAT数学部分分数是从500分到620分。这意味着，新生年级25%的学生SAT数学部分的分数要低于500分，另外25%的学生的分数则高于620分，剩下的50%就是中间的分数。知道了这所学校的SAT数学中间分数是500分到620分，能够为您提供比单纯560分的平均分更多的信息。它同时也表明，很多新生的标准化分数要低于560分，这也是单纯只看平均分所得不到的信息。

B大学可能报告称新生年级中间50%的SAT数学分数为620分到730分。对比这两组数据，我们可以看到B大学75%的新生的SAT数学分数都在620分或以上，而A大学只有25%的学生在这个分数档之内。一个500分的分数可以让您处于A大学后25%的位置，而在B大学这个位置可能会更低。

百分比和录取的可能性

在采用综合评审的大学，除了标化成绩，很多其他因素也会影响最终的录取决定。标化成绩仅仅只是整个审核过程中的一部分。换种方式来理解就是，如果您的SAT或者ACT分数位于一所具有选择性的大学新生年级中间50%的范围内，这不会对您的申请有任何影响。对大多数申请者来说，您的分数离中间值距离越大，不管是高还是低，对申请产生的影响也就会越明显。

在我们刚刚提到的例子中，740分或更高的数学分数能让您位于B大学前25%的范围内，并很可能对最后的录取结果有帮助。到底需要高出多少分的分数才能对申请有帮助，得看具体的分数、大学对标化成绩的重视程度、您申请的其他方面，以及大学本身的选择性。

在一所有选择性的大学中，如果分数处于新生最末尾的25%（在这个例子中，是620分或更低），通常需要申请中有在其他方面非常有说服力的证据来抵消分数的不足才能被考虑录取，尤其是在那些选择性很高的大学中。仅仅因为分数处于最末尾的25%并不意味着就一定会被拒掉。因为单从数据上来看，新生年级25%的学生的分数都处于或低于620分。但现实情况是，如果分数处于学校新生最末尾的百分比中会大大降低录取的概率，特别是如果这所学校的录取率低于50%的话。一些分数处于末尾25%的学生也可能会有一些特殊的吸引力，例如体育特招生、第一代大学生，或者是其他能够抵消较低分数的因素。

实际上，在要求或推荐提交SAT或ACT成绩的大学，您根本无法确定您的分数在录取决定中的比重。鉴于所有这些不确定性，最明智的方法就是尝试通过合理的备考来获得力所能及的最高分数。在这里，我们想着重强调合理这两个字。

A大学——数学中间分为500到620分		
25%的新生得分	50%的新生得分	25%的新生得分
低于 500	500 到 620之间	高于 620
B大学——数学中间分为620到730 分		
25%的新生得分	50%的新生得分	25%的新生得分
低于 620	620 到 730之间	高于730

PSAT和PreACT的角色

在考SAT和ACT之前，您可以在学校先尝试版本更加简短的PSAT和PreACT考试。PSAT（全称：Preliminary SAT，即SAT预考）是SAT的简短版本，通常在每年10月份供高三学生参加，在一些学校高二学生也可以参加。美国大学理事会在3月份会安排一次特殊的PSAT，被称为PSAT10。一些学校可能会允许高二的学生参加，之后再参加高三10月份的PSAT。大学理事会还有针对年龄更低的学生的PSAT版本。

PreACT（ACT预考）是ACT的简短版本，通常向高二学生开放，从9月份到来年5月份，具体的考试日期由学校来定。一些学校也提供一套针对年龄更低的学生的ACT相关测试，称为Aspire。与测试的完整版本不同，PSAT和PreACT的注册由高中而不是测试机构处理，并且两者都不包含写作部分。

PSAT和PreACT能让学生体验真正的标准化考试，并提供详细的报告和测试结果，为学生提供有关他们优点和缺点的宝贵信息，以便他们能够更好地应对真正的考试。PSAT每一部分的最高分是760分（区别于SAT的800分），PreACT的最高分是36分（与ACT相同）。两门考试都是为了给学生提供直接或者间接的评估来预测真正考试时的成绩。PSAT的最高分是1 520分，一名达到这个分数的学生，很可能在接下来考SAT的时候达到或者超过这个分数。

一些高中只提供PSAT，一些则只提供PreACT，还有一些两门都提供。请咨询您学校的升学指导老师了解学校提供何种考试和具体的考试时间。如果您的学校不提供这两门考试，您应该可以到附近提供考试的学校参加。提前规划很重要。这两门考试都不会出现在您的高中成绩单上，大学也不会收到成绩报告。除了本章后面提到的一个例外，考试结果只供您和您的升学指导老师参考使用，因此我们鼓励您利用这个机会选择参加其中的一门或两门。

您应该选择哪一门？

在本章开头，我们提到了SAT和ACT的相似和不同之处。如果能够很容易地预测自己会在其中一种考试上考得更好，那就太棒了，但肯定做不到。实际上，大多数学生如果同时参加两种考试，在得分上会不相上下，但是有些学生在某种考试上会有更好的表现。很难预测学生到底在哪种考试上会有更好的表现，除了以下这一种情况。

> "ACT更侧重考量学生的信息处理速度。学生在备考时最好能够做计时练习，以掌握考试对时间节奏的高度要求，尤其在阅读和科学部分。进行计时练习可以使用手机或者其他设备来计时，这对考试有很大帮助。"
>
> 杰德·艾博鲁斯（Jed Applerouth），
>
> Applerouth辅导服务创始人

阅读缓慢但没有资格获得考试时间延长的学生可能会发现ACT因其节奏更快而极具挑战性。对于这些学生来说，SAT可能是更好的选择。但是，一般而言，我们建议所有学生对两种类型考试都进行定时模拟，并使用对照表对比结果。您可以在大学理事会和ACT网站上找到SAT和ACT的PDF格式的完整练习测验。 PreACT和PSAT也可以用于此目的，但是完整的练习测验可以更准确地预测您的表现。

对照表（Concordance Table）是什么？

对照表显示给定的SAT分数或者ACT分数与另一个测试分数的对应。这个表格是通过研究参加过两门考试的学生而开发的。 SAT 75%段位的分数对应ACT的分数正好也处于其75%的段位。这些百分比只适应于对照表的研究，不应与个人分数报告中的百分比相混淆。大多数大学使用对照表来比较参加了不同测试的学生。一定要使用最新的对照表，因为它们已经为2016年3月推出的新版SAT进行了重新设计。新版的得分略高于旧版。您可以在www.admissionmatters.com找到最新的SAT和ACT对照表。

如果最后模拟考试的分数差别明显，那应该选择得分更高的考试继续进行准备。如果差别不大，可以选择自己最喜欢的一种。因为所有学校都接受两种类型的考试，因此没有必要两种考试都准备。

写作部分有多重要?

正如我们所讨论的，SAT和ACT的写作部分是考试末尾的可选项。现在只有少数的大学对写作分数有硬性要求。有此要求的大多数是有选择性的学校，但是它们也仅仅是有选择性学校中的少数。虽然我们觉得有必要将要求提交写作成绩的学校名单列出来，但是估计很快会过时，因为到您看到这本书的时候，很多学校可能已经取消了这一要求。所以，现在的趋势是越来越多的学校开始取消对写作部分的要求了。

当然，问题是，即使您的大学名单上只有一所学校要求提交写作成绩那您还是得考。可能在您的大学名单确定前您已经在准备考其中一种考试，所以最保险的办法还是在考试时顺带将写作部分也考完，除非您知道自己申请的所有大学都不要求写作分数。

如何备考?

考试专家都知道，考生在ACT或SAT上的得分至少取决于三个因素。首先，也是最重要的，是您对所测试科目的了解程度。例如，如果某个题目需要某种计算，如果您不知道如何计算，那就可能无法正确回答。第二个因素涉及考试技巧。您参加此类考试会紧张吗？您对考试中的题目类型和答题节奏熟悉吗？最后，也是最令人不安的，是每个分数里都有随机的成分，这与当天的状况有关。没有哪种考试可以完整地测试您的知识。它只能是在某个时刻对其进行的采样评估。考试中的一些题目也不一定能够反映出您更广泛的知识。另外，考试当天您可能自我感觉也并不是最好。虽然没有方法对自我感觉进行检测，但是您可以在考试结束后的几天内取消考试分数。

SAT的成绩报告包含每个子部分的成绩，以及分数区间。以数学部分570分为例，它的分数区间是540到600分。通过报告分数区间，大学理事会是想说明如果您在短时间内参加不同场次的考试，您的成绩虽然可能会有所不同，但应该都会在这60分的区间以内波动。这对ACT来说也是一样。但大学不会关注分数区间，只会参考最后的分数。

备考方式

备考的方式有很多种。您可以利用参考书、在线课程、现场上课，或者上一对一的线下或在线辅导课来准备考试。有些备考方式是免费的或者花费很低，而请私人辅导老师可能需要花费数千美金的费用。那您应该怎么办呢？

如果您有动力并且愿意投入时间和精力来备考，那么任何备考方式都将行之有效。在一些顶尖私立高中和学术水平很高的公立高中，很多学生都会充分利用校内的备考课或者请私人辅导老师来准备考试。大多数其他的学生，包括来自低收入背景的学生，或者那些来自资源匮乏的公立高中的学生则往往得不到足够的备考资源。为了应对收入差距的现实，大学理事会和ACT主办方开发了免费的或收费很低的备考工具供所有学生使用。

> **“在一些情况下，请私教是合情合理的，但对很多其他人来说，自学也是很有效的方法。有动力的且能够专心备考的同学一定要考虑自己备考。”**
>
> 一名反思最佳经验的高四学生

例如，大学理事会与Khan Academy（www.khanacademy.com）合作，它们根据PSAT的测试表现为每位学生提供个性化的在线SAT辅导。具体的练习会基于测试的表现，这样，学生可以针对自己的短板进行练习。练习中也会包括完整版的SAT考试。

ACT主办方与Kaplan合作提供免费的或收费很低的备考方式。该计划称为“Online Prep Live”，包括在线交互式的讲解，并能观看之前录制的课堂内容和使用ACT的官方考试内容。这个项目对达到ACT免考试费资格的学生是免费的，对其他学生会收取179美金的费用。您也可以花39.95美金来获得同样的内容，但不能接触到在线和录制的讲解。

应该学习什么？

好的备考应该将精力放在学科知识和考试技巧上。您需要有足够多的动力和充分吸收各学科知识的时间，而且最好在考试前进行准备。如果您在寒假期间备考，假后什么都不做，然后去参加春天的考试，这是完全不可取的。您需要保持备考的状态直到考试。

对很多拥有超强阅读和数学技能的学生来说，备考的重点要放在考试技巧上，包括考试节奏的把握和如何在长时间的考试中时刻保持精力集中。在定时条件下进行模拟测试非常重要，这样您可以学习如何应对不同类型的题目。

考试中的题目经常会以可预测的类别出现，熟悉出现频率最多的题目种类可能会对您的备考有很大帮助。另外，考试的研发者非常了解学生经常犯的各种粗心错误，所以他们在设计选择题时加入了一些非常容易错的选项来作为干扰项。避免这些重复的、粗心引起的错误可以显著提高自己的分数。当您不确定答案是否正确并且不得不猜时，您也可以学会使用排除法来排除明显错误的答案。

> "我儿子在模拟测验中考了35分。我想特别郑重地强调，千万不能在模拟练习上作弊。最重要的是复习做错的每一个题，并搞清楚为什么会做错。你真正了解这个概念吗？如果不是，那就要认真学习它。时间把控不好？那就需要多做练习。犯了很多低级错误？那以后要多加注意，将更难的题放到最后做。"
>
> 一名点评自己儿子备考经历的母亲

这些与您选择的备考工具关系不大。您需要知道如何来诚实地评估自己。如果您自己本身的学习动力很足，能够充分利用各种免费的或者收费很低的在线备考资源，那您能够为家里省下一大笔请私人辅导的费用，而且最后的考试成绩也不会输给上私教课的学生。

如何能够在SAT和ACT考试上取得最好的成绩？归根结底还是要努力备考和多做练习。但要记得，最后的考试结果很难预料。您的分数可能会比上一次有小幅度的提升，也可能因为考试中的误差而出现小幅度下降，又或者因为之前分数很低而出现大幅度提升的情况（如果本来分数就很高则不会出现大幅度上升的情况，因为有最高分的限制）。总而言之，最好的备考方式是在不扰乱正常学业和课外活动的情况下合理地进行。如果备考成为您生活的全部，那这就有点过了。与大学的申请过程一样，最好能合理权衡各个方面并以理性的态度面对整个过程。

什么时间考试最佳？

SAT每年有七次考试，分别在8月份、10月份、11月份、12月份、3月份、5月份和6月份。ACT也有七次考试，分别在9月份、10月份、12月份、2月份（除了纽约州）、4月份、6月份以及7月份。

第一次考试

第一次参加考试的时间最好是在高三的下半年，尽管有些学生会选择在前一年的秋天就参加。过早参加的优势并不明显。随着年龄的增长和在学校期间知识的积累，学生通常能够取得更高的成绩。您可以在大学理事会的网站www.collegeboard.org上注册SAT考试，或者在www.act.org上注册ACT考试。注册两种考试都可以使用信用卡。SAT的考试费为45美金（不包含写作部分），或者57美金（包含写作部分）。ACT的考试费为42.5美金（不包含写作部分），或者58.5美金（包含写作部分）。符合条件的低收入学生可以通过自己高中的升学指导办公室获得考试费减免的资格。两种考试的考场有很多，主要是在大型高中，但不同的考试日期考场也可能不同。具体的细节都可以在网站上找到，或在高中升学指导办公室的考试材料中找到。因为很多考场很快会被报满，因此最好能够提前计划，尽早注册，争取在离自己最近的考场找到位置。通常，您需要在考试日期前五个星期注册以免交滞纳金。注册时，您必须提交一张最近的照片，入考场时还需要携带有照片的身份证明。

成绩以外的反馈

两种考试的结果都会在考试结束后几周内被邮寄到家中，或者两周后通过在线查询或者电话查询（电话查询会收取一定费用）被获得。在线查询也是通过注册考试的网站，进入自己的账号查看。对于8月、5月和10月份的SAT考试，您可以支付一小部分费用（目前是18美金）通过Question-and-Answer Service来获得一份您所考的考卷的副本，外加一份正确答案和您自己的答案。ACT 也提供类似的服务，称为Test Information Release，针对的是12月、4月和6月份的考试，收费20美金。得到实际的考卷和答案对很多学生来说是件好事，尤其是如果他们决定重考的话，因为他们可以利用这些材料准备下一次的考试，但是收到考卷通常需要五到六个星期的时间。您可以在注册考试时或在考完符合条件的SAT的五个月内或考完符合条件的ACT的三个月内注册该服务。

合理的考试频率

收到第一次标化成绩后，您可以决定是否重考。是否重考在很大程度上取决于您考虑要申请的学校的新生录取分数区间是多少，以及您是否愿意花更多的时间进行备考。申请选择性较强的大学的学生往往不止一次地考SAT或ACT。您可以根据自己的需要多次参加考试，但实际上只有一小部分学生会考两次，两次以上的更少。合理的范围内，最好不要超过三次。参加三次以上的考试可能并不是最好的利用时间和精力的方式，而且提分的可能性也不大。如果您决定重考，您可以考虑在高三春天之后或者在高四秋季时参加。

选择分数提交

大学理事会和ACT主办方会记录您每次考试的成绩，如果您参加过超过一次的考试，它们也会允许您选择任何一次的成绩提交给大学。提交的成绩报告中会包含这次考试的所有部分，但是学生可以自行选择任何一次考试进行提交。大学理事会会自动将您所有的SAT成绩提交给大学，除非您在订购分数报告时使用Score Choice指定只将某一次的成绩提交给大学。相比之下，ACT主办方则是每次只发送一次考试日期的成绩报告。如果您想同时发送两次考试日期的报告，那您需要支付额外的费用。

“拼分”（Superscore）

很多大学会对SAT成绩进行拼分，有的也对ACT成绩进行拼分。拼分的意思是大学会将每次考试的不同部分的最高分拼到一起得出一个最高的总成绩。所以，如果您参加了两次SAT，第一次在数学部分得分更高，而第二次在以循证为基础的阅读和语法上得分更高，那您应该将两次成绩报告都提交给大学。在这种情况下，如果您使用SAT的Score Choice进行指定送分反倒会对自己不利。并不是所有学校都采用拼分的政策，例如，加州大学系统中的所有校区都不接受拼分，还有其他一些公立大学也不接受，它们只接受单次考试的最高分。对ACT进行拼分的学校较SAT要少很多，但是现在也变得越来越普遍。一些目前对ACT进行拼分的学校包括阿默斯特学院（Amherst College）、明德学院（Middlebury College）、米尔萨普斯学院（Millsaps College）、纽约大学（New York University）和乔治亚大学（University of Georgia）等。

目前只有少数具有选择性的大学要求学生提交所有参加的SAT或者ACT考试成绩，尽管它们也有拼分的政策。我们建议您到不同大学的网站上具体了解它们的标准化考试政策，因为这些政策可能会有变动。

对不要求学生提交所有考试成绩的学校来说，您可以自行决定是否提交所有成绩报告。提交所有成绩报告会对申请不利吗？为此，我们也征询了十几位招生官的意见，他们表示并不会。他们也都很清楚在考试时难免会有各种可控或不可控的因素影响学生最后的分数。

美国国家优等生奖学金比赛（The National Merit Scholarship Competition）

高四年级的9月份，大约16 000名在PSAT（正式名称为PSAT-NMSQT）上获得高分的学生会被告知他们已被选为国家优等生奖学金半决赛入围者。美国国家优等生奖学金项目使用的选拔标准基于一个简单的计算公式。该公式将以循证为基础的阅读和语法（Evidence-based Reading and Writing）部分的分数翻倍，再加入数学部分的分数，最后将总分除以10。每个州得分最高的学生会自动成为半决赛入围者。分数线因州而异以确保每个州进入半决赛的人数与州内高中生总数成正比。以2017年的选拔为例，入围的分数低的有怀俄明州、西弗吉尼亚州、南达科他州和北达科他州的209分，高的有新泽西州、华盛顿特区和马萨诸塞州的222分，总分是228分。寄宿制学校因为招收了很多州外学生因此会根据自己所在的位置进行单独选拔。您可以致电美国国家优等生奖学金项目办公室（847）866-5100来获取您所在州或地区的最新入围分数，因为它们每年都有所不同。大约有另外34 000名学生会被命名为commended students（受到表扬的学生）并获得证书。

谁能得到奖学金?

半决赛入围者会被邀请提交一篇文书、成绩单、SAT成绩（必须是完整的SAT考试成绩，考试日期不迟于高四的12月份）以及一封学校的推荐信来参与最后的选拔。ACT不能替代SAT，因此半决赛入围者需要参加SAT并获得 a confirming score（确认分数）以晋级决赛。如果在练习测试中，ACT的分数要更高，那入围的学生最好两种考试都参加：将SAT成绩用于国家优等生奖学金的竞争；将ACT成绩用于申请大学。大约95%的半决赛入围者会成为决赛入围者，其中大约一半的人会得到来自国家优等生奖学金公司（National Merit Corporation）或其他参与的公司一次性的金钱奖励。详情请访问www.nationalmerit.org。

虽然大多数国家优等生奖项都是一次性的小奖，但是一些公立大学，例如爱荷华州立大学、俄克拉何马大学、新墨西哥大学和亚利桑那州立大学，都会积极吸引入围国家优等生奖学金决赛的学生，并自动给予他们半奖或者全奖的奖励。一小部分私立高校也会提供慷慨的奖励。另外，美国大学理事会的全国西班牙裔表彰计划（National Hispanic Recognition Program）也可以让很多学生在一些学校得到慷慨的奖励。有关该计划的详细信息，请访问大学理事会的网站www.collegeboard.org。

您是否应该准备PSAT?

如果您觉得您能在PSAT中有好的表现，那就值得认真对待。决定参加后最好能够进行简单的备考练习，毕竟好的分数能够给您带来潜在的奖学金机会。除此之外，PSAT成绩在大学录取中没有太多实际的作用。国家优等生项目奖励的学生太多，不管是受到表扬的学生还是进入决赛的学生，因此在实际申请中作用并不凸显。对大多数学生来说，PSAT存在的主要目的仅仅是帮助学生为SAT考试做准备，定位自己的优势和劣势以便更有针对性地备考。因此，没有必要在PSAT上纠结。

需要特殊照顾的案例

大学理事会和ACT主办方知道，一些学生需要特殊的照顾来克服会影响考试的因素。盲人或视障学生是最明显的例子，其他因身体有残障而不能完成或者很难以正常方式完成考试的学生都可以得到相应的特殊照顾。申请特殊照顾需要在考试前向大学理事会或者ACT主办方提交相应的书面证明，以获得批复。

身体残障只代表了很小一部分接受特殊照顾的案例。大多数要求特殊照顾的请求是因为学习障碍而需要延长考试时间。学生同样需要在考试前提交相应的学习障碍证明以获得批复。特殊照顾的范围根据学生学习障碍的严重程度，可以从延长考试时间（最常见的是延长考试时长一半的时间）到不计时考试。正如为视觉有问题的学生提供较大字体的试卷一样，为有学习障碍的学生提供额外的考试时间也是为了给所有学生创造一个公平的竞争环境。

在第十二章中，我们将详细讨论获得考试特殊照顾的过程。

接受“选择性提交”（Test- Optional）标化成绩的大学

越来越多的大学开始对部分或者所有申请者采用不硬性要求提交标化成绩的政策，包括SAT或者ACT。一些学校会为达到一定GPA标准的申请者豁免标准化考试；有的则要求提交SAT或者ACT成绩，但只作为选课等级划分或者做研究使用。另外，有很多大学允许学生自己选择在SAT和ACT之外是否提交AP成绩或者IB成绩。

由于新冠疫情的影响，全球各地的SAT和ACT考试不能正常进行，因此，美国绝大多数在疫情前要求提交标准化考试成绩的大学都将政策调整为可选择性提交。新政策施行时间根据大学不同而长短不一，有的为期一年，有的为期三年，并且有可能随着疫情的发展以及后疫情时代基于政策有效性的评估进行调整。具体考试政策请参考大学官网。

这些学校发现就算没有标化成绩，它们也可以根据申请里的其他信息来做出合理的录取决定。采用“选择性提交”政策的大学发现，提交者和未提交者在入学后有相同的表现。如果您的标化成绩比所申请的学校的平均分要高出许多，那提交标化成绩可能会对申请有帮助。但是，如果学校明确表明申请者不会因为未提交标化成绩而处于竞争劣势，那学校就不会假定申请者的标化成绩很低，因此不提交也不会影响申请结果。事实上，采用“选择性提交”的大学会觉得它们会因此吸引更多学生申请，也能够为学校在宣传营销上赚足口碑。

一些对所有申请者开放“选择性提交”政策的学校包括史密斯学院（Smith College）、维克森林大学（Wake Forest University）、德保罗大学（DePaul University）、圣十字学院（College of the Holy Cross）和劳伦斯大学（Lawrence University）等。另外一些学校只面向大多数申请者开放此政策，其中包括特拉华大学（University of Delaware）和穆伦堡学院（Muhlenberg College）。

除非您从根本上就排斥参加标准化考试或者知道自己根本不擅长考试，大多数情况下您可能不会只申请采用“选择性提交”的大学，尽管您完全可以从数量众多的采用此政策的学校中选择。所以，最后您可能还是会跟其他同学一样参加标准化考试，得到成绩后再决定是否要提交。您可以到www.fairtest.org上浏览最新的采用“选择性提交”和“灵活性提交”（test-flexible）政策的学校清单。另外，请务必查阅学校官方网站上的信息，以便得到实时的更新，因为大学的招生录取政策一直在变动。

在标准化考试方面对家长的忠告

围绕SAT和ACT存在很多焦虑。一些学生特别不愿意收到自己的成绩报告，因为他们害怕让父母失望，又或者因为考得很好而担心父母拿自己的分数来向别人吹嘘。很多学生觉得自己的未来和自尊心全都押在了一场周六上午四个小时的考试上。如此焦虑对学生的身心健康并无好处，况且一场考试根本就说明不了什么问题。

请帮助您的孩子明白SAT或者ACT只是一场考试而已，它们并不能决定孩子的未来和潜力。连那些硬性要求标化成绩的学校也知道这一点。请鼓励您的孩子做好充分以及合理的考试准备，尽自己最大的能力去考就可以了。千万不能将标准化考试变成您或者孩子痴迷的对象。

第七章

绑定性早申请和其他早申请计划

虽然大多数学生都会在高四年级的1月1日递交申请并在接下来的春季收到录取通知，但是越来越多的学生开始考虑提早申请。early admission（早申请）是一个总括性的术语，指的是学生需要在高四第一学期的秋季就提交申请，截止日期通常在11月1日或者11月15日，以便获得更早的录取结果，通常在12月15日发出。

早申请概述

不同大学提供的早申请计划不尽相同。一些学校提供early decision （绑定性早申请，简称ED），要求申请者在被录取后必须入学。您只能通过绑定性早申请来申请一所学校，因为其录取具有约束力。另外一种早申请类型叫early action（早行动计划，简称EA），申请者会同ED申请者一样在12月中旬收到录取通知，但是可以等到来年的5月1日再做出择校决定。大多数采用EA的学校允许学生同时申请多所学校，甚至申请某所学校的ED。第三种类型叫restricted early action（有约束的早行动计划，简称REA），但只有少数大学采用。REA没有入学的约束力，但对申请其他学校的ED或者EA有限制，但这也要取决于学校的具体政策。如果您觉得您需要一张记分卡才能理清这些计划，那您绝对不是唯一一个，而且这些计划有可能每年都会变化。

目前，有近500所大学至少提供其中一种计划。大约有90所大学同时使用EA和ED计划，包括迈阿密大学（University of Miami）、厄勒姆学院（Earlham College）、乌尔西努斯学院（Ursinus College）、斯佩尔曼学院（Spelman College）和克拉克大学（Clark University）等。大约70所大学，包括史密斯学院（Smith

College）、罗林斯学院（Rollins College）、普吉特海湾大学（University of Puget Sound）、范德堡大学（Vanderbilt University）、葛底斯堡学院（Gettysburg College）和塔夫茨大学（Tufts University）等，它们只提供ED，但有两个不同的日期：ED I，申请日期约为11月15日；ED II，申请日期约为1月1日或1月15日，通常与其常规申请截止日期相同。同时拥有EA和ED的学校中有大概25所提供所有以上三种选择，例如迪金森学院（Dickson College）、芝加哥大学（University of Chicago）、科罗拉多学院（Colorado College）、凯斯西储大学（Case Western Reserve University）和南卫理公会大学（Southern Methodist University）。随着大学修改其EA或ED计划以及越来越多的学校开始采用早申请计划，很多细节也可能每年都会发生变化。

> "早申请计划种类太繁杂了。我觉得还不如不叫'早申请'，叫'早困惑'更恰当。"
>
> 一名高三学生的家长

早申请项目，特别是绑定性的早申请已经引起了大量的辩论和争议。在本章，我们将告诉您辩论的具体内容，并帮助您决定早申请是否适合自己。

ED的好处和坏处

从表面上看，申请ED的思考逻辑是：如果您有一个非常清晰的目标大学，那您应该通过ED来表现自己对大学的偏爱，并保证在被录取后选择入学。如果最后被录取，那您可以绕过很多常规申请带来的一直会延续到来年3月份的焦虑。如果最后申请被大学拒绝，或者被推迟到常规申请阶段，您仍然可以通过常规申请来申请其他大学，但最好能提前准备好其他申请，以备不时之需。虽然一些大学的ED已经沿用了几十年，但在过去的15年里，ED才变得更加流行。

ED对大学和学生的好处

直言不讳地说，ED是大学营销计划的一部分。虽然看起来它帮助的是学生（对很多优秀的学生来说ED确实有明显优势），但受益最多的还是大学。随着ED计划变得越来越受欢迎和有竞争力，这种趋势也变得更加明显。

为什么大学使用ED？

从大学的角度来看，通过ED申请的学生都是无比渴望进入此大学的学生。大学也知道通过ED被录取的学生也一定会在秋季入学。与常规申请不同，大学很清楚ED的入学率是100%，除非因为最后财政补助不足或其他不可抗原因导致学生不得不拒绝入学。确定的ED入学人数能够帮助大学避免最后入学人数过多或者过少的可能性。这也能够让大学更好地计划常规轮的录取：它们可以更好地预测它们对地理和种族多样性、体育特招生和其他特殊才艺以及校友子女等方面的需求。

> 申请ED对录取有积极的帮助作用。在2015—2016年，我们录取了24%的申请ED的学生，而只录取了9%的常规申请的学生。是否提交ED与获得财政补助的多少没有直接关系，我们会为有需要的家庭提供100%的按需补助。如果学生想比较不同大学的财政补助包裹，我们建议您提交常规申请。
>
> 节选自杜克大学（Duke University）招生办的网站

ED对学生的优势

ED的录取率通常比常规申请的录取率高，有时甚至高出很多，这已经是众所周知的事。根据申请计划的不同，具有相同学术表现的同学最后的录取结果可能非常不同。这直接导致了ED的申请数量在过去20年中急剧增加，比申请总人数的增长率还要高。随着越来越多的学生选择ED，录取上的优势已经变得不太明显，但这还要取决于大学，有的还是有明显的优势。

被申请ED的大学录取对学生来说意味着他们可以在12月中旬就结束大学申请的不确定性和整个过程带来的焦虑感。整个过程似乎非常有效地将学生和大学互相匹配，是个双赢的局面。但这与大学申请的其他方面一样，情况并没有那么简单。

> “我想一觉睡到12月15日。”
>
> “我已经开始向上帝祷告了，可我并不信上帝。”
>
> “我愿意出卖我的灵魂——如果我的灵魂还在的话。”
>
> “这要不然就是我人生中最美妙的时刻，可能比亲热还要美妙；要不然就是我人生中最糟糕的时刻，比死亡都难以忍受。”
>
> 某网站上关于ED和EA的学生评论帖

ED最主要的问题

批评者认为，ED已经背离了其原本的目的。现在的ED已经被那些懂得游戏规则的学生用来当作一种申请的策略以获得有选择性大学的录取。一些大学ED的录取率是常规录取率的两到三倍，大一年级大约三分之一甚至一半的学生都是通过ED入学的。这直接导致在规模更大的常规申请群体里的申请者只能去竞争剩下的为数不多的录取名额。

在下表中，我们比较了几所大学的ED录取率和常规录取率。您可以明显看出常规录取率要比总的录取率低，而大学发布的录取率通常是总的录取率。这里重点还是要看ED录取率和常规录取率的不同，因为学生必须选择其一申请。总录取率只是简单地将两者相结合。

2020届录取率百分比

大学	常规申请	早申请	总录取率
阿默斯特学院Amherst	12.2	39.6	13.7
鲍登学院Bowdoin	11.6	33.7	14.3
约翰·霍普金斯大学Johns Hopkins	10.1	30.3	11.5
明德学院Middlebury	12.7	53.1	16.0
西北大学Northwestern	8.4	35.0	10.7
威廉姆斯学院Williams	15.0	42.0	17.3

一些大学，例如约翰·霍普金斯大学（Johns Hopkins University）和宾夕法尼亚大学（University of Pennsylvania）甚至公开告知它们的校友子女申请者，校友子女的优势只有通过ED申请才会凸显出来。这更加深了人们将ED作为申请策略的观念。我们在第十一章中会提到，同样的情况有时也适用于体育特招生：他们有可能被告知如果他们不申请ED，那他们有可能会失去作为体育特招生的录取优势和在体育队中的位置。

> “申请者作为宾夕法尼亚大学校友子女或者孙子女的关系将在早申请阶段被给予最多的考虑。”
>
> 宾夕法尼亚大学（University of Pennsylvania）对2021届申请者的指导意见

批评者认为，ED偏向于那些不需要财政补助以及能够获得各方面支持（升学指导老师和信息灵通的父母）来充分利用ED优势的学生。而家庭经济条件有限，又就读于资金匮乏和学生人数众多的公立高中的学生，相比私立高中或者高水平的公立高中的同伴，很难利用到这些竞争优势。

通过ED被录取的学生可能会在财政补助的选择上受到限制。虽然他们可以以财政补助金额不足为由取消ED的绑定束缚，但是通过ED被录取的学生不能对比不同学校的财政补助包裹。如果学生想用一所学校的财政补助包裹来与另一所大学“讨价还价”以获得更多的财政补助，那申请ED可能不是最好的选择。对于那些可以支付全部费用的学生来说，他们基本可以不用担心这些问题。

关于ED的更多思考

每当听到学生说“我想申请ED，但是我还不知道申请哪所大学”，很多指导老师都会很无奈。这说明学生在压力下病急乱投医，只要是对申请有选择性的大学有帮助，他们都会强迫自己做出一个选择。这个选择可能并没有经过深思熟虑，可能只是参考了学校的名气。一旦学生选择了一所学校并提交了申请，压力也会随之变大直到12月中旬。很多学生认为ED是申请自己“梦校”的最佳选择，当然前提是他们自己本身非常具有竞争力，而这种想法其实并不错。如果被录取，他们会无比欣慰；而如果被拒绝或者推迟到常规申请，虽然再正常不过，但伴随而来的可能是极大的悲伤。

在申请ED之前，您需要认定自己的首选大学，因为ED具有绑定性——被录取后是不能改变主意的，除非财政补助金额不能够匹配家庭的实际需求（我们在第八章和第十四章会更详细讨论此问题）。最好的认定自己首选大学的方法就是尽量多地去了解大学的各方面以及在有可能的情况下进行访校。访校最好能在大学的学期当中进行，并在ED截止日期之前越早越好。要成为一名优秀的ED候选人，准备工作最好从高三的春季开始，了解不同学校的ED计划和截止日期并访问几所学校，看看其中是否有一所可以成为首选。

您还应该在高四年级的10月份就完成所有的标准化考试。11月的SAT（ACT没有11月份的考试安排）成绩有可能不能按时寄送到学校——您需要询问不同的学校进行了解。如果参加10月份或者11月份的考试，请务必安排将您的分数直接发送到您的ED学校，甚至在您看到它们之前。同时，您需要有表现良好的高四第一季度的成绩或者第一学期前半部分的成绩。大学通常希望看到您在高四年级的表现，特别是您修的最有挑战性的课程。如果您的高中不会自动发送第一季度的成绩，一些学校会在做出正式决定前向您的升学指导老师索取。对于其他形式的早录取（EA和滚动录取），这些同样适用。我们将在本章做进一步讨论。

> “在10月末听到其他同学谈论前，我对ED一点都不了解。他们都在抱怨申请里的各种要求。我对此不以为意，直到有人告诉我说申请ED对录取有帮助，因为大学可能会觉得我非常想去，那它们也会更愿意录取我。所以，压力突然就来了，我也开始想是不是要找一所学校申请ED。反正，最后我没有申ED，现在眼看都3月份了，我开始越来越焦虑，因为我不知道秋天会去哪里上学。但我还是觉得这比挑一所不适合自己的大学申请ED要好得多，因为被录取后必须得去。我只是比较后悔没有提早开始规划。”
>
> 一名高四学生

早行动（Early Action，以下简称为EA）

> “我要是能早知道早申请的截止日期就好了。好像高四才刚刚开始，而我就已经要开始申请大学了。”
>
> 某学生在高四时评价道

与ED不同，EA似乎为学生提供了两种最好的选择：没有绑定的约束但仍然可以得到心仪学校的提早录取。EA同样也已经被沿用了很多年。

EA与ED有什么区别？

EA和ED的最大区别是，通过EA被录取的学生可以等到来年5月1日再决定是否入学；录取无绑定束缚。同时，学生也可以继续在常规轮申请其他大学，并且在做出最终决定前可以比较不同的财政补助包裹。采用EA计划的学校传统上也允许学生通过其他早申请计划申请其他学校，甚至是一所ED的学校以及其他EA的学校。

有限制的EA计划

一些提供EA计划的学校会对申请其他学校有限制。限制最多的还要数哈佛大学（Harvard University）、斯坦福大学（Stanford University）、普林斯顿大学（Princeton University）以及耶鲁大学（Yale University）采用的“有约束的早行动计划”（restrictive early action）和“单一选择早行动计划”（single-choice early action，不同学校使用的代名词可能不一样）。在这些计划下，申请者不能再申请其他学校的EA或者ED。少数例外情况，本章将进一步讨论，例如具有非约束性滚动入学的学校，或具有EA计划的州立大学，如密歇根大学（University of Michigan）和弗吉尼亚大学（University of Virginia）。另外一种有约束的早行动计划允许学生通过EA申请其他学校，但不能申请ED，例如圣母大学（University of Notre Dame）和乔治城大学（Georgetown University）。这些不同的计划很容易被搞混，因此要充分了解各种不同的限制。另外，很多政策都会不定期发生改变，因此最好能到学校官网上再次确认。

遵守承诺

申请ED或EA的学生必须遵守对这些申请计划的承诺。大学通常会要求学生在申请中签署一份声明，表明他们理解并同意该计划的条款。有些学校还需要父母和高中升学指导老师的签名。

比较不同的早申请计划

	绑定的早申请ED	早行动EA	有约束的早行动REA
绑定入学?	有（除非财政补助不够）	没有	没有
允许对比不同的财政补助包裹?	不可以	可以	可以
允许通过其他早申请计划申请其他学校?	可以（只允许EA）	可以（多所EA和一所ED）	根据学校具体规则来定
允许通过常规申请计划申请其他学校?	可以（如果被ED的学校录取，只能在被学校取消绑定束缚后）	可以	可以

注意：一定要到学校的官网查看具体细节。

您应该申请EA还是ED?

申请ED可以对申请起到帮助作用，如果您：①在经过深思熟虑和反复研究后找到了一所最心仪的大学；②不需要用高四整个第一学期的成绩来提高整体的学术表现（如果之前的成绩不是太理想）；③拥有很好的组织能力和时间管理能力来充分准备一份早申请；④不需要比较财政补助包裹。如果您能够满足以上所有的条件并且在12月15日就得到录取，那您的大学申请过程就可以提前几个月圆满落幕了。另外再加上早申请可能带来的优势，ED可能是一个非常有吸引力的选择。

EA，不管是有约束的还是其他种类的都要比ED更加有灵活性，因为录取结果没有绑定性。通过EA申请大学可以向大学很好地表示自己对大学的兴趣。EA对申请的帮助作用可能不及ED，但最后被录取后您在选择上会有更多灵活性。如果愿意，您当然也可以再申请其他大学，而且已经有一份EA的录取在手，也会让整个过程更有底气。

> "不可能××校所有五千名学生都对自己的大学选择感到高兴并且以后都会在人生上取得成功。虽然我非常急切地希望我的推迟决定最后变成录取，但是我也知道我必须认真考虑其他大学，这样才不会被××校的决定所困扰。"
>
> ——一名被某常春藤大学推迟到常规轮的学生

但是，任何一种类型的早期申请都有一个缺点，那就是您可能会觉得只有一所学校是自己的完美匹配，并因此全身心投入去追逐这个目标。可是随着早期申请数量的增加，被拒绝或者被推迟到常规轮的决定变得越来越普遍。对一些学生来说，自己的期望值已经在整个过程中达到顶点，好像一切都依附于最后的决定，就算是推迟到常规轮的结果对他们来说都可能是沉重的打击。甚至对一部分学生来说，这可能是他们人生中第一次经历重大的失败。相比之下，通过常规轮申请，如果您有一个完善的大学清单，那拒绝或被放在等待名单上的结果会同时被其他的录取结果缓冲掉。

说到这，您到底应该怎么办？这还是得看情况。如果您已经找到了一所首选大学，并且满足了以上我们提到的ED和EA的标准，那您可以尝试早期申请，特别是如果您具备非常有竞争力的条件。但是要记住我们刚刚提到的早期申请的一个缺点：千万不能将您对某一所大学的热情演变成"早期申请综合征"——相信自己只能在一所大学得到真正的快乐。现实是，这几乎是不可能的。

我是否适合申请ED?

□我知道了自己的首选大学并且觉得它非常适合我。

□我已经做了非常详细的研究来支持我ED的选择，这其中包括：亲身或者在线参观了校园；阅读了大学的信息册、宣传册以及其他宣传材料；参考了大学指南书中关于大学的介绍；与在校生或者毕业生当面或者在线交谈过，或者通过邮件沟通过。

□我已经使用大学所提供的净价计算器（不适用于非美国公民）算出了大概的花费，并且觉得可以接受。我不需要比较不同的财政补助包裹。

□我高四第一学期的成绩不会显著拉高平均分，并且我第一季度的成绩与之前持平或者较之前要高。

□我将在10月份考完所有的标准化考试（或者11月初，在某些情况下），这样的话我的分数报告可以被按时寄送到申请了ED的学校。

□我的总体成绩表现能够让我处于这所学校新生的区间之内。

□我可以在ED截止日期之前准备并提交申请，包括向我的任课老师和升学指导老师索取推荐信。

□我知道这所学校偏向于申请ED的学生。

□我想尽早知道我要读的大学是哪所。

□如果我在ED中被推迟或被拒绝，我会仔细研究名单上的其他大学并认真准备申请。

□虽然我申请ED的大学是我的首选，但是我非常清楚我有可能不被录取，而且我知道我同样也可以在其他大学得到快乐和优质的教育。

要有一个后备计划

理论上来说，申请ED可以避免或者显著减少完成额外申请的需要。但对于很多学生来说事实并非如此。一些州立大学的常规申请截止日期也在秋季，另外一些还采用先到先得的审核方式。因此，学生必须在收到ED学校的录取结果前就申请这些学校。很多其他学校的常规申请截止日期是1月1日或者之后很近的日期。虽然学生可能在申请这些学校前已经收到了ED的录取结果，但是在圣诞和新年假期期间因为被ED的学校拒绝或者推迟决定再重新开始准备新的申请并不是一件让人愉悦的事情。

很多学生会在申请ED的同时也申请大学名单上的其他所有大学。如果被ED的学校录取，那他们必须撤回其他所有的申请。同时申请所有的大学所需要的额外精力和花费可以被当成是买了保险。其他人还会选择完成所有的额外申请，但会等到ED录取结果出来后才选择是否提交。只要认真准备，任何一种方式都行得通。

如何应对拒绝和推迟决定？

如果您在早申请阶段被拒绝，那您就不能继续在常规轮或者ED II阶段再次申请同一所学校。大学认为它们对您已经有了足够的了解来做出最终的决定。如果您被推迟决定，那表明您已经不受制于ED的绑定束缚了。招生办会在常规申请轮再次审核您的申请。

我们会在第十四章讨论更多不同的ED录取决定。

拥有两轮ED的学校

正如我们之前所说，一些学校有两轮早期决定：ED I和ED II。ED II的日期通常与常规申请的日期一致，但ED II的申请者会更早地收到录取结果，通常是在2月中旬，与ED I一样被录取后必须选择入学。选择使用两轮ED的学校称它们之所以采用两轮是想给学生更多的时间来决定自己的首选大学。这毫无疑问能够帮助很多学生，而且大学可以采用ED II来吸引那些在12月份被其他大学的ED拒绝或推迟决定的学生。这种方式给了大学和学生两次进行互相匹配的机会。ED II的学校不会知道学生是否申请了其他学校的ED。

虽然录取结果的公布日期因校而异，但是很多大学选择在3月份公布所有常规轮的录取决定，这样学生在5月1日做出最终选择前可以有数个星期的时间进行考虑。

很少一部分常规轮的申请者会接到录取早通知，有时还会特别早，通知他们极有可能被录取，虽然这并不是正式的录取通知。这在招生圈中被称为“预录取信”。大学在正式发布录取通知之前就发出的这类早通知，目的是向一小部分格外优秀的学生传达一个信号——我们对你们尤其感兴趣。

预录取信（Likely Letters）和早通知

> 我特此来信告知您，康奈尔大学的工程招生录取委员会非常享受阅读您申请的过程。您的学术成绩和课外表现非常出色。虽然常春藤联盟大学要等到月底才正式发出录取通知，但是我非常高兴地通知您，您非常有可能被康奈尔录取。
>
> 来自康奈尔大学2020届的预录取信

这些大学，其中包括常春藤联盟的成员校以及其他学校，希望通过发送预录取信来鼓励学生接受即将收到的正式录取通知。预录取信通常会发给大学急于想得到的学生，包括运动员、欠代表性群体的成员，以及那些拥有过人的学术天赋的学生。如果您收到了预录取信，那也一定能收到最后的正式录取通知，除非之后出现很严重的问题，例如作弊或者吸毒等。预录取就等于录取。预录取的问题是那些没有收到预录取信的学生会开始担心，变得士气低落。要

> “我们会从那些肯定会收到很多很好的录取通知的学生下手（希望他们能选择我们）。”
>
> 埃里克·弗达（Eric Furda），宾夕法尼亚大学（University of Pennsylvania）招生办主任对预录取信的评论

记住，绝大多数的学生，即使是那些被选择性最高的大学录取的学生，也都不会收到预录取信。

其他大学可能会在正式录取决定发出前的几个星期邀请它们申请库中最优秀的学生到学校参加一个特别安排的招待会，或者给他们寄送学校的文化产品。我们熟悉的一所大学在正式决定发出之前几个星期给一小部分学生寄送了一个印着学校名字的尼龙袋，里面还有一封信鼓励他们去健身房的时候可以背上以及其他信息。这是一个非常明确的信号，意味着学生离收到正式的录取通知不远了。所有的这些做法都是为了让学生在收到正式录取通知前能够兴奋起来。

哪怕您决定不提交早申请，思考早申请也有益处

很多学生习惯性地拖延，并且将拖延症也带到申请大学中来。但是即使您不申请EA或者ED，对早申请的思考还是能够让您避免拖延，并且在所有的截止日期前提交所有的申请。

滚动录取和优先截止日期

早申请最大的优势就是可以申请那些采用滚动录取的学校。在这些学校，申请收到后就会被审阅而不是等到一个固定的截止日期。一些采用滚动录取的学校可能都没有正式的截止日期。使用滚动录取的大学可以在提交申请后的几周内承诺为大多数申请人做出录取决定。

在某些方面，滚动录取就像是EA的延续。很多公立大学和一些私立大学都采用滚动录取。滚动录取会录取合格的学生直到大一年级招满为止。几所著名的公立大学，例如密歇根州立大学（Michigan State University）、石溪大学（Stony Brook University）和印第安纳大学布鲁明顿分校（Indiana University-Bloomington）都通过滚动过程招收学生。使用滚动录取的私立大学包括圣路易斯大学（Saint Louis University）、亨德里克斯学院（Hendrix College）、玛丽维尔大学（Maryville University）和斯泰森大学（Stetson University）等。

一些学校在夏季申请上线后就开始审阅申请。您不需要那么早申请，但是最好能在初秋就准备好所有的申请材料以保证学校还有足够的名额和充足的财政补助。

您仍然可以等到来年的5月1日再做出最后的入学决定。

有时，采用滚动录取的学校会设立优先截止日期来鼓励学生提早申请，但是只要有名额，它们还是会继续接受申请。在优先截止日期前提交申请意味着获得所报专业录取的概率会很大，而且能提早得到录取通知或者有资格得到奖学金。有时，在优先截止日期前提交申请可能意味着申请者会享受到所有三种不同的优势。就算学校设立了优先截止日期，但是学生还是可以等到5月1日再做出最终的入学决定。很显然，在优先截止日期前提交申请会对录取非常有利。一些不采用滚动入学的学校也会使用“优先截止日期”（priority deadline）一词，但在不同学校，它可能代表不同的含义。

提早完成

在大学的申请截止日期前早早提交申请还有其他优势。当然，大学在没收到您的成绩单、推荐信和标化成绩前是不会审阅您的申请的，但是提早完成申请，不管是在早申请阶段还是常规申请阶段都意味着申请能够及时被处理和得到确认。提交申请后，您通常都可以在线查看是否有其他需要补全的材料，但有时当材料还没有被添加进申请文档时，状态也会显示待定。就算材料真的没被收到，那提交完成申请后也有足够的时间进行补充。

因为大学招生录取委员会会在申请截止日期过后不久就开始审阅材料，因此您的申请会被还没有因为身陷高强度工作而倍感疲惫的招生官审阅。虽然这不代表在最后的录取过程中会起到任何明显的积极作用，但是有备无患。早早完成申请还意味着您可以放松地与家人度过圣诞和新年假期，而不需要担心申请的进度。我们认为这是对您和家人来说最好的选择。

第八章

支付学费和申请奖学金

大多数家庭认为他们在大学申请过程中最大的担忧之一就是大学的开销。本章将专注于探讨如何负担大学的开销。好消息是，对很多学生来说，他们最后的实际支出可能会低于学校网站上列出的总花费。没有学生会支付超过标签价格（sticker price）的费用，而且根据家庭的经济条件和大学的财政补助计划，很多学生的支出会低于，甚至远低于学校的标签价格。不太好的消息是，对于那些不熟悉其运作方式的家庭来说，申请财政补助的过程可能会异常复杂和让人疑惑，最后的结果可能也会让人失望。

在本章中，我们将帮助您了解财政补助的两种主要类型以及获得财政补助的时间。我们将与您分享如何粗略地计算获得财政补助的金额以及其中的组成部分，并将进一步解释为什么实际的金额会因不同大学不同的财政补助计划和资源而有所不同。我们还将讨论财政补助在制定大学名单和做出最终入学决定中的作用。如果您的家庭可以很轻松地负担大学的所有花费，那您可以跳过本章。对其他人来说，我们希望本章对您有帮助。

> “多亏了财政补助，我的女儿才能够到东海岸一所她非常喜欢的私立大学就读。我们家有三个孩子，所以是否能获得财政补助对我们来说非常重要，因为它能实实在在地帮助到我们中产家庭。”
>
> 一名大二学生的母亲

关于财政补助的关键概念

财政补助有两种主要类型：以需求为基础的财政补助（以下称为：need-based aid）和以才能为基础的奖学金（以下称为：merit aid）。

以需求为基础的财政补助（Need-Based Aid）

大学提供need-based aid来帮助学生家庭负担大学总花费与经过计算得出的家庭实际支付金额之间的差额。大学会使用计算公式，综合考量学生家庭的当前收入、资产、家庭规模、正在读大学的子女人数以及其他因素来决定一个家庭的实际支付金额。对家庭经济需求高的学生来说，申请提供need-based aid的大学要比来自富裕家庭的学生获得更多的补助。need-based aid通常以包裹的形式发出，其中包括：无须偿还的助学金（grants）、需要偿还的贷款（loans），以及勤工俭学（work-study）。

以才能为基础的奖学金（Merit Aid）

merit aid简单来说就是大学给学生提供的学费折扣以鼓励被录取的新生选择入学。偶尔的情况下，merit aid会与学生的财政需求有关系，但大多数情况下都不与学生家庭的实际需要挂钩，而是以大学自己的标准奖励给那些大学急切希望能够选择入学的学生。很多大学既提供need-based aid又提供merit aid，但是一小部分学校，包括一些最具选择性的大学只提供need-based aid。

财政补助的资金来源

财政补助的资金来源主要有两种渠道：联邦政府和州政府或者大学本身。学生从外部资源自行申请的奖学金，例如公司、社区组织或者基金会等也是资金来源的一种，但其数额较小，只占总体资金来源的很小一部分。

need-based aid和merit aid之间的差别，再加上不同的财政补助方式以及资金的来源，都会对学生制定大学名单以及最终选择入学起到影响作用。但首先，我们需要向您展示整个过程是如何进行的。

大学如何决定您家庭的实际财政需求?

need-based aid是基于学生家庭的实际需求而进行的补助。家庭实际需求（demonstrated need）的简单定义是：大学的总花费（包括学杂费、住宿费、交通费、书本费和个人花销等）与家庭预计自付金额（expected family contribution，简称为EFC）之间的差额。

Need-Based Aid背后的准则

need-based aid旨在减少或消除入读大学的资金障碍。然而，因为显而易见的原因，确定家庭自付金额并不是由家庭自己来完成的。大学使用的公式可以客观地衡量一个家庭能够为子女的教育合理支付的费用。也就是说，在收到need-based aid之前，学生和父母需要为大学教育支付自己能力所及的金额。need-based aid旨在补充而不是取代家庭的支出。

> **"我以为我有资格获得need-based aid，但是最后的计算结果却说我不符合。可能是我想多了。"**
>
> 对最后的计算结果感到失望的家长

表格以及更多的表格

所有申请need-based aid的美国公民或者永久居民，不管居住地在哪里或者从哪里提交申请，必须完成并提交联邦学生财政补助免费申请表（Free Application for Federal Student Aid，简称FAFSA）。除此之外，其他所需的表格取决于申请的大学或者学生的州籍。一些大学要求提交额外的表格，例如大学理事会的CSS PROFILE（College Scholarship Service PROFILE，大学奖学金服务表格）或者大学自己制定的表格。个别学生可能还有需要提交其他补充性的表格的情况，例如有离异或分居的父母、父母有自己的生意或者父母不需要报税等。最后，一些学校还要求学生家庭提交联邦纳税申报表。您需要了解每一所大学的具体要求以及提交申请的具体时间。

财政补助的主要公式

总花费（cost of attendance）（学杂费、住宿费、书本费、个人开销、交通费等）

–家庭预计自付金额（EFC）

= 财政需求（financial need）

联邦学生财政补助免费申请表（以下简称：FAFSA）

FAFSA是一份需求分析表，所有大学都使用该表来计算学生家庭的预计自付金额，以确定学生是否有资格获得联邦财政的补助。该表也被用来决定学生是否有资格获得大多数州内的补助、很多私人补助以及一些大学自己提供的补助。

FAFSA的计算公式里都包括什么？

FAFSA会计算家庭需要纳税和免税的收入和财产，但也有很多例外。例如，它并不会计算免税的社保收入，也不会计算家庭主要居住房屋的价值。如果父母分居或者离异，它也不会计算没有监护权的一方的收入和财产，但是如果有监护权的父母一方再婚，继父母的收入和财产将会被考虑进内。符合FAFSA规定的拥有监护权的父母是在提交FAFSA之前12个月内与学生居住最多的一方。如果父母间的监护时间平均分配，则在此期间对学生的抚养支持超过50%的父母将被视为监护方。

> “我没觉得FAFSA像其他人说的那样复杂。虽然很费时间，但是并不难。您应该将所有需要的材料都集中起来，然后再开始填表就会简单很多。”
>
> 一名申请者的母亲

FAFSA会假设一个特定的基本家庭支出水平并询问家庭规模、父母年龄以及除父母外就读于符合规定的大学或者职业培训学位项目或者证书项目且不短于补助年度期间半年的家庭人口数量。使用FAFSA来计算家庭需求被称为“联邦计算方法”（federal methodology）。

完成FAFSA

FAFSA可在www.fafsa.ed.gov上找到。它可以在学生入学前一年的10月1日和学生入学后一年的6月30日之间提交。 例如，2018—2019年的FAFSA可以在2017年10月1日至2019年6月30日之间提交。它需要父母和学生的联邦所得税纳税申报表内的详细信息。本年度的申请可以使用两年前的报税信息，也被称为prior-prior year或者简称为：PPY。网站上有可以帮助家庭为提交FAFSA做好准备的快捷工作表格FAFSA on the Web Worksheet（FAFSA在线工作表）。此表在每年10月1日FAFSA启用前不久就可以下载。您可以在网上通过搜索其全称找到此表。一定要使用与入学年份相匹配的工作表。

无论您是否使用工作表，完成和归档FAFSA的过程都很简单。当您完成FAFSA并在线提交时，学生和家长需要获得单独的FAFSA 用户名和密码作为电子签名。这些都可以在www.fafsa.ed.gov上完成。由于可以将两年前（PPY）的纳税申报表用于完成FAFSA，而且所有退税已经完成，因此大多数家庭可以通过美国国家税务局数据检索工具（全称为：IRS Data Retrieval Tool，有时称为DRT）将税号直接上传到FAFSA。当通过FAFSA访问时，数据检索工具将预先填写FAFSA表格，其中包含从您家庭PPY纳税申报表中提取的相关收入数据。在某些情况下，您不能使用数据检索工具，例如父母离异但共同报税，或者父母已经结婚但单独报税，或者您提交了经过修改的纳税申报表。在这种情况下，您必须手动输入纳税申报表中的信息。

您也可以提交纸质的FAFSA，但最好使用在线版本，因为在线版操作起来更方便，而且可以立即反馈您在输入数据时可能出现的任何错误，以及可以使用美国国家税务局的数据检索工具。保密性也有保证。

学生补助报告（The Student Aid Report，**又称**SAR）

FAFSA在线提交并处理完毕后，您将收到一封电子邮件，其中包含您的在线学生补助报告（SAR）链接。SAR将根据联邦计算方法（federal methodology）算出您的家庭预计自付金额（EFC）。如果您通过邮寄提交FAFSA或未在FAFSA上列出电子邮件地址，可能需要两到三周才能得到回复。但如果您在线提交并包含了电子邮件地址，则只需三到五天。请务必仔细检查您的SAR是否有任何错误并立即纠正。

SAR的副本将以电子版的形式发送到您指定的大学。您在FAFSA表格上列出的学校会在SAR报告出来一天之内得到访问您SAR数据的权限。您可以在FAFSA上一次最多列出10所接收学校。如果总数超过10所的话，在您收到SAR之后，您可以返回FAFSA删减原始的学校名单或者添加其他大学。大学没有权限查看您的FAFSA接收学校名单，所以您可以根据您的意愿自行排列。但是有几个州要求学生先列出州内的公立学校，如果他们想得到州政府的补助的话。您可以到FAFSA网站上查看有此要求的州的名单。学生家庭所在的州会收到FAFSA上的学校列表以审核他们是否有资格获得州政府的补助。

大学奖学金服务表格（CSS PROFILE）

美国有不到200所大学（主要是私立大学）要求本科财政补助申请人完成额外的申请，即大学奖学金服务表格，也称为CSS PROFILE，或者PROFILE（以下简称：PROFILE）。PROFILE由美国大学理事会负责管理，比FAFSA更复杂和详细。使用PROFILE的大学希望在学生从学校的资源中获得补助之前，能够全面了解学生家庭的财务状况。有关PROFILE的信息、使用它的学校名单以及在线表格都可以在www.bigfuture.org网站的Paying for College网页下找到。很多提供特殊奖学金的基金会和其他组织也会要求学生提交PROFILE，这些机构的名单也包含在以上网页中。

PROFILE包含的信息

PROFILE 会考虑FAFSA中使用的所有收入来源和资产信息，并要求提供其他信息，例如家庭主要居住房屋的净值、父母为兄弟姐妹设立的基金数额，以及除了申请者以外的所有家庭成员收到的社会保障福利免税金额。对于分居或离异的父母，使用PROFILE的学校通常也需要非监护人的PROFILE（noncustodial PROFILE），它考虑非监护人一方的收入和资产。另外，PROFILE的计算也会考虑家庭的日常开支，例如医疗和牙科开支，以及为弟弟妹妹储蓄大学预备金的需求等。

与FAFSA不同，PROFILE里的问题是为每位学生量身定做的。其中大多数的问题可以被所有学校采用，另外也有一些因学校而异的额外问题。这些额外问题通常会要求提交额外的财务信息，例如人寿保险的现金价值或者除了父母以外为学生所设立的“529大学储蓄计划”（529 College Savings Plans）的总价值。使用PROFILE算出的财政需求又被称为“大学计算方法”（institutional methodology），与术语所暗示的一样，具体的计算结果也会因大学不同而产生差别。

如何以及何时提交PROFILE

PROFILE只能在线提交。与免费的FAFSA不同，学生需要付费才能将他们的PROFILE信息发送给大学。目前，提交给第一所大学的费用为25美元，每增加一所的费用为16美元，可以随时添加。大学理事会为第一次申请大学并获得SAT免考试费待遇或者来自低收入家庭的美国籍学生提供可以向8所大学提交PROFILE的免费券。

PROFILE也在每年的10月1日推出，可用于当年的申请，这与FAFSA相同。申请ED或EA的学生可能要比提交常规申请的学生更早地提交PROFILE。提交截止日期因学校而异。与FAFSA一样，PROFILE也使用PPY的报税信息，但它无法访问国家税务局的数据检索工具，因此您和家人需要手动输入。许多需要PROFILE的大学除了要求PROFILE表本身，还要求家庭提供相关纳税申报表、W-2s表、1099s表和商业或者农场的补充性表格的副本。

需要提交哪种表格?

您不需要单独向每所学校提交FAFSA、PROFILE或者其他州内的表格；您只需要列出您想发送给的学校名单就可以，负责处理表格的机构会自动向学校发送电子版。但是，您需要仔细了解每所学校的表格要求，因为它们可能因校而异。例如，弗吉尼亚大学（University of Virginia）要求FAFSA、PROFILE、学生和家长签字的联邦所得税表格和W-2表格的副本，以及需要学生和家长签名的学校自己的表格——Financial Aid Application Certification Form（财政补助申请表）。相比之下，加利福尼亚大学只要求申请人提交FAFSA，以及加州居民需提交由高中直接提交的Cal Grant Verification Form（加州奖学金验证表），来验证学生的高中GPA成绩。

确保按时提交

如果您计划申请EA或者ED，那大学通常会要求您在申请截止日期或者之后不久提交FAFSA、PROFILE以及其他可能需要的大学自己的表格。越早提交财政补助申请越好。FAFSA和PROFILE都会在每年10月1日开放使用。

很多学校有财政补助申请的优先截止日期。这些截止日期对是否能获得补助至关重要。提交太晚，可能获得补助的机会也会减少。如果在截止日期之后收到财政补助申请，一些学校将不会提供大学自己的资金帮助。另外，一些州也以先来先得的方式发放补助，直到补助金额发放完毕为止。

验证过程

验证是一个确保FAFSA上财政补助信息准确的过程。由于可能会出现错误、信息不一致或者其他不正常情况，因此需要进一步验证。您的申请也可能被随机抽取进行验证。

在您提交FAFSA后收到的SAR的评论部分（comments section）会写明您的材料是否被选定进行验证。如果是的话，那您入学的大学会要求您提交一份验证工作表。如果您没有使用美国国家税务局的数据检索工具来完成FAFSA，您会被要求使用此工具。但是，如果您根据您的情况无法使用在线工具，大学会让您提交一份退税的文件副本或者提交一份签过字的报税表格的副本。如果您的材料被选定进行验证，这并不表示您填错了内容。验证的过程只是为了对可能发生的错误进行再次确认。

对财政需求的估算

不管您现在处于申请大学的哪一步（过几年才申请或者已经开始申请），最好能做一个快速的初步分析来评估家庭的预计自付金额（EFC）。

使用财政补助计算器

教育部已经建立了一个网站www.fafsa4caster.ed.gov，专门为您提供针对EFC的早期估算以及评估您获得其他联邦财政补助的资格。它仅涵盖联邦财政补助，而不包括大学本身提供的资金。大学理事会网站www.bigfuture.org也有一个易于使用的计算器，可以使用联邦或大学的计算方法估算您的EFC。无论您使用哪种计算器，请确保您提供的数字准确无误。在本章中，我们将介绍另一种类型的计算器，即净价计算器（net price calculator），它可以估算您的家庭在您考虑的每所大学的自付费用。您可以在所有大学的网站上找到净价计算器。

PROFILE和FAFSA在计算家庭预计自付金额上的不同

· PROFILE包括了家庭主要居住房屋的净值。企业的净值也被考虑在内。FAFSA并不考虑家庭主要居住房屋的净值，也不包括企业的净值，前提是企业是由家庭拥有和掌控且少于100名全职员工。

· 使用PROFILE的学校通常需要非监护方的PROFILE，也因此会包含非监护方父母的收入和财产。FAFSA不会要求此信息。

· PROFILE会搜集私立中小学的学费、医疗费以及其他开支的信息。它给予大学财政补助办公室官员一定的自由度来审核学生家庭特定的情况。FAFSA不要求提交这些信息，但是您可以直接给大学财政补助办公室写邮件来解释家庭的特定开支。财政补助办公室的官员会使用专业判断来决定是否将这些开支信息考虑在内。

· 虽然不会计入最后的计算，但PROFILE会询问父母退休金账户中的金额。另外，学生必须列出自己退休金账户中的金额，但不一定会被纳入学生资产。FAFSA不会要求提交此类信息。

· PROFILE包括额外的儿童纳税抵免、收入纳税抵免、免税的社会保障福利（除了学生本人外的其他所有家庭成员）、学杂费减免以及免税的国外收入总额（foeign income exclusion）。FAFSA不包含任何此类信息。

· PROFILE要求对联邦税表中列出的收入数字进行细分，并补充任何损失，例如资本损失或租赁财产损失。FAFSA仅使用调整后的总收入。

FAFSA和PROFILE计算器的不同

您的家人可能会非常吃惊地发现最后计算出的EFC比想象的要低。而另外一些家庭可能会发现他们需要自付的金额比原计划的要高很多。一般来讲，使用大学计算方式（institutional methodology）算出来的EFC会比使用联邦计算方式（federal methodology）算出来的更低一些。但是，也可能PROFILE算出的EFC会高于FAFSA，也就意味着家庭需要支付更多的费用，因为PROFILE计算了FAFSA中并没有包括的收入和资产。例如，拥有高房屋净值的家庭或拥有大量财务资源的非监护父母可能会发现他们在使用大学计算方式后得出的EFC更高。这都很大程度上取决于具体的家庭情况。

财政补助包裹中都包含什么？

学生从大学获得的财政补助有各种不同来源，包括联邦政府、州政府以及大学本身。您特定的财政补助也称为财政补助包裹（financial aid package）。以需求为基础的财政补助（need-based aid）通常包含三个部分：助学金、勤工俭学和贷款。

助学金不需要偿还，而勤工俭学和贷款通常被称为自助（self-help）。此外，大多数学校希望学生在暑假期间工作，每年夏天收入约2 000美元，可以用于支付大学的费用。

助学金（Grants）

助学金（grants）不需要学生偿还。一些学校使用另外一个词“scholarship”来指此类以需求为基础的奖励，但“grant”的使用频率更高一些。助学金在用来支付学费、杂费、书本费和材料费时是免税的。（很多其他种类的助学金并不以需求为基础；我们将在本章讨论merit aid时详细探讨。）need-based的助学金通常有三个主要来源：联邦政府、州政府以及大学本身。除了致力于资助在高需求领域或低收入社区教学的未来教师的师范奖学金项目（TEACH Grants Program），目前联邦政府还有两个主要的基于需求的资助计划，向所有学生开放并无专业限制：

· 佩尔助学金（Pell Grants），在2016—2017年最高可获得5 815美金。在最近几年，将近90%的佩尔助学金接收者的家庭收入都低于5万美金。每年的金额会有波动。

· 联邦补充性教育机会助学金（Federal Supplemental Educational Oppportunity Grants，简称为：FSEOG），每年最高可获得4 000美元，提供给需求极高的学生。佩尔助学金获得者会受到优先考虑。

勤工俭学（Work Study）

勤工俭学计划为学生提供在校园内或校园附近申请兼职工作的机会。学生将至少获得最低时薪，每两周领一次薪水，并且通常可将这些资金用于个人开支。联邦政府资助大多数勤工俭学计划。

通常，勤工俭学的工作可以与学生的学习领域相关或涉及社区服务，但并非所有工作都符合这些标准之一。在一学期内，新生通常每周工作10到15个小时，这是大多数学生都能承受的负荷。

贷款（Loans）

贷款是借来的钱，必须偿还并外加利息。学生和父母都可以从联邦政府贷款。

另外，一些学校还提供自己的贷款。对于贷款补贴，政府或者学校会在学生入读期间为学生支付利息，还款将从学生毕业后、退学或者处于非全职学生状态开始。一旦开始，联邦贷款的标准还款期限为10年。我们在下面描述了几个通过FAFSA提交的联邦贷款计划。对于学生和家长贷款，国会每年7月1日会为新学年设定新的贷款利率。利率在贷款期限内是固定的。另外还有联邦贷款的贷款宽恕计划，来鼓励学生从事某些公共服务工作或到服务低收入家庭的学校任教。

· 有补贴的联邦直接贷款（Subsidized federal direct loans；面向学生）是基于学生的实际财政需求给予的。2016—2017学年的固定利率为3.76%。一次性贷款费用为1.068%。政府在学生在校期间和毕业后六个月为其支付利息。新生最高的贷款金额为3 500美元，大二学生最高为4 500美元，大三或大四最高为5 500美元。

· 无补贴的联邦直接贷款（Unsubsidized federal direct loans；面向学生）并不基于学生的实际财政需求，政府也不会在学生在校期间帮助其支付利息。利率和贷款费用与有补贴的直接贷款相同。学生可以推迟支付本金（直到毕业、退学或者处于非全职学生状态），但除非学生在校期间开始支付利息，否则利息将累积并加入本金。新生全部的有补贴联邦直接贷款和无补贴联邦直接贷款总额不得超过5 500美元，大二学生不能超过6 500美元，大三或大四学生则不能超过7 500美元。

· PLUS贷款（PLUS Loans；面向父母的为本科阶段子女的贷款）是让父母借贷的除去学生已经获得的财政补助外剩下的全部教育开支的贷款项目。PLUS贷款也不基于实际的财政需求。2016—2017年的贷款利率为6.31%。一次性贷款费用为4.272%。贷款是无补贴的，但学生在校期间可以延期付款。为了符合贷款资格，父母不需要具有高信用评分，但他们不能有不良信用（例如，过去五年中的破产或取消抵押品赎回权）。

财政补助包裹是如何组成的?

助学金显然是最受欢迎的资金来源，因为不需要额外的工作，也不需要偿还。然而，大多数财政补助计划都包含某种形式的自助：学生贷款、勤工俭学和学生暑期工作期望。在比较不同学校的财政补助包裹时，很重要的一点是要比较家庭的净支出——总花费减去大学提供的助学金。我们在本章中会进一步讨论这个话题。

在这本书成书时，美国大概有70所大学采用no-loan（无贷款）政策，它们用助学金取代了财政补助包裹里的贷款，惠及全部或者部分被录取的新生。在很多这些学校，无贷款政策只适应于有资格获得Pell助学金并来自低收入家庭的学生，或者来自家庭年收入低于某一特定标准的学生（通常为4万美金到6万美金），而且此政策只涵盖学杂费，并不涉及其他费用。如果提交FAFSA，无贷款学校的学生仍有资格获得无补贴的联邦直接贷款。

这些有限的例外情况之外，贷款仍然是大多数本科生获得财政补助的重要组成部分。虽然贷款的沉重负担引起了很多媒体的关注，但是它们已经成为很多人生活的常态。一个很好的经验法则是学生在毕业时的总贷款额最好不要超过第一年的期待年薪。这种规模的贷款通常可以在10年或更短的时间内偿还，而不会造成过度的困难。

您收到的财政补助包裹的每一部分都会单独列出，您可以接受或者拒绝其中的任何一种补助类型。为了让您更容易比较不同的补助包裹，联邦政府要求大学自愿使用一种标准化的表格来告知学生他们的财政补助包裹。很多学校现在都使用“财政补助包裹选择表”（Financial Aid Shopping Sheet）的格式来罗列财政补助包裹。此表的模板请参看附录C。

> “一般而言，当大学从不受自己资金支持的项目（联邦项目）中为学生提供支持时，它们会优先考虑那些能力最高，大学最期望让他们入学的学生。当大学从自己的预算中拿出资金支持学生时，它们会优先考虑资助最有经济需求的学生。”
>
> 安娜（Anna）和罗伯特·莱德（Robert Leider），*Don't Miss Out: The Ambitious Student's Guide to Financial Aid*一书作者

如果最后的财政补助包裹不够或者少于其他学校，您可以要求财政补助办公室对您的申请进行再次审核看看是否可能进行调整。我们将在本章进一步讨论具体操作方法。

为什么以需求为基础的财政补助包裹会因校而异？

您的以需求为基础的财政补助金额可能会因校而异，即使在保证满足所有录取学生全部财政需求的大学中也是如此。虽然所有大学都必须使用FAFSA来计算EFC用来申请联邦补助，但是它们也可能使用PROFILE或者自己的表格来确定大学自身所提供的补助。在如何分配自己的资源上，大学有相当大的灵活度。

满足学生全部财政需求的大学（Meet Full Demonstrated Need）

使用PROFILE并保证满足学生全部财政需求的学校可能会以不同方式处理PROFILE中的信息。例如，许多大学对房屋净值金额设置上限，但上限的水平可能因校而异。其他学校可能完全不考虑房屋净值，即使它已包含在申请中。有些大学会考虑在私立中小学或高中就读的兄弟姐妹的开销，有些会调整纽约市或旧金山等高成本地区的生活费用，有些不考虑从亲属那里得到的资金帮助，等等。这些考虑因素通常会导致不同学校提供的补助数额不同，即使大学的总花费是相同的。目前，只有约65所大学保证满足所有被录取的美国公民或永久居民的全部财政需求。毫不奇怪，这些都是最具选择性的大学。对国际学生来说，正如我们将在第十三章中讨论的，各个学校的政策差异非常大。

不满足学生全部财政需求的大学（Do Not Meet Full Need）

当一所学校不能满足学生全部财政需求时，将产生一部分需要学生家庭自己承担的费用。一些学校的财政补助方式采用按需和按才能结合的方式。在学校开始使用自己的资金进行补助之前，学生必须能够展现出一定的基于课业成绩、课程难度、标化成绩等方面的才能。一名拥有高度经济需求和卓越才能的学生可能会通过一系列的补助方式，包括联邦、州以及大学的按需补助来满足其全部财政需求。另外一名拥有高度经济需求的学生只能接受联邦和州的补助，因为他的学术表现没有达到大学提供的按需补助的条件。其他学校可能会为所有被录取的学生提供助学金，但不会超过学生财政需求的一定比例。还有的学校会采用以上两种方式的结合。这些政策很容易变得非常复杂。

专业判断

大学在决定最终的EFC时会有一定的灵活性（一般只能应用在使用大学计算方法时，而不是联邦计算方法），这种灵活性基于财政补助办公室官员的专业判断以及学生家庭的特殊情况。学生家庭可以向大学财政补助办公室解释一些家里无法避免的具体情况，例如需要支持不住在家里的家庭成员、父母失去工作、需要支付年幼的兄弟姐妹的辅导成本等。财政补助办公室官员会使用自己的专业判断来决定是否考虑这些因素。虽然很多学校会在公布补助前审阅这些材料，但是一些学校更愿意通过复议程序处理特殊情况。在后一种情况下，财政补助的金额会基于家庭提交的信息，然后学生家庭可以提出复议。

总结

大学对确定财政需求有不同的指导准则，而且财政补助办公室在决定补助方面可以行使自由裁量权。那些承诺提供全部财政需求的学校可能在计算财政需求的方法上会有不同。大多数大学不能保证为学生提供全部的财政需求，因此会空出一部分资金由学生和家长自行支付。一所特别渴望招收某些学生的学校可能会为学生提供更高的总体补助金额或者提高学校的助学金金额，为的是能够让学生选择入学。

> “很多顶尖私立大学会根据它们对您的渴望程度而给出截然不同的包裹。”
>
> 莫顿·欧文·夏皮罗（Morton Owen Schapiro），西北大学（Northwestern University）校长

很不幸的是，作为学生，在您收到最终的补助包裹之前，很难知道里面的具体内容是什么，无论是补助的种类还是数额。但是，我们接下来要提到的净价计算器可以为您提供一个大概的预算，因为计算器的设计里包含了每所学校不同的补助政策。

对财政补助的需求会影响录取结果吗？

美国只有少数大学拥有充足的财政资源可以在不考虑学生财政需求的前提下进行录取并满足学生所有财政所需。这类学校的录取称为need blind（盲录），而财政补助政策称为 meet full need（全额补助）。除了专门设立的体育特长生奖学金外（如果有的话），这些学校中的大多数会将学校可用的财政补助资金都用在有财政需求的学生身上。

考虑财政需求的政策（Need-Aware）

所有大学都希望自己能够满足所有学生的财政需求，并在录取中不考虑学生的支付能力，但是，大多数学校的资源有限。一些学校虽然会满足录取新生的财政需

求，但是在录取过程中会考虑学生家庭的支付能力（need-aware或者need-sensitive）。这类学校其实有足够的资源让大多数或者全部的录取决定独立于学生的经济背景，但是它们还是会很不情愿地在录取过程中考量学生的支付能力。

> "我们在录取过程中考虑学生的财政需求，也就是说学生的支付能力会影响最后的录取结果。一些人认为这不公平，因为一些学生会仅仅因为家庭的经济条件不够好而被拒绝。但我们的观点是：一旦我们录取了一名学生，我们会尽全力帮助学生负担大学的费用。"
>
> ——一名解释自己学校need-aware政策的招生主任

如果您申请一所need-aware的大学并且不需要财政补助，那您可能在录取过程中相对那些需要大量财政补助的学生会稍微占优势。如果您正好是处在录取的边缘，那可能这会对您非常有帮助。那些不能够满足所有录取新生财政需求的学校会将它们有限的资源给予申请库里最出色的学生。但是，能够支付大学的费用在录取上的优势通常很小，如果您有这样的条件也没有必要太过于放松；如果没有，也没有必要感到烦恼。那些被学校的need-aware政策影响到的学生可能只占了申请库中很少的一部分。

科尔比学院（Colby College）、塔夫茨大学（Tufts University）、麦卡莱斯特学院（Macalester College）和维思大学（Wesleyan University）都在保证满足所有学生财政需求的大学之列，但它们还是会在录取过程中一定程度上考虑财政需求。政策会根据大学的财政状况发生改变。这四所大学都曾经采用"盲录"政策，直到它们再也无法负担，这也反映出学校资源的变化和学生财政补助需求的增长。

如何判断大学采用何种政策？

仔细阅读大学的财政补助信息。您可以在大学的网站上找到这些信息以及其他与录取相关的政策。如果一所大学表示它满足所有被录取学生的财政需求，但没有声明采用"盲录"政策，那这说明新生年级的一部分学生是基于need-aware的政策被录取的。

从另一方面来看，很多大学在录取过程中采用"盲录"政策，但在录取后并不满足所有学生的财政需求。在这些学校，学生通常需要自行填补剩下的部分。也就是说，学生在被录取时，家庭的经济支付能力并没有被考虑，而被录取后，他们的财政需求却不能得到完全的满足。如果学生还想继续考虑入学，那总花费与学校所提供的补助之间的差额就需要学生自行支付。正如我们之前提到的，学生家庭可以通过大额贷款来补齐差额，但贷款总额最好不要超过学生毕业后第一年的预期薪水。如果超过了，那最好考虑另外一所能够负担得起的学校。

以才能为基础的奖学金（Merit Aid）

越来越多的大学，特别是那些渴望提高自己声誉和学生群体整体质量的学校正在开始提供不以需求为基础的补助。这些补助被称为merit aid（奖学金），它们通常用来奖励学生，以表彰他们的特殊能力、才能或其他优势。被授予奖学金的学生也可能有一定的财政需求，但是奖学金的奖励方式一般不基于学生的财政需求。虽然一些最具有选择性的大学并不提供奖学金，但大多数学校都或多或少提供。

> "我跟好几名从来没有考虑过私立大学的家长聊过，他们觉得私立大学太贵了。但是，现实并不一定如此。那些最有选择性的大学通常不提供奖学金，但是也有一些会提供。我的几个孩子都申请了提供奖学金的学校，而且他们都是这些学校申请库中的佼佼者。他们最后获得了很丰厚的奖学金。"
>
> 一名两个孩子都就读于私立大学，但家庭条件不符合获得基于需求的财政补助的家长

为什么大学会发放奖学金？

大学很清楚，五千美金或者一万美金的奖学金能够鼓励那些没有财政需求或者财政需求很少的学生选择入学。这种"学费折扣"现在在很多大学都很普遍，而且能提高学校的入学率。此外，大学还会为学术上的超级明星提供高额奖学金，因为他们的加入会对提升大学的整体学术水平产生积极影响。奖学金的大小以及获得这些奖学金的过程和标准因大学而异。一些大学会自动从所有申请者中挑选奖学金获得者，但它们可能会为那些希望被考虑的人设定提前申请的截止日期。而其他学校可能需要一份额外的申请。

> "我们想要那些擅长跳舞、擅长搜集蝴蝶、擅长篮球等有各种特长的学生。当我们像哈佛那么有吸引力的时候，我们也乐意实行按需补助的政策。"
>
> 史蒂芬·特拉滕贝格（Stephen Trachtenberg），乔治·华盛顿大学（George Washington University）前校长

一些公立研究型大学，如俄克拉何马大学（University of Oklahoma）、阿拉巴马大学（University of Alabama）、爱荷华州立大学（Iowa State University），以及一些私立大学

正在努力拼抢国家优等生奖学金决赛入围者并为他们提供非常可观的奖学金。（更多信息请参阅第六章提及的国家优等生奖学金项目。）如果这些学生申请并通知国家优等生奖学金公司该大学是他们的首选，那他们就可以从这所学校获得慷慨的奖学金。国家优等生奖学金决赛入围者通常比这些学校典型的入学者具有更强的学术记录，因此他们也被学校视为非常理想的未来学生。

如何争取获得最多的奖学金?

以大学自身为基础的奖学金发放并无规律可循。如果一所大学提供奖学金那就再好不过，但同时又很难预测自己是否能够得到，或者得到多少。按照一般的规则，大学通常会将最高金额的奖学金奖励给申请库里学术水平最高的学生。如果您处在录取的边缘，那获得奖学金的概率可能会很小。

> “如果钱是您创建大学名单和做出最终入学决定的考虑因素，您应该确保申请那些能够让您的成绩处于申请库前三分之一或者四分之一的大学。”
>
> 穆伦堡学院招生办网页

您可以寻找提供奖学金的学校，特别是那些您的成绩能够排到申请库中所有申请的前四分之一的学校，这样您获得奖学金的概率就会增加。您可以到BigFuture的网站www.bigfuture.org上了解哪些大学提供奖学金，以及奖学金的金额。网站上也提供每所大学最新的录取数据。另外一个很实用的网站www.meritaid.com也能够让您查阅自己感兴趣的大学具体的奖学金政策。在偶尔的情况下，大学在发放奖学金之前会要求学生提交FAFSA，哪怕学生没有资格获得基于财政需求的补助。这些信息可以在大学财政补助的网页上找到。

关于奖学金的争议

不基于需求的财政补助在高等教育届是一个有争议的话题。那些最富有的以及选择性最高的大学认为，所有的财政补助都应该以需求为基础。它们认为给没有财政需求的家庭提供奖学金只会加剧学生群体中的经济阶层分化。因此它们在按需补助方面非常慷慨，但不提供奖学金。另外一些学校会奖励那些学术水平很高但没有财政需求的学生，同时也会将大多数的补助给予那些有财政需求的学生。虽然这样会将本应资助有财政需求学生的资金转移出来，但同时也会提高学校的整体学术水平。一些学校称，提高学校的学术声誉会吸引未来更大的捐款。关于这两种补助方式的辩论还会继续下去，而且随着大学间对最优秀学生的互相竞争，以及学生财政补助需求的不断增加，这种情况正在愈演愈烈。

对老兵及其家属的财政补助

如果您是一名老兵，您和您的家属可以使用多种财政补助计划来支付大学费用。这些特殊项目的援助基于您服兵役的年限和性质以及您计划入学的学校。在您阅读完此部分的概述后，我们建议您访问www.vets.gov/education并与您当地的退伍军人服务官员联系了解更多信息。大学通常都设有退伍军人事务办公室来协助潜在学生。没有此类办公室的大学也会有专门负责老兵入学的工作人员。您可以到美国全国招生录取咨询协会的网站www.nacacnet.org上的Knowledge Center（知识中心）里点击Veterans（老兵）来了解更多关于老兵的招生录取过程。

《9·11之后的美国退伍军人权利法案》（Post 9/11 GI Bill）

在2001年9月10日之后服役至少90天并且光荣退伍的退伍军人有资格获得退伍军人事务部（Veteran Affairs）的教育福利。该计划全额补贴退伍军人在公立大学的州内学费，以及补贴不高于每年（目前）21 085美金的私立大学的学费。该计划还包括获得每月住房津贴以及年度书籍和学习用品津贴的机会。服役时间达到36个月或更长时间的退伍军人则有资格获得全部的福利。了解更多详细信息，请访问www.vets.gov，搜索Post GI Bill。

《9·11之后的美国退伍军人权利法案》还允许符合条件的退伍军人在得到批准后将部分或全部未使用的教育福利转移给配偶和子女。申请转让的要求非常具体，因此建议有此打算的老兵尽早开始这一过程。有关转让的详细信息，请访问www.vets.gov并搜索Post GI Bill Transferability。

黄丝带项目（Yellow Ribbon Program）

有权享受最高福利待遇的退伍军人或其指定的受让人也可能有资格参加黄丝带

计划。该计划提供超出《退伍军人权利法案》（GI Bill）提供的额外资金，用于支付公立或者私立学校的学费和其他费用，即总花费超出了法案设定的国家上限。大学会自愿与退伍军人服务部签订协议来支付超出《9·11之后的美国退伍军人权利法案》负担的其他费用，而无须动用《退伍军人权利法案》的其他福利。参与的大学会自主决定对学费和其他费用的补助金额，退伍军人服务部会匹配大学的补助金额并将资金直接转入大学，直至达到学费和其他费用总额。

对黄丝带项目的补助因校而异，每年的政策都有可能发生变化，所以您需要跟大学的财政补助办公室确认当前的最新政策。有关该计划的详细信息，以及常见问题解答的链接和参与的大学列表，可通过在www.vets.gov网站上搜索黄丝带计划找到。您也可以利用www.vets.gov/education网站上的GI Bill Comparison Tool（GI Bill比较工具）来更容易地搜索其他额外的信息。

《预备役退伍军人权利法案》（Selected Reserve GI Bill）

预备役成员，包括陆军预备役、海军预备役、空军预备役、海军陆战队预备役和海岸警卫队预备役，也可能有资格获得教育福利。请访问www.benefits.va.gov查询最新信息。

家属教育协助计划（Dependents Education Assistance Program）

家属教育协助计划（DEA）为符合条件的退伍军人家属提供经济支持，如退伍军人在与服役相关的环境下导致永久性或者全身残疾，或者在服役过程中或在与服役相关的环境下殉职。一些州有自己的协助计划来支持符合这些标准的残疾或殉职的退伍军人的家属。例如，加利福尼亚州为退伍军人家属提供大学学费减免——免除所有加州社区学院、加利福尼亚州立大学系统或加州大学系统的强制性系统范围学费和其他杂费。

其他奖学金资源

虽然奖学金的主要来源是大学本身，但还是有其他来源可供学生参考。

州政府奖学金

虽然没有针对本科生的联邦奖学金（merit aid），但是很多州有自己的奖学金项目。这些项目的慷慨程度、标准和灵活度不一，一些基于实际财政需求，一些基于学生的才能，另外还有一些将两者结合。例如，佐治亚州（Georgia）以前州长名字命名的Zell Miller（泽尔·米勒）奖学金为佐治亚州内高中的全校第一名和第二名们提供佐治亚公立大学的全额学费。如果学生的绩点成绩达到3.7分，SAT达到1 200分，ACT达到26分也可能有资格获得此奖学金。在佛罗里达州（Florida），光明未来奖学金项目（Bright Futures Scholarship Program）每学期按学分提供固定金额的奖励，具体金额取决于学生所在州的州内学院的收费。佛罗里达州州内居民如果达到了特定的学术水平和志愿服务要求就有资格被考虑。虽然大多数州奖学金项目只适用于州内大学，有时仅适用于特定学校，但是也有其他奖学金更加灵活，可以应用于任何地方。

很多州会根据FAFSA的数据提供按需补助（need based）的助学金项目。如果要申请奖学金（merit aid）则可能需要提交单独的申请。您可以到全国学生财政补助管理者协会（National Association of Student Financial Aid Administrators）的网站https://www.nasfaa.org/上搜索State Financial Aid Programs了解更多自己州内的奖学金计划。

企业和组织机构的奖励

由组织、基金会和企业赞助的奖学金会以各种名义颁发给学生，例如学业成就、特殊才艺、写作比赛、社区服务和克服困难等。例如，当地扶轮社（Local Rotary Clubs）和狮子会（Lions Club）（两者皆为社会服务组织）向全国各地的高中生颁发奖学金。一些大型企业还为其员工的子女提供除国家优等生奖学金以外的奖学金。

这些奖励通常会直接支付给大学。奖励的金额不固定，从一千美金或少于一千美金到几万美金不等。大多数的金额都比较小，且一次性支付，但即使这样也能够起到分担负担的作用。尽管许多奖学金对所有人开放，但一些奖学金只针对特定类别的学生，如退伍军人、第一代大学生、少数族群成员、具有特定学术才能的学生，或父母为某特定公司工作的学生。获得这些奖学金的机会要大于其他当地的奖学金项目，因为参与竞争的学生的人数相对全国性奖学金人数要少很多。一些著名的全国性奖学金项目，例如盖茨千禧年奖学金计划（Gates Millennial Scholars Program）为有资格获得佩尔助学金（Pell Grants）的有色学生提供奖学金；杰克·肯特·库克基金会大学学者项目（Jack Kent Cooke Foundation College Scholars Program）为来自贫困背景品学兼优的学生提供奖学金；可口可乐学者项目奖学金（Coca Cola Scholars Program Scholarships）专门奖励拥有卓越领导力和服务理念的学生。

大学合作项目

虽然大学大多数的奖学金（merit aid）都是由大学直接授予学生的，但许多大学都与那些旨在帮助筛选符合某些特殊奖励标准的高素质学生的组织合作。这些组织中就包括Questbridge。Questbridge专门负责筛选来自低收入家庭的学生并确定最终候选人，并根据这些候选人的兴趣与参与Questbridge的大学进行匹配。匹配成功的学生会获得来自大学的大学匹配奖学金（College Match Scholarship），包含全额学费、食宿和其他费用。Posse基金会的项目也会寻找来自市区内、低收入背景但拥有卓越领导才能和潜力的学生，并会将学生结为小组在大学四年内互相提供扶持和帮助。参与此项目的大学会招收一组来自多元背景的Posse学生进入新生年级，并为他们提供涵盖四年的全额奖学金。“金门学者”（Golden Door Scholars）专门搜罗表现优异但身份为无证移民（undocumented）的学生。有关这些组织的信息可以分别在www.questbridge.org、www.possefoundation.org和www.goldendoorscholars .org等网站上找到。

早开始

因为大多数奖学金需要提交申请和文书，有时申请截止日期会在高四第一学期刚开始的时候，因此学生应该尽早开始搜集各种奖学金的信息，而不应该等到高四第二学期大学申请提交以后才开始。有用的网站包括www.fastweb.com、www.finaid.com、www.

> “我们鼓励我们的学生申请本地社区内的奖学金。因为申请它们的人数少，竞争水平相对较低。”
>
> 申请了当地奖学金的学生的家长

cappex.com和www.zinch.com。您高中的升学指导办公室也可能有关于当地和国家奖学金机会的信息。

奖励不会超过大学总花费

联邦法律要求财政补助的总额不能超过学生的实际财政需求。因此，如果一名学生接受了来自企业或者机构的奖学金又同时获得了来自大学的全额按需补助奖学金，那大学必须减少补助中奖学金的金额。这个过程称为“置换”（displacement）。大学通常愿意将外部的奖学金用来抵消补助中自助（self-help）的部分。这意味着，虽然外部的奖学金不会增加补助的总金额或者减少家庭预计自付金额（EFC），但它会减少补助包裹中需要学生自己承担的部分——勤工俭学或者额外的贷款，也因此会让整个补助包裹更有吸引力。如果您最后的补助包裹还留有一部分需要自己承担的费用或者不能提供全额按需补助，那外部的奖学金会首先被用来弥补这些差距。但是大学对外部奖学金的处理可能会稍有不同，所以您应该询问每所大学的财政补助办公室官员外部的奖学金会如何影响最终的补助包裹。当然，没有获得按需补助的学生可以使用外部奖学金来减少总花费，而不会有任何限制。

> “我并不是说所有提供申请奖学金服务的独立指导老师都不好，但我们会尽量引导学生和家长不去花冤枉钱而得到相应的帮助。”
>
> 达拉斯·马丁（Dallas Martin），美国全国学生财政补助行政官协会（National Association of Student Financial Aid Administrators）前会长。

您是否应该使用奖学金搜索服务？

高中生和家长经常会收到一些专门提供申请外部奖学金服务的公司发来的宣传材料。这些材料可能看起来非常正式，并建议学生和家长必须参与某特殊项目来寻找获得奖学金的机会。这些公司存在的理由不难理解。承诺以数百美元的价格获得数千美元奖学金的服务似乎是一项很好的投资。但事实确实如此吗？

财政补助方面的专家一般认为学生和家长不需要支付额外的费用来获得奖学金的信息。充其量，这些服务提供的信息已经都可以在公共资源中找到。说得难听点，这些公司就是在欺骗或者剥削那些真正需要帮助的家庭。美国联邦贸易委员会（Federal Trade Commission）警告学生和家长要注意以下的行骗手段：

“我们保证您能够拿到奖学金，要不然全额退费。”

“您在其他地方找不到这些有用的信息。”

“我只需要您的信用卡卡号或者银行账号来锁定这个奖学金。”

“您已经被一家‘国家基金会’选定并能够获得这份奖学金了。”

“您是最终候选者”——可是您并没有参加这个所谓的比赛。

关于财政补助需要弄清楚的问题

- 这所大学会为所有录取的学生提供全额按需补助吗？
- 这所大学在录取过程中是不考虑学生经济背景（need blind），还是会考虑经济背景（need aware）？
- 这所大学提供按需补助的助学金（need-based aid）还是基于才能的奖学金（merit aid）？
- 外部的奖学金会如何影响我最终的财政补助包裹？
- 假设大一之后我的财政需求不变，那我财政补助包裹内的成分会发生改变吗？
- 如果继续得到奖学金的前提是达到一定学术成绩，那对成绩的具体要求是什么？

财政补助和您的大学清单

家长和学生需要坦诚地交流作为一个家庭他们愿意为大学的花费使用多少家庭当前的收入、储蓄和贷款。大学可能会计算出一个家庭的预计支付金额（EFC），但是家庭可能不愿意或者没有能力支付相应的金额。

在申请之前考虑财政补助

由于财政补助中存在诸多不确定因素，因此您必须对正在考虑申请的学校如何计算需求有一个很好的了解。也许您的父母离婚了，其中一位家长说他或她不会为您支付任何大学费用，但是您申请的学校又希望父母双方都做出贡献。因此，在创建大学名单时最好能了解这些前提信息。另外重要的一点是要了解您所申请的大学是否保证提供全额按需补助。

> “从一开始我们就知道我们的孩子没有获得按需补助的资格。所以从那时起我们就开始寻找那些提供奖学金（merit aid）的学校。”
>
> 一名两个孩子都获得了丰厚的奖学金的家长

如果您担心自己的家庭不能很轻松地负担家庭预计支付金额（EFC），您最明智的做法就是在大学清单中包含几所您能够负担得起的学校，当然也是您能够有把握被录取的学校。您可以把这些学校当成“有把握负担的学校”（financial likely）。这些学校通常包括您所在州州内的公立大学，因为州内学费相对较低。最后，您的大学清单应该包含那些您既有把握被录取又可以负担花费的学校。您需要考虑那些您的家庭可以负担得起的学校。

考虑区域性高等教育契约

对外州的公立大学感兴趣的学生需要仔细了解自己所在的州是否有跟其他州签订项目交换协议，如果有的话，学生就可以享受很高的外州学费折扣政策。具体的学费折扣大小和条款会根据情况有所不同，而且并不是一所大学的所有下属学院或者项目都会参与。这其中最大的四个组织分别是南方学术共同市场（Academic Common Market in the South）、中西部高等教育契约（Midwestern Higher Education Compact）、新英格兰高等教育委员会（New England Board of Higher Education）和西部本科交流项目（Western Undergraduate Exchange）。

以西部本科交流项目（WUE）为例，它是区域性契约中最大的，包括阿拉斯加州（Alaska）、亚利桑那州（Arizona）、加利福尼亚州（California）、科罗拉多州（Coloradp）、夏威夷州（Hawaii）、爱达荷州（Idaho）、蒙大拿州（Montana）、内华达州（Nevada）、新墨西哥州（New Mexico）、北达科他州（North Dakota）、俄勒冈州（Oregon）、南达科他州（South Dakota）、犹他州（Utah）、华盛顿州（Washington）、怀俄明州（Wyoming）和北马里亚纳群岛联邦（the Commonwealth of the Northern Mariana Islands）。来自这些州的有资格获得WUE并被参与的课程录取的学生只需要支付普通州内学费150%的学费，而不需要按通常的州外学费支付。在某些学校，所有录取的学生都有资格获得WUE。其他WUE学校则对资格有选拔标准。

有关区域性高等教育契约的信息可以在全国学生财政补助管理者协会的网站上找到：https://www.nasfaa.org/State_Regional_Tuition_Exchanges.

使用净价计算器（Net Price Calculators）

净价计算器是一种在线工具，可以用来估算您在所考虑申请的大学第一年的自付费用或净价。联邦政府要求所有授予联邦财政补助的大学（几乎涵盖所有大学）都在其网站上发布净价计算器。净价计算器大多位于大学介绍财政补助（Financial Aid）的网页上，但有些可能需要多花一点力气才能找到。您也可以通过www.collegecost.ed.gov网站上的College Affordability and Transparency Center找到它们。

计算器的算法很简单。它从学校一年的标签价格开始算，其中包括直接费用，例如学费、食宿费；间接费用，如书本费、学习用品费、交通费和个人花费等。在您输入自己的财务信息（有时还需要输入学生的GPA和标化成绩）后，它会估算出您可能从该大学获得的助学金和奖学金金额。标签价格与助学金和奖学金总额之间的差额就是家庭的自付费用。

计算器的有效程度不同。一般来说，要求的信息越详细，计算器就越有帮助。如果学校要求提供GPA和标化成绩信息，则表明学校可能会提供奖学金（merit aid），甚至还会在发放按需补助的助学金时考虑学生的GPA和标化成绩。如果不要求提交GPA或者标化成绩，并不表明学校就不会提供奖学金（merit aid）。

净价计算器能够让您比较不同大学所要求的家庭自付费用。当然，没有哪个计算器可以非常精确地算出您最后分别能拿到多少助学金和奖学金。但是，计算器至少可以给您提供一个大概的财政补助金额。要记住，申请之后，大学会根据申请者的具体情况进行单独分析。

净价计算器

总花费

–助学金和奖学金总额

= 家庭自付费用

BigFuture网站提供了一个有用的工具，您只需要向系统内输入一次数据，就可以使用多个大学的净价计算器。这些学校仅包括使用美国大学理事会PROFILE（大学奖学金服务表格）的学校。如果您对不使用PROFILE的大学感兴趣，那您需要将您的信息单独输入到各个学校的计算器中。

被录取后评估财政补助

当您收到财政补助包裹后，比较不同大学的财政补助包裹会成为择校决定非常重要的一部分。正如我们之前所指出的，财政补助包裹的差异会很大，不仅是提供的补助总额，还包括各个组成部分。比较使用“财政补助包裹选择表”（Financial Aid Shopping Sheet，见附录C）的大学的包裹会相对容易，因为格式统一。如果您收到的包裹中有使用其他格式的，那您可以把它们转换成同样的格式再进行比较。

总花费金额（Cost of Attendance）是否符合实际?

仔细查看每所学校的总花费金额，其数目是否符合实际还是省略掉了一些关键支出，例如往返的交通费用。“财政补助包裹选择表”的模板会向您展示总花费应该包含的所有部分。因为书本费、杂费以及往返交通费都是决定您财政需求的关键因素，因此如果总花费低得有点不切实际的话，那说明这些额外花费可能不在您的财政补助包裹之中。

评估财政补助包裹和自付费用

仔细比较总花费和总补助金额以及其中所有的组成部分。总补助金额非常重要，但是包裹的组成部分也同样重要。这些都与您家庭需要单独承担的费用有关。您应该将获得的助学金和奖学金（grants and scholarships）总额与需要家庭单独承担的金额进行比较。这其中可能包括家庭的预计自付金额（EFC）、学生贷款、勤工俭学、学生暑期存款计划，以及其他需要自己填补的差额或者按需补助没有补齐的部分。

两所不同的学校可能提供总额相当的财政补助，但是其中一所可能会提供更高比例的奖学金，而奖学金不需要学生归还。仅仅从财政补助的角度看，假设两所学校的总花费相同，提供更高比例奖学金的包裹会更有吸引力。正如我们所指出的，总花费减去助学金和奖学金的总额，最后的差额就是需要家庭单独承担的费用。

第一年之后

请确保了解每所大学在第一年之后的财政补助政策。您可能需要每年重新提交规定的表格进行申请。如果财政补助总额不变（假设您家庭的财政状况没有发生改变），包裹会变化吗？奖学金可以更新吗？如果可以的话，有什么更新的要求吗？以后的包裹会包含更高比例的自付部分吗？这些都是您在评估财政补助包裹时应该了解的问题。

财政补助复议

学生和家长经常问他们是否可以申请财政补助复议。虽然大多数大学都会抗拒重审或者“谈判”补助包裹，但是它们通常会根据新的信息审查它们的初始包裹。

反映新的处境或者对之前提交的信息进行澄清而做出的调整对大学来说是最容易处理的。可能家长的一方在提交先前的信息后工作时间变少了，或者大学没有充分考虑家里需要照顾老年亲属的费用，也可能您的家庭有很高的未得到报销的医疗开支。在这种情况下，您和您的家长应该恭敬地要求大学财政补助办公室官员再次审议您的补助包裹，您需要将您的复议理由表达清楚并表达您对选择入学的诚意。您会被要求将复议理由通过文字形式提交，您也可能会被要求记录自己的特殊情况。将记录与复议申请同时提交可以加快审核的速度。

您应该以理性的方式对您的补助包裹提出复议，不得有任何傲慢或权利的暗示。这种审查被称为“财政补助复议”（financial aid appeal）、“特殊情况审查”（a special circumstances review）或“专业判断审查”（professional judgement review），具体叫法取决于大学。

> 我们一直对再次审核财政补助包裹持开放态度，目的是能够与其他私立大学竞争通过常规申请被录取的学生。与大多数大学不同，我们会向通过常规申请被录取的大一新生公开声明我们的立场。
>
> 卡内基梅隆大学（Carnegie Mellon University）财政补助复议政策

大学会“匹配”其他大学的补助吗？

大多数大学不会仅仅因为其他大学提供了更高的财政补助金额而自动增加自己的补助。正如一位财政补助顾问所指出的那样：“大学不是汽车经销商，虚张声势不能让您获得更好的价格。”然而，在某些情况下，一些大学会考虑进行调整。

一所具有高度选择性的大学会更加愿意匹配另一所水平相当的学校的包裹，而不是一所选择性比自己低很多的学校。以康奈尔大学为例，学校明确表明它们会匹配其他常春藤联盟成员大学，以及杜克大学（Duke University）、斯坦福大学（Stanford University）和麻省理工学院（MIT）的按需补助包裹。卡内基梅隆大学（Carnegie Mellon University）公开邀请被录取的学生提交其他学校的财政补助包裹以考虑进行匹配——最后的结果会取决于提供另一份包裹的是哪一所学校。但大多数会考虑进行匹配的学校都相对比较低调，所以您需要主动询问。

> “太多家长迫不及待地进入谈判模式，试图用一所学校的包裹来向另外一所大学施压。如果大学觉得您只是在为讨价还价而讨价还价，像买汽车一样，即便它们有一定的灵活性，它们也不会向您低头。”
>
> 史蒂芬·彭伯顿（Stephen Pemberton），独立大学申请顾问

作为一般规则，大学不会参考一所选择性低于自己的学校的奖学金来调整自己的奖学金（meirt aid）数额。它们可能会破例考虑，但前提是您有非常卓越的学术能力或者有其他相对录取新生群体不可或缺的才能。在这种情况下，最好是宁当鸡头不做凤尾。另外，一所只提供按需财政补助（need-based aid）的学校不会因为其他学校的奖学金（merit aid）而做出调整。

如果您想寻求匹配，您应该将诉求以书面形式写下来并连同想匹配的另外一所学校的财政补助包裹一同提交。如果您能够在诉求中表示这所大学是您的第一选择，如果能够与另一所大学进行匹配那您一定会入学，可能会对最后的结果有帮助。

关于早申请的补充

在第七章中，我们提过对于早申请（ED）最大的批评之一就是学生在被录取后不能够比较不同大学间的财政补助包裹。因为补助包裹会千差万别，特别是涉及很具体的特殊情况或者奖学金（merit aid）时，所以如果您希望能得到最大限度的财政补助包裹，那申请早申请可能会比较冒险。

没有特殊情况的学生（可能会导致不同的补助金额），如果也没有房屋净值（不同大学的计算方式不同），并且申请的学校保证会为所有录取新生提供全额按需补助，那就可以更加放心地提交早申请。为所有录取新生提供全额按需补助的学校会提供学费、食宿费以及其他超出家庭自付能力的费用。有特殊情况的学生或者申请那些不能保证提供全额按需补助学校的学生一定要知道，大学定义财政需求以

及提供补助的方式各有不同。因此使用一所大学的净价计算器就显得格外重要，尤其是在您计划申请早申请并且需要财政补助的情况下。

如果您申请早申请也不意味着您会失去所有的灵活性。您仍然可以在被录取后请求学校重新审议您的早申请财政补助包裹。大学有时会做出调整。如果最后的包裹还是不能提供足够的补助，您可以拒绝录取结果，并重新开始通过常规申请向其他大学提交申请。这可能会在感情上非常难过，因为您将自己所有的精力都放在了申请这所大学上。另外，您不能手持早申请学校的录取通知一直等到4月份与其他学校的包裹进行比较后再选择是否入学。

趁孩子还小就要开始提前规划

本章讨论了家庭在学生高四时所面临的财政补助问题。到这个阶段，家庭的收入和财产已经是确定的了。但如果您在读本书时您的孩子年龄尚小，有什么是您能够现在就开始为大学的花费做准备的？关于大学储蓄，我们为您准备了一些简短、重要但经常被忽视的点。

不管您的孩子岁数多大，您都可以使用家庭预计自付金额（EFC）估算器来估算您的EFC与大学总花费之间的差距。根据学校的总花费金额，您需要大概知道您是否有资格获得按需补助的助学金。您的财务规划方法将根据您是否有资格获得基于需求的财政补助而有所不同。但是相关法律和职业操作的变化可能会很快，所以一定要在做出相应计划时寻求最新的信息。

· 如果您确定您的EFC低于大学的总花费，那您需要一个对大学财政补助有优势的储蓄计划。以您的名义而非学生的名义为大学储蓄可能会对您有利。目前，联邦和大学的需求计算公式对父母资产的计算比率远低于学生资产。以父母的名义进行储蓄也会让账户处于父母的控制下直到需要的那天为止。但是父母收入的税率通常高于儿童收入的税率，所以您需要仔细权衡其中的利弊。

· 如果您的EFC高于大学的总花费且您支付高税率，那您可以通过每个州不同的“529计划”考虑一个对税收有优惠的储蓄策略。虽然对“529计划”的缴款是在税后，但它们会以父母的名义递延税收。用于合格的高等教育的经费，其产生的收入在联邦和州都是免税的。此外，一些州允许捐赠者用全部或部分缴款来抵消相应的所得税。

· 教育储蓄计划（Education IRAs，又称：Coverdell Education Savings Accounts）是一些家庭可以用来为大学费用进行储蓄的好方法。向计划缴款不能免税，但如果用于合理的大学费用以及合理的小学和中学教育费用，则收入可以免税并且保持免税。但此计划对年度缴费以及收入有限额规定。

一些观察人士指出，大学财政补助政策并不鼓励家庭储蓄，因为储蓄会减少学生有资格获得的补助金额。虽然一小部分非退休储蓄（超过资产保护金额）确实会减少您孩子有资格获得的财政补助金额，但您无法提前很多年就知道哪些大学会录取您的孩子或到时候大学的财政补助政策会有何种变化。所以如果您刻意花掉您的资产就是为了以后自己的孩子能得到慷慨的助学金是不明智的。

您为大学教育储蓄的越多，您孩子未来在选择大学和处理复杂的财政补助申请时灵活性就越大。另外，使用储蓄来支付大学花费总比贷款要好得多，而且贷款最后的还款金额要比本金多得多。那些进行储蓄的父母不仅是在财务上帮助了自己，从更现实的角度来看，也是为孩子的未来进行了投资，而这是作为父母最有价值的长期“投资”之一。

第三部分

开始申请

第九章　申请和文书

第十章　推荐信、面试和课外活动

第十一章　特殊才艺

第十二章　有特殊情况的申请者

第十三章　对国际学生的建议

第九章 9

申请和文书

阅读《升学之道》至此，您可能已经非常清楚在申请大学之前需要做很多自我思考和调研。一旦您完成了这部分的工作并且创建了一份合适的大学清单，其中包括有把握的学校、有可能的学校和有距离的学校，那接下来就可以开始攻克提交申请这一步了。

您需要让您的申请在很多其他相似的申请中脱颖而出。在本章和下一章，我们会帮助您做到这一点。我们将带您全面了解整个申请过程，指导您完成重要的文书和其他补充性文书，不论长短。在第十章中，我们会继续介绍申请中的其他部分，与您分享如何能够得到强有力的推荐信，如何准备一份能够让您的申请很抢眼的课外活动列表，以及如何在面试中表现出色等信息。在第十一章中，我们还有为运动员以及其他有特殊才艺的学生准备的小贴士。

提交一份有竞争力的申请需要大量的准备工作，而且并无捷径可走。一份典型的申请会问很多问题，而您对每一个问题的回答会体现出您在各方面的情况，例如学术能力、个人背景、才能、兴趣爱好等。不太明显的是，您的回答也会间接向大学传达出您对它们的真正兴趣，以及您花了多少工夫和时间来思考自己是否与申请的大学相匹配。那些最好的申请者会将以上两方面都做好。

打响申请第一步

虽然被有选择性大学录取的竞争压力比以往任何时候都要大，但实际提交申请的过程却从未如此简单过。几乎所有的大学，也可以说是全部的大学都接受或者硬性要求提交电子申请。一些大学甚至为在线提交的申请免除申请费。偶尔的情况下，如果材料是纸质的，招生办会将材料扫描到学生的电子档案中，但申请的提交以及审阅都是通过电子途径来完成的。

幸运的是，学生在准备申请时需要一台打字机和一瓶修正液的日子已经过去了。很多读这章的父母都记得那种老式的方式有多难。现在，您能够在申请之前轻松地更新和编辑申请的每一部分。您可以根据自己的需要让申请变得尽量完整和准确，而不必因为忘记某些内容或改变自己的思路而重新开始。

> “我把最重要的一份申请刻意放在申请截止日期前一天提交。我想再修改一下另一所学校的文书，所以我没有对顺利提交申请这件事太担心。我花了整个周日将申请准备好，到了晚上九点我已经准备好提交了，但突然发现文书的最后七句话超出了申请系统的字数范围而无法正常显示。无论我做什么努力都没办法符合字数要求。我妈妈建议我转用纸质申请，手动填表，并将文书粘贴上去。到晚上十一点，我们终于完成了纸质申请。因为第二天我还要上学，所以我妈妈一大早就跑到邮局将纸质申请寄到了学校，幸好邮戳截止日期符合规定。虽然最后有惊无险，但我还是很后怕，差一点就错过截止日期了。”
>
> 一个典型的拖延症“患者”一直等到最后一刻才提交申请，但当时还有纸质申请可以提交，而现在已经不能使用纸质申请了。

与拖延症抗争

填写大学申请可能并不是一件非常愉快的事情。要回答完申请上的所有问题并将自己的全部浓缩进150字或者200字的字数限制表格里并不是一件容易的事。填表也非常花时间，特别是在时间非常宝贵的高四学年。另外，虽然上大学是一件非常让人兴奋的事情，但是在这个阶段一想到大学总会让人感到无比紧张。您可能会想：“我明年会在哪里？我会在大学里交到朋友吗？我会开心吗？”

在这种情况下，尽可能晚地开始准备申请是很自然的。我们的建议是：不要拖延。要提早开始做大学的调研，并在高四第一学期或者高四前的暑假就开始着手准备填写申请。要克制住想拖延的冲动。每个人都经历过拖延症，包括我们作者在内——我们在改版这本书时发现难度远比我们想象的要大。但是拖延症有百害而无一利，尤其是在您为了赶截止日期草率地拼凑出一份大学清单而并没有真正考虑这些学校是否适合自己的时候。另外，正如我们在本章将要讲到的，每位资深的作家都会相信修改的力量。将草稿写完后放在一边，过几天再回来修改对最终的作品非常有帮助。这都需要您花时间来做。明智的学生会提早着手准备，制作一个时间轴来列出需要准备的材料以及何时需要，然后根据这个计划执行就可以了。

整洁度和完整度也很重要

在线填写申请并以电子方式提交很便利，却可能导致大家犯一些粗心的错误。我们都有过平日发邮件的经验，都想赶紧点击发送将邮件发出去。提交申请时，一定要抵制住这种冲动。拼写错误、字母遗漏以及其他错误会破坏本来非常好的一份申请。尤其是您要避免在回答“您为什么想读汉密尔顿学院（Hamilton College）？”时驴唇不对马嘴地写“我觉得圣约翰学院（St. John’s College）的核心课程非常有意思”。因为汉密尔顿学院根本没有核心课程，这个回答就尤其显得尴尬。类似的这种错误甚至更糟糕的错误在学生使用文字处理软件进行复制粘贴时会经常发生。电子申请让整个过程变得更加便捷，但同时也让犯错变得更加容易。

> “每次学生在文书里误写了另外一所学校的名字我们都会觉得很崩溃。他们可能向不同学校发送了同一份文书，虽然这本身没有问题，他们在为一所大学做出相应调整时忘记改掉另外一所学校的名字了。我们还经常看到学生把学校的吉祥物搞混——他们说特别期待能够成为一名真正的‘特洛伊勇士’（Trojan），但实际上我们是‘泰坦巨人’（Titan）。”
>
> 托尼·班克斯顿（Tony Bankston），伊利诺伊卫斯理大学（Illinois Wesleyan University）前招生办主任

您在申请截止日期前匆匆填写大量申请时犯错的概率也就更大。一份到处是错误而且不完整的申请就等于您在向招生办宣示：“我根本就不把这份申请当回事。”如果这样的话，您又怎么能要求大学录取您呢？所以在点击发送之前，一定要仔细地校对，并让朋友或者父母也校对一遍。然后再做一遍最终校对。是的，这个过程感觉非常枯燥，但是既然结果对您如此重要，那为什么要草率对待整个过程呢？

> “很多年以来，家长、任课老师、升学指导老师、学校行政老师还有学校董事会成员都在呼吁青少年应该懂得洁身自好，要么就一定要使用Condiments（调味品；学生原本想写condom：避孕套）。”
>
> 一名招生官分享的一篇真实的大学文书里的一句话

按照要求回答问题

一定要确保仔细阅读了申请中的问题并做出了相应回答。为了节约时间，您可能会想把一份申请里的答案用到另外一份申请里。这样做无可厚非，就像我们上面提到的，但是一定要仔细将涉及第一所学校的特殊信息从答案里删除。这在从早行动（EA）或早申请（ED）转换到常规申请（RD）时尤为重要，因为您可能已经在

文书里指出您的第一选择是哪所学校了。

您同时也需要注意答案的字数限制以及推荐信的数量。我们会在接下来和第十章进一步讨论这些限制。

申请系统的种类

根据您要申请的大学，可能您需要填写不止一种申请系统，有时可能会填写两种、三种甚至更多种不同种类的申请系统。一些学校只用适用于自己的申请系统。这在公立大学里非常常见，例如俄勒冈大学（University of Oregon）、加州大学各个校区（campuses of the University of California）、明尼苏达大学（University of Minnesota）都有自己专属的申请系统。一些私立大学也会使用自己专属的申请系统，乔治城大学（Georgeotwn University）和麻省理工学院（MIT）是其中最为人熟知的两个例子。但是越来越多的学校开始采用一种或者多种其他学校也可以同时使用的申请平台。这样学生在同时提交多所学校的申请时就会变得更加容易。

通用申请（Common Application）

通用申请是一个申请平台，在美国及世界其他地方，它被超过700所公立和私立高校所采用。虽然大多数学校都是私立学校，但越来越多的公立学校也加入进来。俄亥俄州立大学（University of Ohio）、密歇根大学（University of Michigan）、佛蒙特大学（University of Vermont）、威斯康星大学（University of Wisconsin）和科罗拉多州立大学（Colorado State University）就是其中的例子。选择使用通用申请的学校数量每年都在增长。

使用通用申请可以为您节省很多时间。您需要完成一份在线申请，从7个文书题目中选择一个来写（最多不超过650字），并且可以申请最多20所大学。您还需要填写一份活动清单，列出不超过10个课内和课外的活动。另外，很多使用通用申请的大学还会要求申请者提交针对自己学校的长度不一的文书。这些补充性问题都会出现在通用申请的会员校专属页面上。简历、研究论文和被任课老师打过分的课堂写作作业都有可能被要求提交，但这因大学而异。通用申请上还有一个用来罗列额外信息的部分，申请者可以将其他部分没有涉及的细节背景在这里与招生办分享。

通用申请的网站www.commonapp.org上包含了会员学校的名单以及申请页面。文书的题目可能在一段时间后会有所改变。下一季的文书题目会在当年晚冬或者下一年早春公布。虽然申请要等到每年的8月1日才开放，但高三学生还是可以创建自己的账号，并将申请中大部分的信息自动转到新一季的申请中。2019到2020年申请季的文书题目可以在附录B中看到。

普用申请（Universal Application）

普用申请是另外一种申请系统，目前约有35所大学采用。申请表格和会员学校可以在www.universalcollegeapp.com网站上找到。普用申请与通用申请在很多方面都相似。如果您用过通用申请，那普用申请的版式看起来会非常熟悉。但普用申请的文书题目只有一个，而不是通用申请中的7个。一些大学同时接受普用申请和通用申请。普用申请2019到2020年申请季的文书题目可以在附录B中找到。

联盟申请（Coalition Application）

联盟申请是两种新的申请系统中的一种，有将近100所会员学校，其中包括我们所定义的具有选择性的大学。联盟申请的首次推出适用于2017届的高中毕业生，它本身随着时间的推移也在不断改进。联盟申请允许学生从5个文书题目中选择一个。申请还有一个独特的功能叫“联盟储物柜”（Coalition Locker），一个免费的、安全的在线存储空间，能够让学生将自己认为能代表自己个人成长的材料“寄存”，并有机会将这些材料分享给要求此类材料的成员学校。“储物柜”也可以存储视频、扫描的论文和学校项目、简历、大学文书草稿，以及其他电子版材料。

“储物柜”是免费的，只要学生成功设置后就可以使用。您在建立账号时被要求提供的大量信息都可以在之后您准备申请成员校时自动转入联盟申请。“储物柜”还允许您与升学指导老师、导师或您选择的任何人共享其中的特定材料。“储物柜”创建背后的主要原因之一，是为第一代大学生和来自资源贫乏的学校的学生提供在高中早期就可以开始大学规划的工具。虽然“储物柜”与联盟申请绑定，但是除非学生选择与成员校分享，“储物柜”本身不会自动将材料分享给学校。“储物柜”还可用于存储其他用途的材料，包括非联盟成员大学的申请和奖学金项目等。

成员校中只有少数会将联盟申请作为唯一的申请，大多数学校都接受通用申请。另外，一些学校也接受普用申请。联盟申请成员校名单、申请表和“储物柜”可以在www.coalition.org网站上找到。联盟申请2019到2020年申请季的文书题目可以在附录B中找到。

卡派克斯申请（Cappex Application）

第二种新的申请系统叫卡派克斯申请，首次推出适用于2017届高中毕业年级。有大约65所大学采用此申请，这些大学也同时接受一种或多种其他申请系统。卡派克斯申请的主要特点是包括一篇600字之内的只有一个通用题目的文书，以及可以通过一个可选的部分分享额外信息的机会。申请不要求提交补充性文书，而且向任何成员校提交申请都是免费的。有关卡派克斯申请和成员学校的信息，请访问www.cappexapplication.com网站。2019到2020年申请季的文书题目在附录B中可以找到。

选择使用哪种申请系统重要吗?

学生经常会问那些使用多种申请系统的学校是否会对某一种系统有偏好。答案是：没有。您应该选择对您来说使用起来最容易的，并且能够帮助您在申请过程中最好地展示自己的系统。从您大学清单上的学校开始，您需要知道每所学校都接受哪些申请。然后查看相关的申请表格和学校自己的补充性材料要求。使用其中一种申请系统会比另外的系统更能让您在申请时有优势吗？您的选择最终还是要看自己想申请的学校以及您自己的偏好。对大多数学生来说，这些申请系统几乎可以互换，但是还是有必要确认一下。

> “在一个达到录取标准的申请严重过剩的申请库里，一篇不出彩的文书会拖申请者的后腿。相反，一篇好的文书会帮助学生被录取，但前提是学生的其他方面都已经非常优秀。我们不期待会因为一篇文书而改变我们对申请者的看法，因为文书本身从一开始就是我们认真考虑的一部分。”
>
> 玛格特·达尔（Margit Dahl），耶鲁大学（Yale University）招生办主任

写一篇好的文书

很多大学的申请表中会要求一篇文书或个人陈述，有些学校需要不止一篇。在本节中，我们将向您展示如何将文书写作当成是一次自我探索之旅，而不仅仅是一件充满压

力的必写作业。大学在评审申请时对文书的重视程度不同。文书的重要性也会随着学生各方面条件的不同而略有差别。在很多学校，如果您的课业成绩和标化成绩处于申请库的最顶端，那一篇一般的文书不会对申请造成多大影响。但在选择性最高的大学，文书永远是非常重要的一部分，因为在这些学校很少有学生仅仅因为成绩高而被录取。

为什么大学要求文书？

> "大学招生官到底想通过文书了解什么信息？无论您选择哪个题目来写，我们都在试图寻找——您是谁？什么对您最重要？以及您是如何到达最后的目的地的？申请大学的整个过程是一个充满自我探索的过程，而文书是能够将您的个人历程通过文字表达出来的地方。"
>
> 德尔西·菲利普斯（Delsie Phillips），
> 哈弗福德学院（Haverford College）
> 前招生办主任

大学将文书看作是能够让您的申请充满个性并赋予其生命的一部分。除了推荐信以外，文书能够帮助招生官将您与其他学术表现非常相似的申请者区分开来。文书是一个分享自己独特性的机会，让审阅者相信您能够为大学新生年级做出自己独特的贡献。文书也能够向大学证明您可以有效和有说服力地通过写作表达自己的想法，而良好的写作能力对于学生在大学期间的成功至关重要。一本广受欢迎的大学文书出版物的作者哈里·鲍尔德（Harry Bauld）这样总结文书写作："文书能够体现出您思维的活力和思考方式，让审阅者觉得您是一个值得花时间去了解的人，不单单是在审阅文书的短短十分钟内，而是在接下来的整个大学四年。"

这个建议的问题是，当落实到具体的个人时就很难有规律可循。它要求您既要诚实、开放地分享自己的故事，又要试图给审阅者留下一个好印象。那到底如何能够做到这两点呢？应该如何避免让文书显得僵硬和毫无感情？又应该如何确保在分享自己不完美的一面时让自己看起来不那么脆弱？回答这些问题都不容易，而它们的确都是您在文书写作时需要思考的重要问题。在思考这些问题的过程中，您更有可能写出一篇充满自我反思、有思想和有价值的文书。很多学生都太急于让自己的文书看起来很吸引人，反而写出来的文书平淡无奇，错失了这一能让申请出彩的机会。

“向我们来介绍一下自己”

虽然这个问题不会被很直接地问出来，但是大多数大学的文书都是在问您这个问题——“向我们来介绍一下自己”。大学想通过文书来深入了解您是谁，特别是想了解那些通过申请的其他部分了解不到的信息。

如果您看一下附录B中的文书题目，您就会看到，每个提示，虽然表述不同，但实质上都是要求您告诉审阅者您想让他们了解的自己认为最重要的是什么。很多大学自己的补充性文书题目也会提出同样的基本的问题，尽管问法更加间接。一个问您最喜欢的书和英雄的题目可能意图并不是单单让您给出答案，而是想了解您如何以及为何做出如此的选择。您选择写什么会告诉审阅者很多关于您的思考方式、人生经历以及价值观的信息。

一些询问“向我们来介绍一下自己”的文书题目例子

- “加州理工学院的学生一直以其古怪的幽默感而闻名，无论是通过策划有创造性的恶作剧，建立精心设计的派对现场，还是为我们的年度Ditch Day进行为期一年的准备。请描述一种会让您玩得很开心的不寻常的方式。”（加州理工学院California Institute of Technology，2016—2017）
- “一个贵格会（Quaker）的俗语说道：‘让您的生命说话。’请您描述您被抚养长大的环境——您的家人、家、居住区或社群，以及它如何影响现在的您。”（塔夫茨大学 Tufts University，2016—2017）
- “请用您自己独特的声音来告诉我们在申请其他部分得不到的关于您的信息。我们刻意不为个人陈述规定题目，因为我们想让您自己决定与我们分享哪些您认为重要的内容。但是如果您需要一些方向，您可以考虑以下几个话题：未来的抱负和目标；生命中一次对自己的身份认同非常重要的经历；一个能彰显您与其他同龄人不同的特长或者特殊的兴趣爱好。”（俄勒冈大学University of Oregon，2016—2017）

如何选择文书内容？

文书的焦点应该在自己身上，而不是您觉得大学想看到什么。您是谁？是什么让您有感而发？您想让招生官了解自己的哪方面？先考虑您想要通过文书传达的关于自己的品质，再思考如何让自己的答案代表这些品质。在理想的情况下，您的文书应该通过个人细节来说明自己的观点，而不是简单罗列它们。还是那句经典的建议：要展示，不要讲述（Show-don’t tell）。

好的文书就像讲故事

很多好的文书都是基于自己亲身经历的故事而写成的。对我们大多数人来说，讲故事的能力是天生的，要比写作容易很多。而写作的关键就在于要让自己的故事生动起来和变得有趣。您需要让审阅者觉得“我特别想认识这个人”或者“教她这样的学生应该会非常有趣，她应该会是一个很好的室友和队友”。

> “文书的题目通常不是问题。问题常常出在申请者如何处理这个题目，而这往往能区分开有趣、有效的文书和那些典型的平淡无奇的文书。”
>
> 乔纳森·斯特劳德（Jonathan Stroud），
> 厄勒姆学院（Earlham College）
> 招生和宣传副校长

招生官都非常热爱自己的工作，他们并不图名图利。他们也喜欢与青少年打交道，拥有开放的心态，能够意识到青少年个体的独特性和不同的思考方式。您可以相信您的审阅者会对您的文书非常感兴趣并会以积极的态度来阅读。他们不是您需要来欺骗的敌人，也不是需要通过出其不意而惊诧到的目标。审阅者有可能很年轻，年轻到他们自己的高中岁月还历历在目；又或者他们资历很深，已经有自己的青少年子女。要将招生官视为普通的人，这样他们也会给予您同样的回馈。包括塔夫斯大学（Tufts University）、约翰·霍普金斯大学（Johns Hopkins University）和康涅狄格学院（Connecticut College）在内的一些大学分享了以往成功的申请者提交的文书范例，来帮助学生准备自己的文书写作。在网络上搜索“essays that worked”并加入以上任何一所大学的名字就可以找到。

写文书时要挖掘自我

标准的文书题目会特意设置得非常宽泛，目的是鼓励自由思考。但毫不奇怪的是，某些主题会在文书中经常重复出现。其中包括“我在（目的地）的暑期旅行如何改变了我的人生”“赢得（或者输了）体育比赛（或者学生会竞选）”“我最亲爱的（某人/物）之死”。这些话题，以及其他一些常见的话题并不是不好。事实上，并没有不好的文书话题，只有平淡无奇的文书。一篇平淡的文书不能向审阅者有效地传达您自己是一个独特的、有趣的人。文书的话题越平淡，您所要承担的写出一篇与众不同的文书的压力就越大。

当学生写一篇关于文学的文书时，他们通常会选择那些自己非常熟悉的书，例

> “我儿子的女朋友在我们家抱怨自己想不出来要写什么话题。我说：‘你不是喜欢读书吗？你那么喜欢经典名著。我记得你听到其他同学说她们不喜欢《简·爱》时你有多不开心。’我知道，如果她选择写自己对读书的热爱，她的文书一定能体现出她真实的酷爱。”
>
> 某位曾经的写作老师说道

如《圣经》、莎士比亚的作品、《了不起的盖茨比》等；或者如果他们要写一个人，他们很有可能会选择祖父母或者一位名人，例如约翰·肯尼迪或者马丁·路德·金等。这些选择没有问题，前提是您得有一个原创的写作角度。您也可以尝试选择一些不太常见的话题来写，但一定要是对自己有特殊意义的。甚至您还可以写审阅者可能不太熟悉的书或者音乐，只要您能够说明它们为什么对您来说很重要就行。如果不能够反映出您的想法和自我，那么再怎么写关于查理曼（Charlemagne）或伊迪丝·沃顿（Edith Wharton）的小说也起不到多大作用。

通常，一个对自己来说非常独特或代表自我的文书话题，无论看起来有多普通，都会更容易让文书出彩。很多精彩的文书主题通常都比较简单，例如与祖父去钓鱼，在暑期夏令营带小朋友，为家人做一顿家宴等。事实上，鉴于大多数学校的申请数量都很庞大，很难能找出几个相对来说不普通的文书话题。而刻意地去寻找一个独特的话题可能会让您很抓狂，因为您永远也不可能知道其他地方的学生在写什么。所以，根本就不需要担心。

一名我们熟悉的升学指导老师跟她想不出文书话题的学生说，如果实在想不出来就写那次他们在沙滩上拯救落水人而且还因此登上了晚间六点的新闻的故事。因为这件事情根本没有发生，所以学生自然会面露疑惑。她紧接着说：“你只是一个有着正常人生的青少年，没有经历过什么大灾大难，谢天谢地，你也没有在16岁时就获得诺贝尔奖。所以你必须从属于自己的日常生活中寻找写作素材。解决办法就是朝内看，挖掘自我，而不是从外界寻找话题。”

> “如果一名申请者选择写一个比较模糊或者与流行文化相关的话题，他应该确保为对话题可能并不熟悉的审阅者提供足够的背景信息。如果一名申请者选择写有争议性的话题，她最好能给出尊重事实本身的观点，并注意避免可能会被视为有冒犯性的立场。”
>
> 伊丽莎白·雪伦（Elizabeth Cheron），东北大学（Northeastern University）录取办公室副主任

应该避免什么？

无论您的角度多么独特，一些文书话题最好避而远之。例如在主要的文书中，最好避免写关于性经验、强奸、乱伦或者精神疾病等的话题。大多数申请系统都有一个提供

额外信息的部分。您可以在此分享影响了您在校成绩的一些特殊变故或者其他需要解释的信息。我们对有争议的政治和社会问题的态度略有不同，如堕胎。如果您选择了类似的话题，一定要把自己表现为一个有思想的人，而不仅仅是一个已经有了自己坚定观念的人。您应该表明您已经考虑过反方的论点，而不是一个觉得自己了解了真相并且不想进行任何对话的理论家。您不知道您的审阅者会是谁，写一个可能让审阅者感到不舒服的话题是一个愚蠢的想法。

文书注意事项

· 不要写一个可能其他一千个高四学生都会写的话题，因为他们可能真的会写。

· 避免写一篇可能让审阅者感到尴尬的文书。虽然你为了写一篇有效的文书而必须亲自冒一些风险，但风险不应该给读者带来任何负担。

· 不要试图推销自己。与其试图说服大学您是一个伟大的人，不如只向它们展示您是谁、您关心的是什么，以及到目前为止您生活中的关键时刻是什么。

· 不要试图写一篇“重要的”文书。这样反倒适得其反。

· 不要一上来就试图写一篇完美的文书，一篇有巨大影响力、把大学的大门都吹开的文书。相反，用文字给审阅者一个你的样本，一个自己生命的真实片段。

· 不要让其他人把您的文书修改到已经听不到自己的声音了。请记住，这篇文书存在的唯一原因就是向审阅者展示您是谁。

来源：经许可改编自威廉·波洛的*What Not to Do and Why*一书中的*100 Successful College Application Essays*，New York：Penguin，2002. Copyright © The Harvard Independent.

我需要数每个单词吗？

申请者经常想知道他们是否需要严格遵守字数限制。通用申请（Common Application）的文书规定字数在250到650字之间，大约相当于使用两倍行间距的一页到两页半纸。申请表会严格控制上端和下端的字数限制，当您达到最大字数时，表格会自动停住。普用申请（Universal Application）和联盟申请（Coalition Application）的灵活性更多一点，并提供了字长指导意见，而不是硬性限制。

无论是否有字数限制，请记住，写出干净、有特色的文章是可以掌握的一门艺术。一篇700字的文书一定可以被精简到600个字甚至更少，并能在整个过程中被加强。即使字长只是一个指导意见，您的大学文书并不是一个需要您写出额外内容的地方。您需要让您的审阅者享受阅读您的文书的过程而不是很不耐烦地看到最后。完成论文后，请确保在提交之前进行“打印预览”，以确保所有内容都按照您的预期方式显示。

写“为什么申请××大学？”的文书

大学经常会问一个“为什么申请××大学？”的问题来了解为什么它们会吸引您。根据学校的不同，这可能是一篇主要的文书或补充性文书。您应该非常认真地回答这些问题。大学问这些问题是有原因的，即使您觉得它们很让人厌烦。它们其实是在评估您申请这所大学的动机以及与大学的匹配度。一个好的答案表明您已经仔细研究过此大学，并思考过您希望从大学中得到什么以及能为大学做出什么贡献。相比之下，一个模糊的答案，例如“我真的很喜欢你们的生物系” 或 “我想去一个小型学院”，而没有进一步的细节，表现出来的是您缺乏真正的兴趣或未做过充分的研究。

一些“为什么申请××大学？”的问题案例

- “在500字之内，请您解释卡拉马祖学院的教育方法将如何帮助您探索课堂内外的想法和兴趣。”（卡拉马祖学院Kalamazoo College，2016—2017）
- “谁是您梦想成为的人以及您觉得雪城大学将如何帮助您达到这个目标？”（雪城大学 Syracuse University，2016—2017）
- “圣塔克拉拉大学的战略愿景是培养能力卓越、有良知与同情心的公民和领袖并培养知识和信仰，以建立一个更加人道、公正和可持续的世界。圣塔克拉拉大学战略愿景的哪一方面能够与您产生共鸣？为什么？”（圣塔克拉拉大学Santa Clara University，2016—2017）

招生官是他们所代表学校的专家。不要告诉他们一些显而易见或者缺乏趣味的东西。以位于波士顿的波士顿大学为例，虽然您特别喜欢波士顿，但是一个好的回答可能永远不会提到波士顿（尽管也有可能），而是会提到关于波士顿大学的一些细节信息，如能体现出您兴趣或者价值观的一门或者两门课，一名教授或者一个活动等。您可以谈谈您在访问校园时从您遇到的教授或学生那里学到的东西，某些课程可以如何帮助您实现职业目标，让您最为兴奋的校园或者课程的特点以及原因。波士顿大学只是这篇短文的明显主题，您必须写出您喜欢这所学校的具体原因。即便如此，这篇文书的真正主题还是您，所以您的文书必须要使用学院的信息来展示您的个性。

注意简答题

除了一篇或者两篇长的文书，一些大学还会有几个需要写一段或者两段话的简答题。很多学生将他们全部的精力放在了长文书上，而将短文书留到最后，匆忙地赶在截止日期之前完成。事实上，所有的文书都很重要，因为它们为审阅者提供了了解您是谁的途径。您可能会被要求进一步介绍某一项课外活动，讨论某一个学术兴趣或者分享对自己重要的某时事的感想等。一些大学也会在简答题中询问“为什么申请××大学”的问题。

要像对待长文书一样编辑和校对您的短文书。这可能做起来会更加有挑战性，因为字数的限制。但是所有的部分都很重要，要不然大学也不会问这些问题，所以也要在这些简答题里透露出一些自己的才能和个性。哪怕是非常短的答案，仅仅是列出您最喜欢的音乐、书籍和电影也会对自己有所展现。

一些简答题案例

- “为什么申请劳伦斯大学？这是一个只需要简短回答的问题：写47个字左右就可以。”（劳伦斯大学Lawrence University，2016—2017）
- “几乎所有斯坦福大学的学生都住校。为您将来的室友写一个便条，让您以后的室友和我们都能更加了解您。”（斯坦福大学Stanford University，2016—2017）
- “我们知道大学会在申请表上问很多有难度的问题。我们保证这个问题并不难，也没有任何猫腻，尽情来写就好。我们都听过‘欢笑是良药’这句俗话。详述一件让您开怀大笑的事情。”（史密斯学院 Smith College，2016—2017）

什么样的额外帮助是合适的？

大学希望您通过申请提交的文书是您自己的作品，它们会要求您以电子方式在申请表上签署相应的声明。当然，您完全可以与家人、朋友、任课老师和升学指导老师讨论对文书的想法。您还可以搜集大家对草稿的意见。事实上，大多数专业作家都会经历多次改稿，并在此过程中得到其他人的反馈。先打一个草稿，把它放到一边，过几天后回来重新审视会有很不一样的感受。《闻书识字》（*On Writing Well*）的作者威廉·辛塞尔（William Zinsser）说过——没有好的写作，只有好的改写。

几乎可以说初稿一定会比较粗糙，所以一定要给自己足够的时间来得到反馈。您的英语老师和升学指导老师对您的文书修改会特别有帮助，因为他们的工作都涉及阅读专业的写作，并且多年来读过很多文书。在修改学生文书方面，他们也会遵守严格的界限。他们知道什么时候该停下来以及如何让学生自己的声音在文书中保持完整。

父母有时候会忽略这一点，并开始尝试帮助他们的孩子改写文书。虽然提供一定的头脑风暴和编辑的帮助是好的，但是完全重写就不对了。如果这淹没了学生自己独特的声音，而这种声音正是招生官想要看到的，并且传达出一种父母不相信孩子自己能做到的信号，最后起到的可能是相反的作用。最后，您的文章应该是您自己的作品，并且充满自己的声音，而不是来自一个年龄比您大很多的人。

“可选择”的问题真的可选吗?

偶尔的情况下，申请上会有标示为“可选”（optional）的问题。您是否可以认为问题确实是可选的？我们的建议是“看情况”。有时，大学会明确表示，可选的问题是为了给那些竞争力稍弱的学生或者特定类别的学生提供一个分享额外信息的机会。例如，在普吉特海湾大学（University of Puget Sound），选择不提交SAT或ACT分数的学生会被要求提交两篇文书来代替。在南俄勒冈大学（Southern Oregon University），低于学校GPA和录取平均标化成绩的学生会被鼓励提交一份个人陈述，而达到要求的学生则不用提交。如果您也属于这些类别之一，那一定要提交这些额外的材料。

那通用申请和其他申请系统上的“额外信息部分”（additional information）该怎么对待？对待这部分的界限跟以上“可选”的情况比可能会比较模糊。我们建议您问一下自己是否有其他额外的重要信息可以用来加强自己的申请，并且还没有在申请的其他部分涉及。额外信息部分并不是邀请您提交另外一篇文书的地方，而是一个让您提供您想让招生办了解的关于自己的重要信息的部分。这可能包括，但不限于，分享对自己的学业表现和课外活动造成影响的特殊的健康状况或者家庭所经历的困境等；或者如果申请中没有问到，您也可以进一步分享关于某一个课外活动的更多信息。这些只是该部分的几个用途。如果您没有任何可以添加的东西，就没有必要一定填写。

> “我举一个假设的情景。我的老板萨提亚告诉我：‘杰夫，我们2021届的新生还有一个名额。你来挑最后一个吧。’我回到我的办公室，看到我还有两份申请需要读。它们都有着相似的GPA成绩、标化成绩、课外活动情况以及非常热情的推荐信。其中一名花时间写了一篇非常有趣和引人入胜的文书来描述为什么杜兰大学和自己最匹配。他提到了自己感兴趣的专业，还说到喜欢吃学校附近Pascale Manales餐厅的烧烤虾。而另外一名学生什么也没写。最后我的决定很显而易见。”
>
> 杰夫·希夫曼（Jeff Schiffman），杜兰大学（Tulane University）招生办主任

上面提到的第一种类别的可选择问题中会包含了解您对大学兴趣的问题。以杜兰大学（Tulane University）为例，它们通常会问申请者“请描述您为什么想申请杜兰大学？”并附有“可选”（optional）的标识。您虽然可以在提交申请时跳过此问题，但如果您真的对杜兰大学感兴趣，那回答此问题会是一个明智的决定（如果您对学校不感兴趣，那又何必申请呢？）

正如我们在第十章中提到的，很多大学会在申请审核过程中考虑申请者对学校表现出来的兴趣（demonstrated interest），而直接询问为什么学生对所申请的大学感兴趣是最简单的衡量方式。还有其他更微妙的问法，例如：通过您对美利坚大学（American University）的了解，称自己为一名“美利坚雄鹰”对您自己来说意味着什么？美利坚大学在2016至2017年申请季将此问题列为可选项。为什么要冒着自己的申请不被认真考虑的风险而不花时间回答这个问题呢？我们认为此类的“可选”问题基本上都是必答题。

写一篇成功的文书的几个步骤

作为本节的结尾，我们为您准备了能够帮助您写出精彩文书的小贴士。在本书末尾处的资源（resources）部分我们也列出了很多专门介绍如何写大学文书的书籍供您参考。我们为您提供了一个良好的开端，如果您想学习更多关于文书的内容，我们鼓励您利用资源部分列出的一本或多本资料。

· 自己或者与其他人一起对自己想通过文书表达的个人品质进行头脑风暴。向内看，挖掘自我。您是谁？您想成为谁？您在过往的生命中学到了什么？

· 仔细阅读文书题目。哪个题目更吸引您？哪个话题更能让您展示自己并讲述自己的故事？通过写这篇文书您能够了解到自己的哪一方面？

· 通过例子来展示，而不是罗列。如果可能的话要使用生动的细节。您要让审阅者能想象出您文书中的人物、地点和事件。

· 请避免太过被动的语气。有疑问的话，就尽量精简字数。不要在文末赘述结论或者道理，例如“我通过这件事学到的是……”。文书本身已经非常短了，内容当中应当已经包含了您想表达的道理。让文书简单易懂，并且读起来有滋有味。

· 写完文书后将其放置一旁几天，然后再回来修改。仔细考虑自己想听到建议的人。让您的英文老师或升学指导老师阅读您的文书并提出修改意见。

· 将最好的修改建议加入下一稿中，只接受那些您觉得适合自己的建议。然后再将其放置一旁几天，再重新阅读，修改，直到您满意为止。要知道，您不可能写出一篇完美无瑕的文书，因此到一定程度的时候，您必须学会放手。

· 仔细校对文书。然后也让其他人来校对，以保证没有任何明显的错误。

重要的待办事项清单

我们常说“细节决定成败”。您最应该避免的是，让自己精心准备的申请包括一篇很棒的文书被一些细节问题所破坏。我们为您提供了以下清单来让您有备无患。在第十章中，我们会讨论申请中除了文书以外的其他部分，但我们建议您快速浏览下面的清单。当您准备好开始申请时，再将此清单仔细回顾一遍，然后在申请过程中经常查看，以保证您涵盖了所有基础的信息：

· 密切关注所有申请截止日期，不同大学的截止日期可能有所不同。当您有多份申请要准备时，再加上学校和家里的各种事情，会很容易忽略截止日期的到来。制作一份适合自己的时间轴，然后按照计划将所有任务一步一步完成。

· 在您所有的申请材料中、SAT或者ACT注册表上以及所有与大学的来往信件上，确保您名字的拼写与护照或者身份证明材料上的一致。如果您使用中间名，那就在所有的与申请大学有关的材料中都加入中间名。在整个过程的初期就养成这样的习惯，避免发生收到每所学校发的好几份宣传材料，或者推荐信无法被添加进相应的申请，或者被标准化考试的监考老师拒绝入场等更加严重的问题。如果您的美国社会安全号码是必需提交的材料，那要确保每次输入的号码一致。

· 确保您的电子邮件地址能体现出您的成熟度。把您使用有趣昵称的邮箱地址留给自己的朋友使用，重新通过一个靠谱的电子邮箱提供商设立一个专门用作大学申请的邮箱地址。这没有什么好搞笑的，招生官会注意到这些。趁着我们谈成熟度这个话题，您还需要确保您在脸书、推特和YouTube以及其他类似网站上没有分享任何让人尴尬或者不成熟的内容。一些招生官偶尔会查看申请者的社交媒体账号，而您绝对不希望他们因为您分享的内容而对您的申请感到失望。

· 将所有提交的申请材料备份，包括在线申请和其他的纸质或者电子信件。确保您在申请截止日期之前提交所有必需的申请材料和申请费（如果需要提交的话）。不要等到申请截止的最后一分钟才提交，因为很可能会出现不可预测的问题。当您提交电子申请表时，仔细在线查看是否所有的申请材料包括补充性材料都上传成功了。

· 为所有为您写推荐信的人，包括任课老师和升学指导老师提供所有他们需要的材料以保证按时提交推荐信。请咨询您学校的升学指导办公室，了解其要求，并务必遵循指示，包括您的高中可能施加的在实际申请截止日期之前的任何内部截止日期。如果在您的学校开成绩单需要付费，那也要准备好相应的费用。

· 按时提交财政补助申请表。FAFSA和CSS PROFILE会在高四第一学期的10月1日开放。请务必查看您申请的每所学校的具体提交截止日期。然而，无论截止日期在何时，尽早提交都是明智之举。确保留存所有表格的副本，您可能会在以后用到。

· 如果您考了SAT或者ACT，或两种考试都考了，要记得让大学理事会（College Board）或者ACT主办方将您的成绩直接发送给您指定的大学。大学理事会和ACT主办方只会将您要求提交的分数报告发送给大学。有几所学校要求学生提交所有考过的标准化考试的成绩报告，所以您需要查看您所申请的每所学校的具体要求。始终要遵守规则。SAT和ACT提供四份免费的成绩递送，但需要您在考试时或者考试后很短的时间内提供接收大学的名称。这唯一的缺点是您的成绩会在您还没看到之前就被发送到大学，尽管这样可以为您节省时间和费用。之后的成绩报告可以通过邮寄、电话或者在线付费的方式进行发送。要确保至少有三个星期的正常发送时间以保证分数能够按时送达。您也可以支付加急递送服务，但价格很高，而且完全没有必要，如果您能够提前计划好的话。虽然您的高中有时会将您的标化成绩记录在成绩单上，但寄送成绩是您自己的责任，并不是高中应该做的。 很多大学会将成绩单上的标化成绩和您自己在申请上填报的标化成绩视为非官方成绩。大多数学校只将通过考试局直接递送的成绩报告视为官方成绩。

· 经常查看邮箱并保留申请后收到的所有大学发来的邮件。有些信件会通过邮局寄送，但是大多数会通过电子邮件发送。自己阅读大学发来的所有邮件并做出必要的回复。您通常会收到查看申请状态的用户名和密码。务必将密码保存到一个安全的自己能记得的地方。

· 在申请提交后大约三到四个星期的时候查看申请状态。要知道，大学将所有材料整合完毕可能需要花很长时间，有时提交材料后不能立刻更新在线的状态。如果缺少材料，大学通常会主动联系您。大学通常会在收到非常焦虑的询问申请是否完整的电话或者邮件时显得不耐烦。如果真的有缺失的材料，您完全可以在之后补齐，而不会影响您的申请。

· 如果大学提供面试，那您要注意查看来自校友面试官的电话信息或者电子邮件。仔细阅读学校的材料，查看您是否需要提交正式的面试请求（以及截止日期），或者学校是否会自动联系您进行面试（和通知发布的时间）。如果您在给出的时间范围内没有收到任何面试信息，您可以给招生办打电话或者发邮件来进一步确认。要主动。我们在第十章中会进一步探讨面试。

·到1月中旬，要求您的高中向所有要求提交秋季学期分数的大学发送您的成绩单，这包括常规申请的所有学校，也包括您已经被录取的学校或者在早申请阶段收到推迟考虑（defer）的学校。大学通常会要求您的高中提交您的年中成绩报告（midyear report），其中包括您秋季学期的分数。年中报告也会邀请升学指导老师标注学生在学业、课外活动或者性格记录上的任何变动，不管是好消息还是有其他问题。

·如果您在申请后有任何新的重大荣誉或者成就，应该立刻给招生办发一封邮件并请求将新的信息添加到您的申请档案中。邮件中要标明您的名字、出生年月日和申请号码。要注意，这里只能添加重要的内容。如果邮件使您看起来太过心急，那反而起不到应有的作用。

我们现在进入第十章，来了解申请中其他的部分。

第十章

推荐信、面试和课外活动

正如我们在第九章中提到的，文书是大学在课业表现和标化成绩外了解学生的一种非常重要的方式。但是很多大学不仅仅只考虑您的文书，还会通过其他不同途径来获得额外的信息，如要求提交推荐信，搜集您所获得的各种荣誉以及了解您如何支配课外的时间，还有要求面试等。在本章中，我们将讨论如何充分利用这些机会让大学了解您。除了文书外，这些材料也可以让您的申请充满个性，帮助您脱颖而出。在本章末尾，我们还提供了一些帮助您了解申请一所或者多所美国本土之外的大学的信息。在第十一章，我们为体育特招生和其他在视觉和表演艺术上有特长的学生提供了专门的建议。

得到高质量的推荐信

很多大学，包括大多数公立大学，在录取过程中不要求甚至不接受推荐信，那些要求提交推荐信的学校一般会要求一封或者两封任课老师的推荐信。它们也会要求一份官方的学校报告，由升学指导老师来完成和提交。除文书以外，这些推荐信能够让您的申请与众不同。推荐信中尤为重要的是那些能让您的申请材料和数字跃然纸上的具体事例。

升学指导老师推荐信和任课老师推荐信的作用不同但又相互重叠。升学指导老师推荐信会将您置于本校其他的学生中去，来展现您在整个学校的学术表现情况和所修课程难度，以及您通过课外活动对学校社区做出的贡献。它也会介绍您所面对和克服过的特殊挑战、不稳定的成绩背后的原因，以及以整个年级为背景的对您的整体评估。

相比之下，任课老师推荐信将侧重于您在课堂上作为学生的表现。任课老师是评价您在课堂上和与课程相关的表现方面最有权威的人。从某种程度上来讲，招生官是在为他们所在大学的教授们服务，寻找那些教授们喜欢的学生。任课老师推荐信的要点就是向大学展示您作为学生的表现。

总而言之，升学指导老师推荐信和任课老师推荐信可以帮助招生官更加全面地了解您，并将您与其他有着非常相似分数和成绩的学生区分开来。

您应该找哪位任课老师来写推荐信？

虽然您没有任何控制权来决定任课老师推荐信的内容，但您可以通过选择正确的人选来增加为自己申请增色的机会。

邀请最近教过自己的老师

邀请最近教过自己的任课老师来写推荐信，如果有可能的话，选十一年级的老师。十年级的老师通常来说有点太久远了，而十二年级的老师又太新，尤其是如果您要申请早申请或者早行动的话。高四的老师可能还没有太多能写的内容，即使您在课堂上非常积极而且成绩也很不错。在更有挑战性的课程中教过您的老师往往是不错的选择。他们可以证明您有能力在一整年或一学期内完成更具挑战性的课业。这也是不使用十年级教师的另一个原因：他们的课程通常不具有太高的挑战性。

选择哪些学科领域？

首先要关注核心课程的老师们，如英语、历史、数学（也包括计算机科学）、科学和外语。偶尔，一所大学可能会有非常具体的任课老师推荐信要求。如麻省理工学院（MIT）就要求学生提交至少一封数学或者科学老师的推荐信，以及一封人文科学、社会科学或者外语老师的推荐信。而在其他地方，很少看到如此的要求。但如果您感兴趣的方向是数学或者科学，那请这两个学科的老师写推荐信也无可厚非。传媒、艺术、音乐或者戏剧可能对您很重要，但通常情况下，这些老师的推荐信不能用来替代任课老师推荐信，除非大学专门要求您这样做。如果申请的大学允许，您可以要求这些老师提交额外的推荐信。

邀请那些最熟悉您的老师

学生有时很难决定应该邀请哪位老师来写推荐信。最能起到帮助作用的推荐信来自那些最了解您的老师，而不一定是那些给了您最高分数的老师；当然，如果两者合一那就再好不过了。一封写得很好的推荐信应该包括您所做的贡献和取得的成就的具体事例。与一篇好的大学申请文书一样，推荐信也应该用事例说话，而不是简单的陈述。一名认为您在课堂讨论中表现积极并能贡献自己经过深思熟虑的想法的老师能更加容易地提供关于您的具体事例。

哪位老师见到过您最好的一面？您在哪些方面表现出色？您写了一篇非常好的论文吗？您志愿做过额外的作业或者独立研究吗？您辅导过其他同学的作业吗？您的参与有为课堂增添能量吗？您当然不需要在一门课上做过所有的这一切，但这些是您在思考该邀请哪位老师时应该思考的问题。

一些升学指导资源配备比较完善的高中还会为任课老师提供专门的推荐信写作培训。而大多数学校通常都会让任课老师在没有指导的前提下尽自己最大的努力来写。鉴于这一现实，精明的学生会寻找那些看起来特别有思想，对自己的课堂表现非常了解并且本身写作水平就很高的老师。

您应该如何邀请老师？

写推荐信是任课老师工作的一部分，但即便如此，您还是要保证您的推荐老师非常愿意为您来做这件事。所以要尽早向老师发出邀请，特别是那些收到很多推荐信邀请的非常受欢迎的老师。事实上，在高四的第一学期刚开始，甚至高三第二学期末尾就向老师发出邀请是一个很好的主意。如果任课老师在秋季学期不回来教课，早邀请就显得尤为重要。如果老师愿意帮您写推荐信，要确保记下他的电子邮箱地址，以便您在秋季准备申请时能让他们通过申请系统直接提交推荐信。发出早邀请时您不需要知道自己要申请哪所学校；您只需要知道自己是否需要提交老师推荐信就行。您的推荐人并不会为某一所学校写推荐信，而是为所有您要申请的大学同时写。

最好能与潜在的推荐老师当面交谈，询问他们是否觉得他们对您有足够多的了解来写一封充满支持的推荐信。您想听到的回复应该是一个充满热情的“当然”“好的”或者“没有问题”。

如果您感觉到任何犹豫，包括时间上的限制（如果一名老师工作非常繁忙），要懂得其中的暗示。感谢老师考虑你的请求，但表示你也很乐意邀请别的老师。一名不情愿的推荐人可能写不出最有帮助的推荐信，所以如果可以的话还是找其他老师会更好。

您应该提交几封推荐信?

正如我们前面提到的，大多数要求提交推荐信的学校会要求一封或者两封任课老师推荐信和一封升学指导老师推荐信。我们知道两所学院还要求或者强烈推荐申请者提交一封来自同龄人的推荐信——戴维森学院（Davidson College）和达特茅斯学院（Dartmouth College）。

有时，您也可以提交一份来自教练、雇主或者对您熟知的推荐人的额外推荐信。我们的建议是如果要提交额外的推荐信，确保推荐人能够提供申请材料中没有包含的其他有价值的信息。如辅导您多年的戏剧或者辩论老师，或者学校以外能够提供关于您另一面的性格和成就信息的推荐人。如果您没有符合这些条件的推荐人也不用担心。大多数成功的申请者都没提交额外的推荐信。

如果一所学校接受额外的推荐信并使用通用申请、联盟申请或者其他类似的申请系统，那这些推荐信可以通过电子途径提交。如果额外的推荐信是通过邮政系统提交，请确保推荐人在信的顶端写清了您的全名、出生年月日和申请号码（如果您已经收到的话），以便被归入正确的申请档案。

千万不要提交太多毫无价值的推荐信，这样只会给招生官在审阅材料时增添烦恼。招生官在申请季的阅读量巨大，而且容易感到疲劳，所以不要冒让他们感到懊恼的风险。唯一真正有用的推荐信来自可以为您的申请添加有实质内容的推荐人。我们推荐您将额外的推荐信（如果有的话）控制在一封。有时，少则得。

您的推荐人应该了解您的哪些信息?

您的升学指导老师和任课老师需要得到与您相关和有用的信息才能为您写出有效的推荐信。您可以帮助他们获得这些背景信息。在很多学校，学生需要填写一份问卷来帮助升学指导老师和任课老师了解他们的大学计划、课外活动、GPA、标化成绩、学术兴趣、爱好和其他能够体现学生个人优势的背景信息。您的推荐人，尤其是您的升学指导老师会使用这份表格，所以您在填的时候尽量完整和彻底地填完。如果您的学校不提供类似的问卷，您也可以自己做一份。其中的信息要比格式更为重要。

您也可以为表格提供一些额外的细节信息来帮助您的老师回忆起您在课堂上的具体表现，因为这会是老师推荐信的依据。考虑提供一份您觉得引以为傲的学术论文或者项目的副本给老师，并谈谈您在课堂上印象特别深刻的表现。告诉他们这门课对您有多重要，您在课上学到了什么您之前不知道的知识，这门课是如何改变您对未来学术计划的看法的，您是如何通过这门课扩展了您的兴趣。换句话说，您可以为您的老师提供他们可能已经忘记或者不知道的关于您在课上的经历和背景信息，为他们的推荐信提供素材。当然，您不能告诉他们写什么，但他们会感激您的帮助，而且最后的推荐信一定会因为您所提供的信息而更加饱满。

如果您想了解大学向您的升学指导老师和任课老师询问的内容，您可以在普用申请网站www.universalcollegeapp.com上查看PDF格式的推荐信表格。与普用申请系统相似的申请系统只需要推荐人写一封推荐信就可以分享给所有您通过系统申请的学校。大学想了解的信息通常都很相似，所以升学指导老师和任课老师通常可以在所有的推荐信中使用同样的基本信息，而不需要为不同的申请系统做出改变。

如果我的升学指导老师对我不够了解怎么办？

大学知道大型公立高中的升学指导老师往往无法很好地了解他们的学生，即便他们也努力去尝试，因为工作量确实太巨大。招生官在拜访高中时也会注意到这一点，所以他们不会期待在推荐信中看到太多细节。尽管如此，一份充满细节的推荐信还是会非常有帮助，所以您应该尽量多地去了解您的升学指导老师，而且您应该认真为他准备好之前提到的所有背景信息。

这一点尤为重要，尤其是当您的学术表现或者背景需要一定的解释信息时。例如，如果您高三第一学期的成绩因为一场严重的疾病或者家庭问题而下滑，您要确保您的升学指导老师对此知晓，您的升学指导老师只有在自己知晓的前提下才能够做出相应的解释；或者如果您在最近才被查出来有学习障碍症，而您的成绩因为您更加有效地学习而出现了提升，那您的升学指导老师也应该知道这一点，如果您对他在申请中提这一点感到舒服的话。（这是可选的，但我们认为披露此类信息通常是个好主意。我们将在第十二章中进一步讨论这一点。）

纪律违规的特殊情况

大多数大学申请中的学校报告会要求您的升学指导老师说明您从九年级入校后是否有任何被发现的违规记录并因此导致严重的违规处罚。如果答案是“有”，那您必须在申请上披露具体的信息，即使这样做会让您感到非常难堪。您必须以经过深思熟虑、真诚并且抱有遗憾的态度来提供违规的背景信息，描述事件的具体细节并表现出您已经从中吸取了教训，以及明确表明以后不会犯同样的错误。诚实在这里至关重要。这种披露对录取的影响将根据违规行为的性质、时间和大学的不同而有很大差异，但所有大学都希望学生对自己的行为负责。您的申请将为您提供充足的解释空间。

放弃查看推荐信的权利

《家庭教育权利和隐私法案》（Family Educational Rights and Privacy Act，简称为FERPA）使学生有权在入读大学后查看他们的永久性大学记录。要求提交推荐信的申请会提供一处可以让申请者放弃查看大学可能会保留的推荐信的权利的地方。您在申请时和被录取后都没有权利查看推荐信的内容，只有等到入学后才可以。选择不放弃查看推荐信的权利会向您的推荐人和大学传递一种您不信任他们的信号。我们推荐您在所有的情况下都选择放弃查看推荐信的权利。自从FERPA通过以来，大多数大学会将推荐信删除，所以选择保留查看推荐信的权利实际上没有太大意义。

在面试中出彩

面试的重要性在不同大学间差异很大。正如我们在第二章中简单提到过的，一些大学将面试作为录取过程的一部分，另外一些大学则不做硬性要求但强烈推荐，还有一些大学根本不提供面试。到底面试的重要性有多大？您作为申请者又该如何看待它们?

如果一所大学不提供面试，如大多数的公立大学，那显而易见面试在整个录取过程中起不到任何作用。然而，我们对大多数学生的建议是，如果大学提供面试，那就要充分利用面试的机会。但我们接下来也会讲到，就算面试会被考虑，也不要期待它能在录取过程中起到过于重要的作用。例外是，如果您因为严重的焦虑感或其他原因而不能有效地进行面对面沟通的话，那我们并不鼓励您参加面试。

介绍类面试（Informational Interviews）**和评估类面试**（Evaluative Interviews）**的区别**

面试分为两种不同的类型：介绍类面试和评估类面试，它们分别具有不同的目的。一些大学的网站会告诉您它们提供哪种类型的面试；如果没有的话您可以进行询问。不管是哪种类型的面试，面试都会是一次有意义的经历。您不可避免地会在今后的生活中参加奖学金、研究生学院以及工作面试。现在就进行锻炼会对以后有很大帮助。

介绍类面试（Informational Interview）

通过介绍类面试，大学希望为申请者提供针对个人情况的项目介绍。介绍类面试的主要目的是招生，通过面对面的交流让申请者感受到学校的热情并且鼓励他们最终选择入学。这类面试是可选性的，大多数情况下由当地的校友来进行。有时也会在大学校园由招生官或者受过专业训练的在校生进行。介绍类面试是为了帮助学生更多地了解大学而专门设立的，为申请者提供了提问的机会。面试的反馈通常不会被输入学生的档案，但是参加面试的记录可能会被用来判断学生对学校表达出来的兴趣（demonstrated interest），从而使学生被大学所器重。

> “虽然我们很高兴与即将升高四的学生在暑假期间座谈，但是这些谈话不会被评估也不会对申请结果有任何影响。”
>
> 威廉姆斯学院（Williams College）
>
> 招生办网站

评估类面试（Evaluative Interview）

如果面试是评估类的，那面试的反馈将作为您申请的一部分。根据不同的大学和情况，大学对评估类面试的态度可能是必需的（虽然很罕见），也有可能是强烈推荐（strongly encouraged），或者是可选择的（optional）。很多来访人数庞大的大学已经减少甚至取消了由招生官或者经过专业培训的在校生进行的校园面试，转而由全国和世界各地的校友来进行。

> "面试是录取过程的一部分，它能够帮助录取委员会做出更好、更有把握的决定。"
>
> 卡内基梅隆大学（Carnegie Mellon University）招生办网站

在评估类面试中，虽然面试官会问您很多问题，但您也会有充分的机会和时间来提出自己的问题。参加面试时要准备好几个经过深思熟虑的问题，并利用问问题的契机给面试官留下一个好印象，要知道您所问的问题也能够一定程度上反映出您的性格和想法。

大学通过面试想了解什么？在录取中权重如何？

面试官（包括招生官、高四学生以及校友）之间的差异和多样性让大学很难给予评估性面试太大的权重。参加面试的校友主要将面试作为一件很有意思的事情来做，也希望通过奉献自己的时间和精力来回馈给了自己精彩大学生活的母校。在有选择性的大学，校友面试官通常会抱怨为什么他们最喜欢的学生最后没有被录取。这恰恰反映了申请者中有很多优秀的申请者，而录取人数非常有限的现实，以及评估性面试在最终录取决定做出的过程中起不到主导的作用。

一些学校，如匹泽学院（Pitzer College）和维克森林大学（Wake Forest University）强烈建议申请者参加由招生官进行的面试，并将此作为了解申请者非常重要的一部分。每所学校都提供多种不同的面试方式，从针对校园附近居民的校园面试，到电话面试，再到Skype网络面试等。虽然面试不是申请的必需材料，但是这些学校非常想看到申请者参加面试。

无论面试官是谁或者面试在何处进行，面试都会以积极、温暖和友好的方式进行，而不会像审问一样。面试官希望您能够感到舒服并喜欢与他们交流。面试结束后，面试官的书面总结会作为学生申请档案的一部分。虽然大学间的具体做法可能有区别，但下面列出来的几类内容通常是大学想要通过面试进行考察的：

·这名学生申请我们学校的原因是什么？这名学生对我们学校有所了解吗？他能够表达清楚为什么我们学校与他匹配吗？

·这名学生的智力条件怎么样？他是否表现出了一定的好奇心、思想的深度、创造力或者思维的维度？他有没有在学术上挑战过自己？他能怎样为学校做出智力方面的贡献？

> “我参加完面试后，面试官说他其实从刚开始就应该告诉我这只是一个不正式的面谈，这样的话可能我就不会这么紧张了。他的意思明明就是他觉得我表现得非常紧张。也就是说肯定我的表达语无伦次，没有表现好。所以，昨天我一直在读关于如何面对大学拒信的文章。”
>
> 一名觉得面试的重要性比实际作用大得多的学生

·这名学生在课堂外的兴趣和个人爱好是什么？他入校后能在课堂外做出积极和有意义的贡献吗？

·这名学生有什么样的品格和个人特质？ 例如主动性、责任感和成熟度。

安排面试

大学进行面试的方式不同。注册面试的责任需要由自己来承担，不管是到学校访问时进行预约还是通过来访的招生官进行预约。您需要查看大学的官网了解如何注册校园面试（如果学校提供的话），以及关注与来访的招生官见面的机会。

校友面试非常不同。一些学校会在您提交面试申请表之后很短的时间内与您联系安排校友面试。另外一些学校会等您通过电话或者网站来主动联系校友面试，要么在申请之前，要么在申请提交之后，具体要看学校。

由于申请人的数量庞大而校园或校友面试官人数有限，一些大学必须限制它们可以提供的面试总数。您应该仔细了解每一所大学的情况，可以通过官网也可以打电话到招生办进行询问。校园面试的机会通常在夏天，但是招生办在8月份可能会非常忙，因为大多数招生官会休假。在某些情况下，校园面试甚至可以在高三的春假期间进行。然而，在您决定是否参加面试之前，最好先问问自己是否已经对大学有足够的了解，以及自己是否已经做好了面试的准备。如果您觉得自己还没准备好，那最好还是等到秋季在自己家附近与校友进行面试。

大学通常只允许学生参加一次面试，所以，如果您有选择的机会，那最好选一个更适合自己的方式。

地点和时间长度

您的面试可能是在大学招生办与招生官或者受过专业训练的学生进行对谈，也可能在酒店或在自己的高中与来访的招生官进行对谈，甚至可能在一间咖啡馆或者其他公共场所。有时，面试还可能在校友的家中进行，但由于潜在的责任问题，这种方式并不常见。

无论您的面试在哪里，都要准时。您可以提前到达招生办，安顿好。但如果面试是在校友家里，那就不要早到，按时到就行。除非大学规定了面试时长，通常情况下面试时长在45分钟左右，可能会上下浮动15分钟，但这要看具体的面试官以及面试的进行情况。面试的前几分钟会为剩下的部分定下基调，所以要保持警惕和专注。

着装

穿戴要得体，不要穿牛仔裤、短裤、T恤衫、旅游鞋或者凉拖，但也没有必要过于正式。如果面试在招生办公室进行，您的父母可以陪同前往并在休息室等候。如果有人开车带您到校友的家里或者办公室面试，确保他能够在您面试后载您回家。您可不想在面试完后尴尬地在原地等人来接您。

> “我面试过的一个学生说他想学会计，我说：‘可是哈佛不提供这个专业。’从这儿开始，整个面试就一直在走下坡路。”
>
> 哈佛大学（Harvard University）
>
> 校友面试官

您会被问到什么问题？

准备面试的时候，您可以思考一下自己会如何回答下表中列出的问题。当然，您可能会被问到其他问题，但是对这些问题的思考可以让您对面试更加有信心。不要试图死记硬背问题的答案，因为背过的答案听起来会非常僵硬和尴尬，甚至有可能答非所问。

问自己想问的问题

除准备好回答面试官的问题之外，最好准备几个自己的问题在时机合适时提出

（面试时一定会有自己可以提问的时间）。如果怕忘记自己的问题，随身带一张便条纸来提醒自己完全没有问题。面试官知道您可能会紧张。不要问一些很显而易见的问题，特别是那些您可以很容易在学校信息册、官网或者申请材料中找到答案的问题。例如“你们学校有工程专业吗？”或者“只有大一学生可以住校吗？”最好是问那些能够表现出您已经仔细阅读并思考过学校提供的各种材料的问题，或者可以让面试官来进一步解释学校的住宿系统和学术指导体系。您也可以询问校友面试官他在校期间的经历，有没有什么高潮或者低谷，或者他毕业后学校有没有发生什么变化，以及学校如何改变了他的人生等。人们大多喜欢谈论自己。面试越像正常的聊天，时间过得也就越快。

一些经常被问到的面试问题

1. 您最看重大学的哪些方面？具体来说，这所大学哪些方面吸引了您？
2. 您最主要的两项课外活动是什么？以及您为什么喜欢它们？
3. 您到目前为止经历过何种挑战？
4. 您在校期间最喜欢的课程是哪门？为什么？
5. 您会怎样向一个陌生人介绍自己？
6. 您最喜欢的消遣娱乐方式是什么？
7. 您是如何度过上一个暑假的？您从中得到了哪些收获？
8. 您能分享一本您读过的给您留下了深刻印象的书吗？
9. 您最享受高中的哪些方面？
10. 您有什么我可以帮您回答的问题吗？

面试结束后

面试结束后，首先要感谢面试官花时间来与自己见面交流，并向面试官要一张名片或以其他方式写下他的姓名、电子邮件或邮寄地址。面试过后发送一封简短的感谢信或电子邮件会给面试官留下很好的印象。

面试清单

1. 确保您拥有面试时间和地点的确切详细信息，并安排可靠的交通方式前往。如果出现意外导致迟到，不要责怪面试官给出的地点或时间不合理等。要为误解和迟到做出道歉。
2. 仔细阅读大学的在线或者纸质材料，确保自己对大学的专业和特色有所了解。
3. 思考自己对可能会出现的问题的回答，包括最重要的一个："您为什么对这所大学感兴趣？"
4. 准备好自己要问的关于这所大学的问题。
5. 穿戴得体，不需要穿正装，但一定不要穿牛仔裤和短裤。
6. 与面试官见面时要先握手，面试过程中要保持眼神的交流。
7. 试着放松并享受整个对话。
8. 面试结束后，感谢面试官花时间与自己见面交流。再次握手，并向面试官要一张名片或其他联系方式。
9. 面试结束几天后，发送一封简短的感谢信。手写的感谢信很好，但是电子邮件也同样可取。

最重要的是，要正确面对面试。我们提供了很多面试上的建议，因为学生经常会对面试感到非常紧张。要记住，面试只是申请中很小的一部分，并不会起到主导作用。

表现出自己对学校的兴趣

一些大学会通过记录学生与学校之间的交流次数来尝试判断学生对学校的真实兴趣，例如提出面试的申请，与招生官在大学展会上或在访问学校时沟通，通过电子邮件向招生官询问问题或者到大学校园参观等。这些信息会被用作做出最终录取决定的考虑因素。这些大学认为一名与学校建立了至少一次联系的学生比那些没有建立过联系的学生更有希望在录取后选择入学。事实上，如果学生与大学建立的第一次联系是最后正式提交的申请表，大学会称之为"隐秘的申请"（stealth application），因为通常情况下学生会收到很多学校发送的宣传或者申请信息，随后再提交申请；在没有任何沟通记录的前提下突然发送一份申请可能会让大学怀疑学生的真实兴趣。那些在提交申请以外与大学建立联系的学生会被看作是更值得录取的学生。鉴于具有相似学术背景的申请者众多，是否对学校表达出兴趣在一些大学可能是决定学生最终被录取还是被放在等待名单上的关键。

孟菲斯的罗德学院（Rhodes College）公开表明学生对学校表现出来的兴趣是录取过程的重要组成部分。 学院招生网页上的常见问题答疑（FAQ）页面写明：对罗德学院（Rhodes College）表现出的兴趣对我们来说非常重要。我们在审核申请时会更加偏向于那些已经对学院表达出浓厚兴趣的学生。表达自己兴趣的方式包括到学院校园参观、参加大学展会、与到访自己高中的招生官见面、参加校外面试或者与负责学校所在区域的招生官建立联系等。

> “我们第一个儿子申请大学的时候，我们还因为担心会增加大学回复邮件和接电话的负担而刻意没去‘打扰’它们。现在我们的第二个儿子要开始申请了，我们不会跟从前一样什么都不做了。”
>
> 大二学生的家长，二儿子正准备申请大学

很多考虑学生是否表达出足够兴趣的学校对此并不会太过公开。通常情况下，在那些入学率已经很高的选择性超高的大学，学生表达出的兴趣在录取过程中起到的作用很小，甚至起不到任何作用。对这些学校来说，考虑学生的兴趣对最后的入学率没有太大意义。但是像罗德学院这样对学生的兴趣无比重视的学校并不是个例。作为申请者的您，完全可以在与招生办沟通的时候询问他们是否考虑学生的兴趣。

强调您的成就

正如我们在第二章提到的，课外活动、社区服务、家庭责任和工作经历能够帮助学生展示他们的激情、首创精神、领导才能和对他人的承诺等。除了那些在录取过程中只考虑申请者分数和成绩的学校，大多数学校的申请表都会要求学生列出参与的每一项活动，参加这些活动的年级以及在每项活动上花费的每周的小时数和每年的星期数。申请表一般还会要求学生提供所有担任过的职位、获得过的荣誉、每项活动中获得的表彰，以及对每项活动的简单描述。通用申请（Common Application）提供可以填写十个课外活动的空间，普用申请（Universal Application）和联盟申请（Coalition Application）分别允许学生填写不超过七个和五个活动。

大学想了解您如何度过课堂外的时间以及您参与的各种活动的深度。它们想看到您在对自己很重要的活动中的参与度如何。您可以利用这个机会表现出自己的才能和创造力，以及这些活动的影响力和您自己的主观能动性。这些信息非常重要，所以一定要认真对待这一部分。可能可以供您分享的空间有限，所以需要使用短语而不是完整的句子来说明。选择一些主动动词，例如“led”（领导过）、“developed”（开发过）、“helped”（帮助过）来合理地表述自己的活动。在使

用一些不常见的缩写时一定要注意，如果空间足够大，一定要将自己参与的组织机构全称拼写出来。在规定的空间内，尽量提供尽可能多的信息。

如果大学要求您将课外活动按它们对自己的重要程度列出，那一定要诚实列出，而不要试图按照哪些看起来对大学更有吸引力而列出。大学对此没有偏好，它们只是想了解您是如何优先安排自己的课外活动的。

利用科技手段整理自己的信息

大多数学生可以在规定的空间内将他们的课外活动和参与程度表述清楚。但有时候，学生觉得这部分的空间和格式局限性太大。一些新的申请工具可能可以派上用场。

ZeeMee（www.zeemee.com）是一个免费的在线工具，它可以让学生准备一个关于他们自己的多媒体页面，通过上传的图像、视频和文件突出他们的课外兴趣和学术激情。学生在申请过程中可以向近两百所参与其中的任何一所学校分享自己的页面链接。链接也可以被分享给其他未参与的大学，但是不能保证会被采用。ZeeMee还是一个相对新的工具，而且完全是可选的，甚至接受它的大学仍在探索如何最好地使用它。如果您决定准备自己的ZeeMee页面，我们建议您在使用此类补充材料之前，要先将您的所有努力放在申请的传统部分当中。

我们在第九章中讨论联盟申请（Coalition Application）时提到的联盟储物柜（Coalition Locker）也是一个在学生申请时可以提供额外信息的资源。当学生申请接受此类材料的联盟申请成员学校时，他们可以上传储物柜中的选定内容。学生可以在www.mycoalition.org上开设储物柜账户。通过ZeeMee和联盟储物柜，学生可以更简单地与大学分享能够帮助大学更充分和全面地了解自己的材料。

真实的简历

有时，学生认为他们需要提交一份简历或者活动清单来补充申请表上简短的活动描述。一些大学非常不鼓励提交这些额外材料，而更希望学生使用申请表中的空间；但另一些大学不但接受，而且还要求提交简历并提供与申请同时上传的方式。例如，联盟储物柜就可以被用来储存一份简历并在申请时上传给接受简历的学校。您也可以打印出一份简历邮寄给大学并附加一个便条写明您希望招生办将简历录入您的申请材料中。要确保在简历中包含自己的全名、出生年月日和申请号码（如果有的话）。您也可以利用大多数申请表中的additional information（额外信息）部分来提供更多关于课外活动的信息。所以可供学生选择的方式有好几种。

如果您一定要准备一份简历，那以简洁为主，最多两页纸。利用简历，简单描述您的课外活动参与情况和在每一项活动中的成就；要点符号（bulletpoints）可以精炼内容，而且可以节省空间。一定要确保您提交的简历紧凑、整洁、井井有条，并能够补充申请表上的内容。但是，虽然列出自己曾经参加过的每一场辩论赛或者马术比赛看起来非常有必要，但是这样做就有点过了。还是那句老话，少则得。

一份单独的简历或者活动清单可以让您比较自由地组织您要分享的信息。我们在下表中为您提供了几个推荐的分类。您可以采纳其中的一些分类，将其整合，也可以根据自己的情况做出删减。

可以考虑的分类

课外活动（包括体育项目）（Extracurricular activities）（includes athletics）
奖项和荣誉（Awards and honors）
兴趣和特别爱好（Hobbies and special interests）
暑期活动（Summer activities）
工作经验和实习（Work experience and internships）
社区活动（Community involvement）

想进入大学校队的运动员或者拥有特殊艺术才能并希望自己的特长被考虑进录取过程的学生属于特殊案例。虽然学校会用与对待其他活动相同的方式对待大多数高中运动员和学生艺术家或表演者的体育、艺术活动，但对这些有过人特长的学生来说，应该努力争取各种机会来凸显自己的特殊能力。我们在第十一章中会讨论这些特殊情况。

加拿大、英国、爱尔兰和荷兰

在第四章中，我们介绍了到美国国外获得本科学位的想法。如果您对此感兴趣，那您应该清楚其他国家的大学录取过程与我们所描述的美国大学的录取过程差别很大。例如，英国的英格兰、威尔士以及北爱尔兰的大学，还有大多数荷兰的大学，都需要学生申请具体的专业，并最终被单独的专业录取。在加拿大、苏格兰和爱尔兰共和国，您可以选择申请某个学术部门而不是某个部门里具体的专业，可以在入学后再选择专业。加拿大的大学申请表上，您也可以将自己专业选定为"undetermined"（未定）或者"undeclared"（未报）。在其他地方，除了极个别的例外，"未定"或者"未报"的情况几乎不存在。

最终的录取决定可能会也可能不会由与您见面的招生官来做出。他们会保持评估的客观性，不会将以前与学生的联系作为评估的一部分。当您被录取后并且选定了要入学的大学，大学的国际学生办公室会帮助您申请学生签证。

支付国外大学的费用

国外大学的费用也非常不同。某些国家的一些项目对所有人都免学费，但这些只是总数中的一小部分；目前我们正在谈论的这些国家没有类似项目。虽然荷兰有一些基于需求的部分奖学金，但国际学生很少能够获得大学本身的基于需求的财政补助。您可以使用联邦学生贷款在美国以外的一些学校学习。FAFSA网站列出了符合条件的学校。

国际学生可以申请以才能为基础的奖学金，特别是在加拿大和荷兰。例如，荷兰奖学金（Holland Scholarship）是一个全国性的奖学金项目，适用于几乎所有的专业而且通常以才能为基础进行发放。荷兰大学中的奖学金甚至有可能包括住宿费。以才能为基础的奖学金通常需要一份单独的申请表。

英国、爱尔兰、加拿大和荷兰都允许学生在校期间和毕业后在校内和校外打工，但具体细节有所不同，而且还有相应限制。总体来说，从美国来的学生可以在学期中每个星期打10到20个小时的工，具体时间取决于所在的国家；而在满足各国要求后的正式学术假期期间则可以全职工作。

截止日期的差异

申请截止日期各不相同，有些专业可能最早在10月15日就截止。其他的截止日期相对较晚，有的甚至在来年的5月1日之后，而这是必须回复美国大学录取通知的日期。这些很晚的截止日期对那些较晚开始申请大学或者那些想要更多的选择的学生来说是很有吸引力的。招生办都很清楚美国大学5月1日的入学决定截止日期，因此如果申请在冬至左右或之前提交，那他们会在5月1日之前通知您最后的录取结果。

值得注意的是有条件录取，这可能需要您在高四后期所修的AP或者IB课程中获得一定的分数或者提交最终的高中成绩单。英国大学通常有非常具体的要求：您可能需要在AP考试中取得4个4分或者5分才能被最终录取。英国大学在这方面毫无灵活性可言，更不用说协商了。您应该将有条件录取与被放在等待名单上同等对待——您只有等到大学收到您最终成绩单之后才能知道自己是否被正式录取。这一过程可能要等到7月份，因为要等到AP和IB的分数公布。有关等待名单的常规信息，请参阅第十四章。

申请加拿大的大学

安大略省为该省所有的大学提供了一个中央申请，您可在www.ouac.ca网站上获取。其他几个省也开发了中央申请网站，可以让学生申请这些省份内的大学，如阿尔伯塔省的www.applyalberta.ca、不列颠哥伦比亚省的www.applybc.ca和新斯科舍省的www.mynsfuture.ca。在所有其他省份，您可以直接申请某一所特定的大学。

除了成绩单以外，一些加拿大的大学还要求SAT或者ACT成绩。加拿大的大学申请通常不要求文书或者个人情况介绍，尽管也有例外，例如不列颠哥伦比亚大学（University of British Columbia）和皇后大学（Queen's University）。大多数大学不要求推荐信。很多大学会在奖学金申请表上写明需要提交简短的文书。一些专业需要申请者提交一份意向书，表明您对该专业的兴趣、申请理由以及该专业与您的个人计划和职业目标间的关系；它们还可能要求您提供相关志愿者和工作经验以及课外活动的简历。

请务必查阅每所大学的网站来了解不同专业的申请要求。除了几个特例外，加拿大的大学的选择性还不及我们所提及的那些最具选择性的美国的大学，主要是因为它们还不属于我们在第一章中提到的大学狂热的一部分。您高四第一学期的成绩是最重要的，因为加拿大的大学基本上没有早申请计划，所以大学只有在收到最后成绩后才会做出决定。很多大学的录取决定基于学生在高三和高四的成绩。

申请英国的大学

英国的大学（包括英格兰、威尔士、苏格兰和北爱尔兰）使用UCAS

（Universities and Colleges Admissions Service，大学和学院招生录取服务）的在线申请系统，网址为www.ucas.com。很多大学，包括圣安德鲁大学（St.Andrews）也接受通用申请（Common Application）来吸引美国学生申请。使用UCAS系统，您在1月15日之前只需支付一次费用就可以申请五个大学专业（或在10月15日之前提交最多四个医学、牙科或兽医的本科申请）。一些艺术类院校有一个稍晚的截止日期。您不可以同时申请剑桥大学（Cambridge University）和牛津大学（Oxford University），两所学校的截止日期都在10月15日。

牛津大学和剑桥大学有许多独立的学院，你必须单独申请，同样，你总共只能申请五个。每所独立的学院都跟美国选择性最高的大学一样具有相当大的录取难度。如果您只申请了牛津大学或者剑桥大学的独立学院，而没申请任何其他学校，那您可能会冒着不被任何一所英国学校录取的风险。正如我们对申请美国学校所说的那样，我们建议您申请具有不同选择性的学校。

申请过程

牛津和剑桥还有其他额外的复杂的要求，通常包括单独的科目考试和面试。有时，这些机会会在美国提供，特别是在东海岸，或者也会通过Skype网络电话进行。其他学校的一些专业也要求面试或者提交其他补充性材料。还是同样的建议，一定要仔细查阅学校的网站。大学看不到您申请了其他哪些学校，并且所有大学都会同时独立地做出录取决定。您需要参加与您的专业相关的AP或者IB考试，这对英格兰、威尔士和北爱尔兰的大学格外重要。

一些大学会为北美的学生延长申请日期，而且UCAS也会将非英国籍学生的申请截止日期延长到6月30日。需要注意的是，如果您知道您感兴趣的专业还有空位，延长的申请截止日期也只适用于英格兰、威尔士以及北爱尔兰的大学。因为苏格兰大学的第一年课程相对没有那么专业，因此就算到6月份也可能会有很多选择的余地。

UCAS都包括什么？

UCAS有五个部分，四个部分要求提供有关您的信息，第五部分是一篇文书。它还需要一封学校的推荐信，一旦推荐人上传完毕，您就可以在线阅读。因为您需要申请学习某一门特定的科目，所以最熟悉您在该学科表现的老师通常是写这封信的最佳人选。

您需要写一篇专业意向书来表达自己对专业的兴趣，并将字数控制在申请所给出的47行，4 000个字母之内，大约是500个单词左右。写作的空间受到严格限制，而且没有额外的类似于美国一些大学询问的为什么对学校感兴趣类的补充性问题。所以您所申请的所有专业都需要非常相似。文书需要写明您选择这个专业的原因并且包含所有与之相关的教育和经历。文书中涉及其他活动和兴趣爱好的内容最好不要超过六分之一。

圣安德鲁大学（University of St. Andrews）的网站描述了英国大学如何审阅文书："大多数申请圣安德鲁的学生都能达到录取标准，所以最后决定谁能够被录取的关键在于文书的质量。"此外，网站还说道："文书应该向招生官展示一个真实的您。要体现出您对申请的学科领域的兴趣，以及您是否有动力和潜质在大学的环境中取得良好的表现。"与美国大学不同，英国大学的招生官几乎会将所有精力放在审核您所选择的具体专业的学术准备上，而很少考虑其他非学术方面的因素，除非它们与您的专业准备以及是否适合所选专业相关。

您必须指定您想学习的专业，并被指定专业录取，苏格兰的大学除外。因此，英国的制度在某些方面更简单，也更具有限制性。改变专业也很困难。您必须确定知道自己想要学习什么，并且喜欢您所申请的大学的学术设置。在苏格兰，大学会将您录入一个学术部门。对大多数科目来说，苏格兰的系统通常允许您在大学前两年内改变学位的方向或者专业。

申请爱尔兰的大学

除了使用UCAS的北爱尔兰大学外，美国学生可以直接单独申请爱尔兰的大学。有关爱尔兰的教育，如何申请爱尔兰的大学以及所有本科院校的链接，请访问爱尔兰教育局（Education In Ireland）网站www.educationireland.com和爱尔兰大学协会（Irish Universities Association）网站www.iua.ie。

因为它们需要知道国际申请人是否来自欧盟，所以爱尔兰大学会要求您提供出生证明复印件或护照上的照片页。大多数美国申请人可以通过招生办公室或国际办公室进行申请。申请医学、牙科或物理治疗的申请人应该通过"大西洋桥梁"（Atlantic Bridge）计划申请，网址是www.atlanticbridge.com。虽然并不总是需要文书，但有些申请提供了写支持性文书的空间。都柏林三一学院（Trinity College Dublin）、都柏林大学（University College Dublin）和科克大学（University College Cork）等更具选择性的学校需要一篇个人陈述和两封学术推荐信，以及SAT或ACT分数。一些申请表还鼓励申请者在额外信息部分列出自己的课外活动、工作经验、志愿服务，以及任何其他相关信息。同样，一定要查阅每所大学的网站来寻找具体的信息。

申请荷兰的大学

因为荷兰有太多以英语授课的本科项目，我们把它作为在非英语国家以英语为教学语言的典型例子。像许多提供此类项目的国家一样，荷兰没有类似于UCAS的通用申请系统。申请荷兰大学的具体细节也更能体现出各类申请政策与实际操作之间的差别。

申请要求

申请荷兰大学的最基本要求是学生必须修完与荷兰高中相当的高中课程。荷兰的高中有一个六年制的课程，可以让学生通往研究型大学及其附属学院进行深造；还有一个五年制的课程，可以让学生进入应用科学类大学。IB证书项目被看作是与六年制课程相当的课程。如果您没有IB证书，那您最少应该有四门3分或者3分以上的AP考试成绩才能够达到六年制课程的要求，尽管这当中也会有变数。例如，如果您的GPA达到了3.5分或以上，莱顿大学（University of Leiden）只要求提交三门AP成绩。这些等同性要求在需要学生通过国家考试才有资格获得高中文凭的国家很常见。

招生录取过程

根据专业的不同，荷兰大学会按照三种不同方式录取学生。使用开放式流程的学位课程接受所有符合基本资格的申请人。选择性流程会按照申请者的资历，通过综合审核的方式进行评估并录取其中一定百分比的申请人。应用科学类大学的大学学院和荣誉学院使用选择性流程，艺术学院或音乐学院也是如此。您可以通过

Studielink（www.studielink.nl）申请四个使用开放式或选择性流程的课程，这是一个所有学生在荷兰学习之前必须注册的数据库。如果您直接向大学提出申请，那您可以申请更多所。第三种方式是“numerus fixus”类，指的是只接收固定人数的项目，例如国际商业管理，并且您只能申请两个这样的课程。您只能申请医学、牙科或物理治疗方面的一个课程。

学生通常在秋季开学；在极少数情况下，他们可能会从春季学期开始上课。每个具体课程的准则都会提供如何以及何时申请，并且何时收到录取决定的信息。录取过程可能会要求一篇或者两篇文书以及面试，还有学术或者职业推荐信。申请视觉艺术或者表演艺术的学生还需要提交一个作品集或者参加试镜和面试。

国际预科年（International Foundation Year）

在我们之前讨论的有条件录取之外，在英国、爱尔兰或荷兰还有另外一种有条件录取，前提是学生需要成功完成一年的预科课程。不是所有的大学都会提供这条入学的途径，但是很多都有。都柏林三一大学（Trinity Univeristy Dublin）将它们的项目表述为“项目针对的是那些有志于入读世界一流大学，但还不能直接进入本科学位课程的学生。我们的国际预科项目是一个一年制项目，旨在让学生掌握在竞争激烈的大学环境中取得成功所需的技能”。虽然您可以直接申请预科项目，但很多进入项目的学生在申请有选择性的大学时结果并不理想，他们被建议将这一年用来准备申请他们更喜欢的课程。

现在您已经完成了申请，下一步呢？

完成申请是申请大学过程中的一个重要里程碑。虽然您可能还有一些事情需要做（例如，检查您的申请状态并注册面试），以及提交以前没有完成的任何奖学金申请和财政补助表格，但大部分的工作已经完成了。

如果您认真地创建了大学清单，那4月份录取结果放榜时，您一定会有至少一所甚至多所非常适合自己的大学来选择。现在您可以完全回归到学生的状态了，保持自己的课业成绩并且参加有意义的课外活动。但是千万不要松懈。大学在6月份的时候会看到您的最终成绩。

第十一章

特殊才艺

如果学生运动员、视觉艺术家和表演者想在大学申请过程中让招生办将自己的特殊才艺纳入考虑因素，那他们需要在申请大学之前很久就开始准备展示他们的才艺。运动员需要确定自己的体育水平，并决定是想被提供体育特长生奖学金的大学招募，还是在大学期间将主要精力放在学业上，同时也可以参与校际间的体育比赛，而不接受任何以体育特长为基础的奖学金。艺术类学生需要做好对可选的艺术类项目的了解并继续发展自己在项目所要求的艺术方面的技能。视觉艺术家需要准备好一份作品集，而表演艺术家需要做好试镜的准备。高三之前的春天和夏天是开始着手准备的好时机。一些特定运动项目的运动员甚至会在更早的时间就开始被招募。

学生运动员和运动员招募

正如我们在第二章中提到的，运动才能可能是所有特殊吸引力（hook）中最容易让学生被选择性大学录取的因素。一名想进入大学体育队并有着非凡的运动实力的运动员会在录取过程中得到很强的助推力。如果被提供体育特长生奖学金的大学录取，那运动员获得奖学金的概率也会很大。这也是很多即将要申请大学的运动员梦寐以求的结果。或者，您可能仅仅想在大学参与自己喜欢的运动，而不关心自己的体育特长是否能够带来其他的附加福利。关键是找到能够匹配自己在体育方面兴趣的学校，而具体的参与程度和性质则会因学生而异。

大学体育的结构

作为一名潜在的大学生运动员，您需要对大学体育的组织架构有所了解。美国的大学通常会加入两种主要的国家体育运动协会之一。其中最知名的是全国大学体育协会（National Collegiate Athletic Association，简称：NCAA）。其会员学校的比赛通常会通过电视播出，并受到全国各地忠实粉丝的关注。NCAA拥有超过1 100所的会员学校，并将它们分成三个级别。协会为成员学校设定了非常严格的规章制度，规定它们可以发放何种以及多少的体育类奖学金，以及如何进行运动员招募和比赛。不同级别和不同体育项目其规则也不尽相同，而且经常发生改变。您可以在协会官网www.ncaa.org上查看按级别和体育项目分类列出的NCAA成员学校名单。全国大学校际体育协会（National Association of Intercollegiate Athletics，简称：NAIA）是知名度较低的另外一类体育协会，拥有250所成员学校，大多数学校规模较小。几乎所有NAIA的成员学校提供某种形式的体育奖学金。NAIA的成员校可以在协会官网www.naia.org上找到。有一些很受欢迎的体育项目不属于任何一类协会，例如男子橄榄球（men’s rugby）和男子划船（men’s rowing）项目。第三种体育组织叫国家初级学院体育协会（National Junior College Athletic Association，简称：NJCAA）。协会负责管理美国大约一半的社区学院的体育竞技项目。

NCAA第一级别（Division I）

NCAA的第一级别，也称D-I，是最具有竞争力的项目。除常春藤大学之外，所有的成员校都会根据不同的体育项目提供部分或者全额体育奖学金。所有350所第一级别的学校必须参加至少14项体育比赛。一些大家经常听到的学校有，圣母大学（University of Nortre Dame）、斯坦福大学（Stanford University）以及阿拉巴马大学（University of Alabama）。另外一些学校大家可能很少听到，除非您是它们的忠实粉丝，例如曼哈顿学院（Manhattan College）、东伊利诺伊大学（Eastern Illinois University）以及西雅图大学（Seattle University）。

NCAA第二级别（Division II）

有超过300所第二级别（D-II）学校提供一些奖学金，但它们在竞技和学术方面的竞争力低于大多数第一级别的学校。它们大多是区域性大学，例如威斯康星大学帕克赛德校区（University of Wisconsin，Parkside）、加州州立大学奇科校区（California State University，Chico）；以及一些私立大学，例如纽约的佩斯大学（Pace University）和科罗拉多州的瑞吉斯大学（Regis University）。这些学校主要吸引来自所在地理区域的学生。第二级别大学的体育竞技水平通常界于第一级别和第三级别之间。

NCAA第三级别（Division III）

第三级别（D-III）的学校通常比第二级别的学校在学术上更具有选择性，虽然其中也有变数；在体育水平上通常要弱一些，但也有例外。第三级别学校不能提供体育奖学金。第三级别的学校包括很多文理学院，例如美国东海岸的阿默斯特学院（Amherst College）和鲍登学院（Bowdoin College），以及西海岸的林菲尔德学院（Linfield College）和惠特曼学院（Whitman College）。埃默里大学（Emory University）、纽约大学（New York University）和卡内基梅隆大学（Carnegie Mellon University）等少数研究型大学也属于第三级别。第三级别大学的体育教练们跟第一级别学校的教练们一样都希望赢得比赛的胜利，一些第三级别大学的队伍常年在某一项运动中进行全国总决赛，例如肯尼恩学院（Kenyon College）的游泳队和三一学院（Trinity College）的壁球队等。有几所第三级别的学校还有属于第一级别的运动项目，例如联合学院（Union College）和克拉克森大学（Clarkson University）的冰球队，而且它们还可能提供体育奖学金。第三级别是NCAA成员校最多的级别，拥有450所学校。

大学生运动员应该考虑哪些因素?

首先，您需要根据自己的体育水平和投入度来决定适合自己的体育竞技水平。以男子足球为例，您会发现第一级别、第二级别或者第三级别的大学都有足球队，并都受到NCAA规则的约束。正如我们之前提到的，体育竞技水平通常会从第一级别到第三级别递减。很多学校也有社团级别的足球队，也非常有竞争力，但不受NCAA规则的约束，而且入门门槛很低。哪种更适合您呢?

评估自己的体育水平

如果您希望参与NCAA级别的体育项目，您需要先了解自己的体育水平适合哪个级别，并衡量您的体育能力是否能够让您成为自己感兴趣的大学的体育特招生。要非常现实地评估自己的水平。根据自己的运动情况，在高三第一学期开始或者更早的时间，向高中或社团的教练寻求真诚的建议。您还可以从夏季运动营遇到的教练那里获得建议。

时间投入

您还需要确切地了解大学体育训练、团队出行、比赛日程对时间投入的要求以及对学业的影响。第一级别和第二级别的体育项目要求的时间最多，通常在每周30个小时左右，赛季时会更多。第三级别项目对时间要求相对较少。一项针对3万名第一级别运动员的近期调查报告显示，体育运动对时间的投入已经达到了令人担忧的程度。这也驱使常春藤联盟学校和五大橄榄球联盟（Power Five）修改规则，以减低对运动员时间投入方面的要求。然而，无论规则如何变化，您都需要充分考虑参与体育竞技所投入的时间，特别是当您的体育水平足够让您进入一所学术要求可能会对自己产生挑战的大学时。一些学生进入大学后会因为学术的压力放弃参与体育竞技。另外一些学生会继续参与体育比赛，但学术成绩因此受到影响。如何平衡好大学体育项目和学术要求，学生需要大量的时间管理技能和强大的动力才能两者都取得成功。一定要确切了解作为一名体育队员所需要投入的精力有多少。

> “我非常荣幸能够被一所常春藤联盟大学招募来打比赛。在我做出最后的决定之前，我又跟大学教练见了一面。他说在赛季时他会要求所有运动员每周投入六天的时间进行长时间集训和比赛。我觉得如果这样的话我会很难跟上学业要求。虽然很多人不理解为什么我最后会拒绝这么好的一个机会，但是这是我自己的人生，我需要做出最适合自己的决定，所以我选择了去读另外一所大学。”
>
> ——一名最终找到最适合自己的大学的学生运动员

确保您有资格参加比赛

NCAA和NAIA都要求学生注册，以确保学生有资格参与校际间的比赛。如果学生只申请第三级别的大学，那就没有必要注册。如果学生想申请第一级别或者第二级别的学校，可以通过NCAA资格中心网站www.eligibilitycenter.org在高三结束之前进行注册；如果想申请NAIA中的大学，也可以通过NAIA资格中心网站www.playnaia.org进行注册。注册费可以根据学生的具体情况进行豁免，请咨询自己高中的升学指导老师来确认自己是否符合条件。

NCAA和NAIA要求学生运动员达到特定的GPA、SAT和ACT要求才有资格参加比赛。您的学校需要是NCAA和NAIA注册学校并需要提供NCAA所规定和批准的核心课程。在您高中毕业前确认您所修的课程中包含了规定数量的核心课程。最好在高中阶段早期进行确认，这样您还可能有充分的时间做出合理的调整。您可以在NCAA的资格中心网站上浏览自己高中所获得批准的核心课程清单。

当您访问NCAA或NAIA网站时，请花时间下载它们的学生手册——NCAA大学生运动员指南（NCAA Guide for the College-Bound Student Athlete）或NAIA学生运动员指南（NAIA Guide for the College-Bound Student Athlete）。每个都包含有关其成员学校运动员招募规则的丰富信息。您和您的父母应仔细阅读指南并浏览网站的其余部分，以了解自己所需要的所有信息和大学对自己的要求。这些指南会成为您在整个运动员招募过程中非常有用的资源，这也是我们接下来要介绍的话题。为了简单起见，我们将假设您有意向申请NCAA的学校。

运动员招募是如何进行的？

大学的教练一直在寻找有运动天赋的学生。他们会关注高中学生在全国范围内参加体育比赛获得的名次和荣誉，以及观摩学生在暑期训练营或者比赛中的表现来认定潜在的人选。教练通常会密切跟踪这类学生的表现，并在大学申请季开始时主动招募他们。如果您有过人的运动天赋，通常被称为“蓝色筹码”运动员，那大学教练可能会很快发现您，而不需要您花太多力气寻找他们。大多数即将进入大学的学生运动员，哪怕是那些最出色的运动员也需要主动与教练取得联系，而不是坐等被教练发现。他们首先需要“自我招募”。不论哪种方式都能让您进入教练的招募数据库中，这也是整个过程的起点。

要积极主动

尽早开始选校的过程，这样您可以尽早认定符合自己学术和社交需求以及提供符合自己水平的体育项目的学校。您的高中或者社团教练应该清楚哪些学校之前招募过与您水平相当的学生。在体育项目之外，您需要针对这些学校的学术项目和社交生活做进一步研究。毕竟，您将成为这所学校的学生，而不仅仅是一名运动员。您需要真正喜欢这所学校，而不仅仅是运动队的队友和教练。如果您已经认定了几所学术水平与自己匹配的学校，那您可以将自己50米自由泳的成绩与校队的表现数据进行比较，看看自己是否有竞争力，这只是一个例子。有针对性地做研究会帮助您找到匹配的体育项目和学术项目。

> **“简单来说，教练进行运动员招募的目标就是认定、评估、招募以及得到潜在运动员的承诺来壮大自己的体育项目。一旦教练得到了一名潜在的学生运动员入队的承诺，那教练会为学生向录取办公室提出正式的录取‘支持’。”**
>
> 摘自《了解体育招募》（*Understanding Athletic Recruiting*）一书

在高三早期（在某些情况下或者更早）接触自己感兴趣的大学的教练。开始的时候要广撒网，大学教练也会期望您这样做。很多大学在官网上有为潜在的学生运动员准备的招募表格。如果学校没有在线表格，那您可以向教练发送一封电子邮件来表达自己的兴趣并包含自己在学术和体育方面的基本信息，并解释您为什么觉得这所学校适合自己。不论是哪种方式，教练通常都会在回复中发送一份详细的问卷调查表。收到表格后，您应该立刻完整填写并回复。根据体育项目的不同，运动员通常需要添加一个YouTube的视频链接，其中包含他们在比赛中表现的亮点，使教练可以简单快速地查看。

如果您在一段时间内没有收到任何教练的回复，那您可以通过邮件再次联系教练。教练通常会收到很多问询邮件，因此很容易漏掉其中一些。如果您在尝试了两次或者三次后还是没有收到回复，那这很有可能说明教练对您没有太大的兴趣。如果是这样的话，您可以放下包袱寻找其他的学校。当然，如果您收到了某所学校的回复，那一定要立刻回复。教练期望交流的人是您自己，而不是您的父母。与教练保持好联系，如果有任何更新的信息就及时发给教练以表达自己持续的兴趣。

您也可以考虑参与地区性的暑期表现赛（showcasees）、假期巡回赛或者暑期体育营等来训练自己的技能并得到被教练注意到的机会，特别是来自自己心仪大学的教练。大学教练会常规性地物色冠军赛和表现赛中的学生，也会通过教授暑期体育营来寻找潜在的人选。他们会观察您跟其他队员和教练间的互动来评估您是否适合自己大学的队伍文化，所以您不光要表现出自己在体育方面的特长，还要让自己成为一名好的队友。

提前通知您已经联系过的教练告知他们您会在哪里比赛。这也是一个让您的高中或者社团教练与大学教练取得联系讨论您的水平和潜力的绝佳机会。这不光适用于那些前来看您比赛的教练，也适用于其他您感兴趣的大学的教练。

运动员招募的指导准则

运动员招募是一场教练跟学生间充满不定因素的互动——教练会尽可能多地搜罗潜在的学生，而学生也会尽可能多地了解不同的学校。教练需要新生来替换掉要毕业的大四学生，而学生则需要寻找适合自己的学术项目和体育项目，以及在某些情况下合适的奖学金金额。不同体育项目的运动员招募差别也会很大。

NCAA制定了严格的指导准则，用于管理每项运动的招募流程。这些规则规定了教练可以联系学生的时间、方式以及联系的频繁程度。这些规则旨在确保一些格外热心的教练不会过多地联系年轻的运动员，给他们造成不必要的压力。尤其是现在体育招募的压力在一些体育项目上已经延伸到了高二年级，有些项目甚至更早，这已经引起了很多人的担忧。您可以在NCAA的网站上查看针对具体体育项目和级别的指导准则。您也可以查阅自己感兴趣的大学的体育网页，并进一步了解它们在体育和校际联盟方面的政策。总的来说，规则对教练的约束比学生更多，但您还是应该知道它们是什么，以便更好地做准备。

在很多大学，招生录取办公室会给教练们特定数量的名额来招募最具优先性的特招运动员。他们可以提交额外的名单，但这些运动员不会得到招生办公室的优先对待——他们会被当作一般的申请者来对待。

招募的学生运动员需要尽早发现他们在教练名单上的排名位置。我们将在本节中讨论如何进一步完成此操作。教练必须招募比他们需要的学生更多的学生，因为他们无法保证所有学生都会对他们的学校感兴趣并最终入学。另外，教练可能要等到招募季后期才能知道人才库中的综合情况。一名早期在名单上靠前的学生可能在后期排名会下降。知道自己在名单上的位置至关重要。

教练如何知道您是否有被录取的潜质？

正如我们之前提到的，作为一名被招募的学生运动员是大学录取过程中最强大的特殊吸引力。但是，最终的录取决定还是由招生办公室做出的。为保证招募的学生运动员能够在学业上取得成功并与其他学生一起毕业，大学和教练都面临着巨大的压力。这通常会阻止他们招募那些与通常的录取标准相差太远的运动员。

> "需要了解的很重要的一点是，体育招募只是大学在招生过程中考虑的一个因素，而不是在体育招募中顺便附带进入大学的机会。"
>
> NESCAC（New England Small College Athletic Conference新英格兰小型学院体育联盟）对常规录取操作的声明

筛选可录取性

无论其过程的具体细节如何，所有大学都有办法确定招募的运动员是否达到自己学校超出NCAA或NAIA最低资格标准的入学标准。教练必须确保在对您做出承诺之前完成此审核。如果一名教练于招生办公室审阅学生各方面数据前做出录取的承诺，则可能导致很大的失望。

您在招募过程早期填写的调查问卷会询问您的课业成绩和考试成绩，以便向教练提供有关您学术成绩的初步信息。最好能尽早开始准备考试，并获得一份早期的成绩报告。高三第一学期或者第二学期参加标准化考试是不错的选择，如果成绩处于自己感兴趣的大学较低的水平，那您还有足够的时间重考。

学术指数（Academic Index）

常春藤联盟使用称为学术指数（AI）的计算方法来保持其筛选运动员可录取性的学术标准。 AI是一个复杂的计算，它考虑了GPA和标化成绩，并为每个潜在的运动员进行计算。虽然教练名单上的运动员在联盟成员学校的录取过程中会得到很大的助推力，但是常春藤联盟学校已经对这一助推力的影响做出了限制。学术指数背后的基本前提是，招募的运动员在整体和个人方面的资历不能偏离其他同学的水平太远。

一个可接受的学术指数会将运动员放在一个小组中，也称为"band"，总共有四个不同的层级。层级越低，名额也就越少；相反，层级越高，名额也就越多。这样做的目标是将总体的学术指数平衡到规定的水平。许多第三级别的大学，例如新英格兰小型学院体育联盟（NESCAC）的成员校，使用的就是类似的程序。

> "我孩子学校的一名运动员有出色的体育水平。一位常春藤联盟学校的教练对她表示出很强烈的兴趣并鼓励她申请，以至于学校的升学指导老师们认为她被录取是板上钉钉的事。最后这名女生在早申请阶段被拒绝了。最后得知，这名教练是新手，经验不足，她在还没有跟招生办确认的前提下就鼓励这名女学生申请。这名学生的学业成绩没有达到常春藤联盟对招募的运动员的要求。"
>
> 两名被招募的学生运动员的母亲

我如何判断教练是否对我有兴趣？

一般来说，您从教练或者教练办公室收到的回复越私人化，说明他们对您作为一名招募运动员的兴趣也就越大。起初的联系可能更显正式，例如填写调查问卷以及接收宣传册等，但随着时间的推移和教练对您的兴趣越来越高，彼此的沟通会变得更加轻松和私人化。如果被邀请到校园参观而且学校负担所有差旅的费用就更是一个很好的迹象。这意味着教练很欣赏到目前为止对您的了解，并希望对您进一步了解。他愿意从他有限的招募资金预算中拿出一部分来招募您。

官方和非官方访校

第一级别和第二级别大学的教练可能会邀请运动员到校园参观并负担所有差旅费用，这算"官方访校"。NCAA的规则规定大学只能提供有限数量的官方访校邀请，而且学生最多接受五所第一级别大学的访校邀请。第三级别大学的教练也可能提供官方访校邀请，但并不常见。您当然也可以随时自费参访校园。第二级别和第三级别大学的官方访校不算在最多五所大学的限制当中。

在访校期间，虽然您应该将注意力集中在了解体育项目上，但您也应该询问关于学术生活的事宜。您也可以参与校园游览团，听一场校园宣讲会，甚至可以旁听一节课。您还应该预约与招生官见面。好的教练可以帮助您安排所有这些事项。您不仅是在了解体育队，同时也是在了解校园的方方面面。在体育方面，这是一个绝好的了解体育招募生假期时间、训练、毕业率以及非赛季和赛季的时间投入的机会。

这同时也是一个了解学校为体育项目提供何种学术支持的机会。许多第一级别和第二级别大学有专门针对高强度训练运动员的学术辅导。当然，并不是所有学生都需要额外的帮助，但知道有相应的资源总是能够以备不时之需。体育部门的顾问会与教练一同确保学生运动员拥有他们在学业和运动方面取得成功所需的所有工具和资源。学习成绩不佳会限制运动员参加比赛的资格，当然还有获得毕业的资格。另外，还要询问体育方面的要求是否会影响学生参加某些专业和学术活动（如下午的科学实验室），以及出国留学和实习等机会是否会与体育项目和训练时间相冲突。

向教练直接询问

教练喜欢使用通用性的表达，例如“我会全力支持您”或者“我可以看到您能够马上为我们效力”。这些评价听起来非常鼓舞人心，但是它们可能会有误导性，因为不管目前教练对您的兴趣如何，他还是可能将您放在名单的最末尾。要仔细聆听和判断教练评价背后的内容，并试图得到关于自己具体排名的信息以及教练可能对招生办的录取结果所产生的影响。

> “在高四的秋季与大学教练打交道是一件让人开心，但又心惊胆战的事情。教练可能每个星期都打电话或者写邮件，坚称您就是那个她想要的188厘米的篮球队中锋。但同时您并不知道她还与几个其他同样是188厘米的中锋有接触，而她明年只需要一个中锋。如果您还没有做出加入的承诺，而另外一名运动员做出了承诺，那您的电话将不再响起，而您也永远不知道发生了什么。”
>
> 一名被很多学校招募的
> 大一女子篮球队队员

一旦您认识到教练对您的确有很高的兴趣，那您应该直接问他您在名单上的位置以及他是否会向招生办推荐您。您还应该询问他是否已经将您的学术成绩与招生办分享，以判断提交早申请的可录取性。正如我们之前提到的，在给出任何承诺之前，教练应该先与招生办公室进行接洽。有些运动员不愿意向教练直接提出这些问题，但这对教练来说再平常不过了，而且他们会尊重您的直接。您最后要得到的是一个诚实和具体的答案。

做出承诺

在招募过程中的某个时间，教练可能会为您提供一个队伍中的名额。最初的形式可能只是口头承诺，来为您提供一个队伍中的名额，并会将您推荐给招生办公室，为的是换取您的口头承诺，加入校队。虽然这是一个很严肃的步骤，但这并不会对教练或者您有任何约束力。口头承诺可能会在申请季开始前几个月甚至几年就做出，其中任何一方都可以取消承诺。

但是，如果您在第一级别或第二级别大学中的任何体育项目中成功得到招募，而且还获得了体育奖学金或其他体育类财政补助，并且您有意向接受最后的决定，那您可能会被要求签署国家意向书（National Letter of Intent，简称：NLI），受合同约束入学至少一年的时间。NLI也对教练有约束力并保证您在这一年之内能够获得与体育相关的财政补助。签约时间会根据不同的体育项目而有所不同。您可以到www.ncaa.org网站上搜索NLI，进一步了解相关信息。但是，不论是招募决定还是签署NLI都不能彻底保证运动员最后的录取决定；虽然最后没有被录取的情况很少见，但确有发生。

> “运动员招募让很多学生迫于压力提交早申请。大多数教练跟我女儿说他们对录取起到的最大作用仅在早申请阶段，如果她等到常规申请阶段才提交申请，那他们将不能帮上任何忙。我不知道这到底是真的，还是他们考查学生是否真心想申请他们大学的计谋。”
>
> 一名被很多大学招募的学生的家长

如果您没有获得任何体育奖学金或者其他体育类的财政补助，或者被第三级别大学招募而没有获得任何奖学金，那您可以不用签署NLI。在这种情况下，大学的教练有时可能会说如果您提交早申请，他们会保证将您放在推荐给招生办的学生运动员名单上。他们想确切地知道您会加入他们的校队。只有当您想要加入该学校并且知道自己在这里会很快乐时才应该接受教练的招募决定。之后，您可能会因为受伤而无法参加比赛，您的教练可能会离职，或者您的运动可能因学校预算原因而被取消。在这种情况下，您应该确保您入学的学校是自己真正喜欢的学校，无论自己是否为校队效力。如果自己对一所大学不感兴趣，不能仅仅因为自己的名字被放到了教练的名单上而选择入学。要记住，您需要尽可能多地主导自己的入学决定。

如果您没有被招募

根据不同的体育项目和大学级别，一名没有被招募但实力很强的运动员可能会得到一个临时队员的位置。尽管没有得到体育类奖学金，但这名运动员也引起了招生办的注意。发生这种情况的原因可能是教练发现学生的时间太晚，但又非常想得到这名运动员。

即使教练有返校和新招募的运动员，外加几名收到邀请的运动员，您还是有机会在入学后成为一名临时运动员，特别是在第三级别大学。一些运动项目，例如橄榄球（rugby）或者划船甚至可能会允许没有任何经验的新手加入。

另外，您也可以参与社团级别和校内级别的体育队伍，在获得体育竞技带来的快乐之外，还不需要投入大量的时间和精力。自身水平很高的运动员能够带领不那么有体育天赋或者没有经验的队友一同比赛，也是为学校社区做出贡献的一种方式。对体育的热爱不仅仅与竞争水平有关，正如许多做志愿者的教练所表现出来的精神那样。

学生艺术家

无论您是视觉艺术家还是舞蹈家，作家或作曲家，有抱负的评论家或舞台技师，如果您打算将艺术作为大学的主修科目，那您的处境与其他学生艺术家有很多共通之处。首先，在择校时，您需要决定自己想申请何种专业，以及考虑艺术课程之外的课程范围和学校总体的学习氛围。您可能还需要面对一个更加复杂的录取过程，因为您可能需要比其他非艺术类学生更早进行申请的准备，甚至还需要参加试镜或者提交艺术作品集来帮助大学评估您的才能和艺术成就。

或者，您可能只是想在大学申请过程中将自己的艺术特长作为综合评审的一部分，而且也没有打算在大学期间主修艺术。那应该如何最好地展示自己的艺术才华？我们在本节末尾会跟您分享一些小贴士。

在大学期间主修艺术

对主修艺术有兴趣的学生可以根据自己的艺术水平从很多不同种类的大学和专业类音乐或者艺术院校中选择适合自己的项目。很多大学的课程体系中都有资源配置很高的艺术项目，在这些学校，学生可以选择音乐专业或者工作室艺术，同时也可以选择物理或者法语专业。它们提供非常多不同的课程供学生选择。音乐学院或者艺术类院校的主要使命就是培养最高水平的艺术类专业人士。这些高度专业化的学校通常是独立的学校，但有一些会附属于某个同时提供其他课程的学院，并提供艺术和其他专业的双学位。

对艺术感兴趣的学生也可以根据自己的专业方向从不同种类的学位项目中进行选择。想好自己想得到什么种类的学位会帮助您更好地进行大学的选择。

文科学士学位（Bacherlor of Arts）

在一所拥有资源配置完备的艺术项目的大学获得文科学士学位（以下简称：BA）不仅能够让您得到在艺术方面的培养，还可以让您通过博雅教育涉猎其他领域的课程。这是文理学院或者综合型大学内的文科和科学学院最经常提供的学位。您会选择一个您所感兴趣的艺术领域的专业，但同时也会修一些通识教育课程以及其他文科和科学类课程。例如，一名舞蹈专业的学生可能在舞蹈课程之外会与阿拉伯语专业的学生一起修中东历史课，或者与生物学专业的学生一起修动物学的课。您甚至可以选择在一个与自己专业非常不同的领域修双专业来探索自己的兴趣或者将其作为自己职业的跳板。例如，工作室艺术专业的学生如果修的第二学位是生物，那可以考虑将来做科学插图的工作；如果学生将艺术与电脑科学相结合，则将来可以从事电脑游戏开发的工作。

修BA的学生大约有40%到50%的课程会与艺术相关，剩下50%到60%的课程会在其他领域内涉猎。典型的BA项目会同等重视艺术类学术课程与工作室或者工作坊类课程。

BA并不仅限于那些希望从事艺术职业的学生。不论学生的专业是什么，学士学位的设置都是为了给学生提供一个全面而广泛的教育，并引导学生进入不同职业。因为提供此类学位的学校，艺术课程只是综合性课程中的一部分，选择修艺术类课程的学生也同时可以广泛参与到校园日常的各种活动中，例如体育运动、学会社团等，也可以选择出国留学。

艺术学士学位（Bachelor of Fine Arts）**和音乐学士学位**（Bachelor of Music）

与BA不同，艺术学士学位（以下简称：BFA）和音乐学士学位（以下简称：BM或者BMus）是专门为培养艺术家而设立的专业类学位。提供BFA的领域有舞蹈、音乐剧、创意写作以及偶尔的音乐项目。提供BM或者不常见的BMus的领域仅限于音乐。在BFA和BM项目中与艺术相关的课程的比率可能要上升到70%到75%。

这些项目是由专门的艺术类院校提供的，例如，音乐学院或者艺术学院，以及一些大学或者学院的艺术系。负责这些项目的招生录取办公室会审核学生在学术方面的表现，但他们会着重考查学生在艺术方面的天分和能力。很多此类学校的录取率都很低，每年只录取非常少的新生。

> “在一所传统的文理学院，学生可以在修艺术专业的同时涉猎其他广泛领域内的课程，可以在修舞蹈专业之外修某一学术领域的专业或者副专业。这些机会在专业类音乐学院或者艺术学院中通常有限。”
>
> 一名在文理学院学习舞蹈专业的学生的家长谈文理学院的艺术教育

BFA和BM项目在艺术方面的专注度和强度要远高于BA项目。涉猎艺术领域之外课程的机会可能会受时间以及缺乏其他课程等条件的限制，特别是在那些不附属于提供综合性课程的大学的学校。同样，在专业课程之外获得传统大学经历的机会也可能比较有限，但这因学校而异。

不附属于学院或者大学的独立音乐学院和艺术学院的例子包括茱莉亚音乐学院（Juilliard School）、瑞格林艺术与设计学院（Ringling School of Art and Design）和加州艺术学院（California Institute of Arts）。这些学校的项目都具有高度的专业性，只提供数量很少的艺术之外的课程并且不能像传统大学一样提供各种不同种类的课外活动。其他音乐类学院，例如坐落于欧柏林学院（Oberlin College）、罗切斯特大学（University of Rochester）以及劳伦斯大学（Lawrence University）校园内的音乐学院，将大学或者文理学院与一所单独的音乐学院合并在一所校园内，彼此独立但又紧密结合。这些学院为感兴趣的学生提供双学位项目，通常需要花费五年的时间完成，学生毕业后可以获得除音乐学位之外的第二个学位。

> “几乎每所大学都有一个戏剧专业，我们发现大学网站上的课程目录对了解项目间的不同非常有用。您可以很快速地找到具体的课程介绍，了解课程的设置是否仅仅是宽泛的介绍，还是偏学术，是否有很多实践的机会，或者是否将学术和培训课程相结合等。”
>
> 来自一名家长提供的关于如何缩小选校范围的提示

如果您既想得到艺术类学位又想得到传统大学的经历，那您可以考虑那些可以在大学与艺术学院之间交叉选课的方案，例如，哥伦比亚大学（Columbia University）或者巴纳德学院（Barnard College）的学生可以到茱莉亚音乐学院（Juilliard School）选课；米尔斯学院（Mills College）的学生可以到加州艺术学院（California Institute of Arts）选课。

找到最适合自己的艺术学院

从自己的老师开始。您的艺术、舞蹈、戏剧或者音乐老师对您的表现和潜力都有所了解。那些您通过社区剧社、教堂合唱团或者地区管弦乐团认识的老师也是如此。与他们讨论自己更适合BA项目还是BFA或者BM项目。您也可以向他们征询意见来寻找与自己想学专业匹配的大学和项目。大学所提供的项目千差万别，哪怕是在同一个类别当中。例如，一些音乐学院专注于古典音乐，而另外一些则专注于流行音乐。有的学院提供古典和爵士音乐，但不提供任何其他当代音乐种类。

如果时间和地点合适，您可以去由美国全国招生咨询协会（National Association for College Admission Counseling）举办的表演和视觉艺术大学展，与全国各地的艺术院校、音乐学院以及大学的艺术项目的招生代表交流。您可以向他们询问关于项目的任何问题以及录取要求。您可以到www.nacacnet.org网站上找到离您最近的大学展的具体日期和地点。全国作品集日（National Portfolio Day）是另外一个了解更多关于视觉艺术项目的好机会。我们会在本节中进一步讨论。

如果有机会的话，参加暑期艺术夏令营和艺术项目可能会对您有帮助，特别是在高二和高三后的暑假。这些项目能够帮助您训练自己的技能并成为一名真正的艺术家，而且它们能让您加入一个满是艺术家的集体，就好比是进入了一个大学的艺术项目或者音乐学院。您可以充分感受并了解自己是否喜欢高强度的艺术学习和社区氛围，还能通过项目建立自己的作品集或者为试镜做准备。另外，项目老师都是从事艺术的专业人士，他们可能本身就在大学的艺术项目或者音乐学院任教，甚至有可能参与到自己学校的招生委员会中。他们会是您讨论自己的想法、志向和选择最好不过的人选。

跟申请前参观大学一样，到音乐学院、艺术学院或者其他艺术类项目实地参观也非常重要。亲眼看到在校生的作品以及工作室的设施、表演场地和排练室对自己来说非常重要，因为您将花大量的时间在这些地方与同学学习和训练。与教授见面和跟在校生交谈也可以让您感受到学校的社区氛围，因为这将是您接下来四年的家。如果有可能的话，对音乐感兴趣的学生应该在访问学校前安排在访校时参与一节音乐课，对舞蹈感兴趣的学生也应该参与一节舞蹈课。参与到

> “为音乐学院准备试镜最重要的是找到一名好的老师，这比一所学校的名气要重要很多。如果有可能的话，必须亲自到学校参观，并尽最大努力上一节教授您所学乐器的老师的课。”
>
> 来自一名音乐专业毕业生的建议

课堂中可以让教授看到您在试镜时可能没有表现出来的可塑性。最好能在高三第一学期开始时完成此步骤，这样您可以有足够的时间来调整自己的大学清单以及准备作品集或者试镜材料，因为这些会在您的大学申请中起到重要作用。

申请过程概况

对于不同的艺术形式和学校，申请步骤的时间和顺序会有很大差别。一些非常好的BA学术项目在录取学生时不会要求提交作品集或者试镜，这对很多学生来说是非常好的选择。其他的BA学术项目需要作品集或者试镜，BFA和BM学术项目也需要。在接下来的部分中，我们会展示在需要提交作品集或者试镜的要求下，您的申请过程会如何。

视觉艺术项目以及创意写作和音乐编曲项目的申请截止日期通常比较晚，这样学生可以提交高四的毕业作品集，但有些项目提供早申请的选项，因此申请截止日期也会相应提前。如果您准备申请表演艺术项目，您可能会有三个不同的申请截止日期，而且都在12月1号之前：首先要提交用来进行预筛选的DVD作品集；其次要预约试镜；最后才到真正的申请。一些项目要求您在提交作品集或者试镜前先提交申请表。最后，如果您想申请附属于某学院或者大学的视觉艺术项目或者表演艺术项目，您可能会提交两种不同的申请：一种是申请学校本身，另外一种是申请具体的艺术项目。整个申请过程非常复杂，因此一定要充分掌控申请中的每一个截止日期。

> “我女儿决定选舞蹈专业并拿一个BFA。哎！我对接下来的几个月要为大学试镜和申请做好准备所花费的时间感到不知所措。”
>
> ——名意识到提交艺术类申请需要花费大量时间的学生的母亲

一些项目的申请人数远远大于新生年级人数，而且竞争非常激烈。您应该尽全力准备，不管是作品集、试镜，还是申请中的其他部分。您还应该有一份具有不同录取可能性的大学清单。但是要记住，大学要寻找的不是完美的学生，它们寻找的是那些对自己选择的艺术领域充满热情并展现出才华和可塑造性的学生。记住这一条会让您的申请过程变得不那么令人生畏。

作品集和试镜要求

不管您是视觉艺术家还是表演艺术家，您都需要仔细了解每所学校不同的作品集或试镜的要求，以及其他要求。大学以及项目的网站上都有非常详细的申请要求信息。对视觉艺术家来说，包括剧院设计和技术师，一些大学会要求提交CD或者幻灯片或者通过Slideroom提交图片集。表演艺术家可能需要一个面对面的试镜，但可能需要先通过DVD 或者其他在线平台提交供预筛选的作品集。要仔细阅读每所大学的要求并按照步骤完成。这是我们能给您的最重要的一条建议。如果您有任何申请要求方面的问题，可以给招生办公室打电话或者发邮件。

简历和推荐信

对所有艺术家的共同要求是简历。简历总结了您的经历，列出了您所学习的艺术的每一个方面：学习的地点、老师的名字、获得的奖项和荣誉以及您所参与过的任何特殊项目或者课程。音乐家、舞蹈家和演员需要提供他们的曲目，而视觉艺术家需要列出参与过的所有展览。演员还需要提交一张大头照，而舞蹈家则需要提交一张由专业摄影师拍摄的头部和身体的照片。

您将被要求提交一份来自了解您艺术作品的老师的推荐信。我们在第十章谈推荐信时提到，大学通常只接收来自学术科目的老师的推荐信，例如英语、外语、数学、科学和社会学等。艺术家是个例外：所有艺术家都应该提交一份能够充分展现他们艺术成就和潜力的推荐信。艺术学院、音乐学院以及大多数大学的艺术项目都对此有要求。如果您不提交推荐信，会让自己的申请处于劣势。所以去向自己的艺术、音乐、戏剧或者舞蹈老师要一份额外的推荐信吧。这封推荐信也可以由暑期艺术夏令营或者集训营的老师来写。

您的个人陈述

其他常见的要求涉及对您艺术作品的讨论，不管通过面试还是文书来进行。要时刻准备好探讨自己在创作过程当中遇到的挑战和成功，以及您的愿景。可以讨论您所欣赏的艺术家、对自己产生共鸣的音乐、让自己感到愉悦的表演，还有艺术在您人生中当前以及未来所扮演的角色。玛莎·葛兰姆（Martha Graham）曾说过：“存在之力，生命之力，能量之力，茁壮之力，通过你而转化为行动，又因你而如此独一无二。”向招生审核人员展示属于您自己的独特性。

“为什么申请××学校？”一类的问题

很多艺术类学院和音乐学院会问这个问题来了解您为什么觉得它们学校的具体项目更适合您自己目前的水平和将来的发展方向。这是申请中一个需要您花心思来准备的重要问题。

视觉艺术作品集

此类的要求根据学校而异，而且可能需要提交特定的作业，例如带回家的考试或者一副自画像或者素描本上的自选作品等。大多数要求作品集的大学会在网站上列出需要提交的作品种类。

收集您的作品

搜集整理过去两年内的作品，全部列出来，并决定哪些作品最能体现出您的能力和潜质。您可以让老师跟您一起审阅一遍以得到更客观的评价。除了自己已经有的作品外还需要什么？这是您高四需要弄清楚的问题。总体来讲，您需要提供10到20份作品。您需要展现出自己艺术兴趣和才能的广度以及您个人的关注点。如果您的高中没有好的艺术项目，那您可以考虑在高四开始前到一所艺术学校或者当地的大学上一门暑期课程学习如何建立自己的作品集。

> “在高四开始前参加暑期或者大学预备艺术项目不仅能够创建更多适用于作品集的作品，还能够感受参加强度很高的BFA艺术项目是否适合自己。如果您有30到50份作品，那筛选出最后放入作品集的12到20份作品就更容易。”
>
> 柏瑞·比驰（Barry Beach），独立升学顾问，前俄勒冈艺术和创作学院（Oregon College of Art and Craft）招生办主任

全国作品集日

在由全国作品集日协会（National Portfolio Day Association）举办的美国和加拿大各地的作品集日活动上，您可以让现场50所左右的美国和加拿大的艺术学校和艺术项目当场评估您的作品。参与活动的学校都是非营利性的并且都得到了全国艺

术和设计学校协会（National Association of Schools of Arts and Design）地区以及国家认证。

因为参会的人员较多，尽量早到并提前决定好要去跟哪所大学交流以确保在活动结束前得到交流的机会。您可以到www.portfolioday.net网站上查看活动的日程安排和参与学校。另外，如果您提早预订，大多数艺术类学院会在您参观学校时提供作品集评估的机会。这是一个能得到自己感兴趣的学校对自己作品反馈的绝好机会。

做好作品集记录

作品集收集好后，您需要将它们拍照记录。您可以请专业的人士来做，也可以自己动手。使用淡色背景并提供良好的照明，对每一副作品进行单独拍摄（有些人说室外的光线最好）。作品应该填满相机的相框，而3D立体的作品应该从不同角度进行拍照，并使用光线来帮助展示边界或者质感。上传文件时，为每份作品设置一个数字文件名，并加入自己的名字、作品的标题（如果有的话）、创作日期、材料和尺寸。如果您发送幻灯片，要确保您要发送的大学接受幻灯片格式的文件。为每一份作品做好标识，并单独发送一份打印的作品集介绍。一定要留存您发送的所有材料的副本。

海外大学注意事项：英国

如果您要申请一所英国的艺术和设计学院，那您需要准备一份不同的作品集。大多数艺术学院对学生的创作过程感兴趣，它们想让学生展现自己从创作开始到发展间的创意想法并鼓励学生提交最近的作品，哪怕还未完成。它们尤其重视面试，因为它们可以跟您讨论您的创作过程和艺术追求。这些学校也希望看到您的素描本，以此来展示您对不同想法的探索、创作技巧和媒介等。

电影制作人、作家以及剧场技术与设计师

不同影视制作项目要求的材料差别很大，从只需要视觉类材料到只需要文字类信息都有。虽然大多数艺术学院的电影项目需要一份视觉作品集，但是文理学院或者综合型大学的电影项目通常只审阅写作样本。申请要求的材料可以是照片或者短

片，也可以是带有脚本或者故事板（或者两者兼具）的一部完整的电影。电影的长度一般限制在10到20分钟内，但有时只有5分钟。

编剧或者其他创意写作的作品应该在10页左右，但很多创意写作的BA和BFA项目不要求提交作品集或者只在学生大一或者大二期间要求。对剧场技术和场景或者服装感兴趣的学生通常需要提交作品集。

表演艺术试镜

试镜是演员、歌手、舞蹈家和音乐家在申请过程中非常重要的一个环节。安排和准备试镜需要尽早进行。试镜最早可以安排在10月份，但大多数都在高四的1月份和2月份，试镜场地可能在大学校园，也可能在全国不同城市。

计划日程

首先，要考虑您一天之内能做多少场试镜。我们的建议是一场，表演除外，因为戏剧的试镜通常相对较短。音乐试镜有时会涉及即兴表演或者音乐理论测试以及专门准备的（通常已经记住的）几个表演片段。舞蹈试镜可能涉及小组舞蹈以及独舞。在开始确定日程之前，到大学的网站上了解确切的试镜信息。要充分考虑自己的精力和时间，因为试镜非常耗时费力。

安排日程就像玩拼图游戏，定了一个，其他都要围绕着它走，直到将所有日程都安排妥当。一些大学直到它们收到您的申请后才会安排试镜，而其他学校可能会根据您提供的DVD或者上传到专门网站上的材料进行预审。将所有的申请截止日期和要求放到一张Excel表格中。如果您必须在一天之内做两场试镜，那一定要问清楚第一所学校的试镜时间范围，以便有足够的时间赶到第二所学校。越早计划和安排试镜时间越好。您应该在暑期结束前或者九月初就整理好所有的信息，包括针对乐器、独白、歌曲选择或者舞蹈技巧的具体指导准则。

戏剧试镜

有超过24所大学会在2月上旬在纽约、芝加哥、拉斯维加斯和洛杉矶通过Unified Auditions（联合试镜）提供集中的戏剧试镜。这样，学生可以到一个地点，在一

> “我儿子试镜了14所大学，并申请了两所非试镜大学。我们在他的卧室门上贴了一张巨大的白纸，上面列出了所有学校的信息，包括成绩要求、推荐信发送状态、试镜安排等。这让所有我们需要做的后续工作一目了然。我们感觉已经把他的卧室变成了一个‘战场’，而且申请过程中我们有时确实觉得像在打仗。”
>
> 一名申请戏剧专业的学生的母亲

天或者两天内参加多场试镜。对音乐剧来说，一场试镜可能会持续将近一整天的时间。参与的学校、场地和日期可以在www.unifiedauditions.com网站上找到。一些不是联合试镜正式成员的学校也会使用同样的场地和日程安排，而其他学校通常会在全国各地以及自己的校园提供不同日期的试镜机会。试镜过程中，您可能会被要求用不同方式调整您的独白表演。试镜当中，评审老师通常也会与您讨论您的创作和表演经历。他们想了解您的可塑性有多大。在一些大学，还会出现试镜后被召回再次试镜的情况。

音乐试镜

音乐试镜通常包括一场信息分享会、听觉训练、音乐基础或理论考试以及预热之后的20分钟的现场表演。试镜的场地可能在大学校园或者在全国不同地点。如果学生家庭住址离校园超过几百千米，那学校会允许学生参加校外试镜。校内和校外试镜可能都会被录像以便进一步被教授审核。采用预筛选的学校会在正式预约试镜前审核学生已经提交的DVD或者上传到门户网页上的材料，而且很多学校可能要求提交至少一部分的申请表。一些学校早试镜的选项能够让您在1月和2月大多数学校提供试镜前试镜，可以拉长试镜周期并积攒试镜经验。

舞蹈试镜

舞者通常会参加两个不同的技术课并展示一段简短的独舞，可以是已有片段也可以表演自己原创的舞蹈，另外还要与教授进行面试。因为您参加的是舞蹈试镜，因此可能会有对服装的特殊要求。您可能会被要求跳芭蕾，因此不要过早地将芭蕾舞鞋脱下。如果您提交了DVD而不是参加现场试镜，那表演的要求会非常清晰和具体，而且表演内容会涵盖不同的舞种，包括芭蕾和现代舞等。您可能也会被要求说一段口头陈述来阐述自己在舞蹈方面的目标。

在常规申请中表现自己的艺术才能

可能您对申请艺术项目不感兴趣，但还是希望招生委员会能够将自己的艺术才能作为审核申请的一部分，那应该怎么办？正如我们在第二章中提到的，大学在组建新生年级时会考虑学生能够给校园带来的多种贡献，这其中就包括艺术活动。能够让招生委员会注意到自己艺术才能的一种方式是将自己在艺术领域方面的活动添加到通用申请（Common Application）或者其他申请中的课外活动部分。然而，对很多在艺术方面非常投入并有卓越贡献的学生来说，他们还可以有其他方式来引起招生委员会的注意。

如何提交以及提交什么？

很多使用通用申请的大学会引导学生通过与通用申请兼容的Slideroom平台提交与艺术相关的材料。其他大学可能会使用自己的提交表格和方式。不同大学对此的操作方式不尽相同，因此您需要仔细查阅大学的网站来了解每所大学具体的艺术材料（舞蹈、音乐、戏剧或者视觉艺术）提交方式。

与音乐学院或者艺术学院对试镜或者作品集有具体要求不同，很多大学不对艺术材料做具体的要求。在您整合作品集和为试镜录像做准备时，可以与自己的老师保持密切沟通。大多数艺术老师都曾经带学生经历过整个过程。大学的招生办也可以为您提供很多指导。另外一种非常有用的资源是音乐学院或者艺术学院网站上列出的对作品集和试镜的具体要求。

您的艺术材料如何被审核？

在您向大学招生办提交完艺术材料之后，招生办通常会将材料发送给相关的学术或艺术系进行审核。有的学校可能会有针对艺术作品提交的较早的截止日期以满足额外的审核处理时间。招生办随后会收到自己学校的教授对艺术材料做出的评判，并将其添加到学生的申请材料中作为综合审核的一部分。

如果评估结果显示学生在某一方面有特殊的才能，那这个才能可能会成为录取过程中非常重要的一个特殊吸引力，尤其是在学校急需这种才能的情况下。如果评估结果并不理想，例如您的钢琴弹得还不错，但并不出彩，这并不会对您的整体申请产生任何负面影响。一小部分的学校只鼓励那些有较高艺术水平的学生提交艺术材料，它们会在提交材料的网页上注明这一点。

如果您有任何关于提交艺术材料方面的问题都可以给招生办打电话或者发邮件来询问。招生办的网页通常会列出负责艺术材料提交的联系人及联系方式。越早解决自己的疑问越好，因为准备作品集和试镜通常需要花费大量的时间。

最后，如果学校不提供提交艺术材料的渠道，您可以考虑在申请表的额外信息部分详细介绍自己在艺术方面的兴趣和成就。大多数申请表中的additional information（额外信息）部分都是用来分享此类信息的好地方。如果您想分享的信息非常多，那可以考虑创建一份艺术简历，在其中包含艺术老师、参加过的工作坊、表演经验或者举办过的展览等详细信息。因为艺术是您生命中很重要的一部分，因此充分传达这些信息会让大学更进一步了解您以及您能为校园做出的贡献。

第十二章

有特殊情况的申请者

有残障的学生、在家接受教育的学生以及有转学计划的学生在申请大学和录取过程中都有自己的特殊考虑因素。如果您属于其中的一种或者多种类别，本章提供的关键信息会帮助您解答很多这方面的疑问。

有残障的学生

您是否在高中期间得到过特殊照顾，例如延长考试时间，在作业上获得额外帮助，因为视力问题而使用大字体书，或者因为身体原因无须提前获得批准就可以短暂离开课堂。如果是的话，您并不是特例。美国每年计划全日制入读大学的学生中，有大约10%的学生符合联邦政府对残障人士的定义，这使他们有资格在高中期间获得各种不同类型的特殊照顾。如果您也属于这类学生，那您可能对504（《康复法案》第504条）以及IEP（Individualized Education Program，个别教育计划）这两个术语非常熟悉。

残障的定义是什么？

如果您的医疗或者心理状况严重限制了生活中的一种主要活动，例如走路、进食、集中注意力、学习等，联邦政府就会认为您有残障。一些残障，例如那些影响身体活动或者视力的残障通常可以明显看出来。其他如学习障碍、注意力缺陷多动障碍（ADHD）、自闭症频谱紊乱、心理障碍以及其他一些医疗状况等并不能很直观地看出来。这些被认为是隐形残障。如果其中任何一种情况对您的日常生活产生了严重影响，那您都有资格获得特定的法律保护。

当符合联邦政府对残障定义的学生准备申请大学时，他们以及他们的父母经常提出的第一个问题是残障是否应该成为选择申请哪所大学时的考虑因素。紧接着的问题通常会是残障是否应该在申请大学时向大学披露。如果第二个问题的答案是肯定的，那接下来的问题通常是如何用最积极的方式向大学披露自己残障的事实。以上所有问题的答案，跟很多申请过程中的问题一样，都是“看情况”。因为学生的残障情况和特殊照顾要求千差万别，因此没有一个统一的答案来回答所有这些问题。本节是专门为了帮助您弄清楚如何针对自己的情况进行回答而设计的，其中包括如何在有需要的前提下提出SAT以及ACT考试特殊照顾的请求。我们在随后的讨论中还会谈到您将需要提交的最新残障文件，来说明残障的性质和程度以获得SAT或者ACT以及入学后的特殊照顾。

最常见的残障

能够使学生在高中期间获得特殊照顾的最常见残障诊断是学习障碍，包括阅读困难、处理信息速度困难、书写困难以及多动症等。为了简化讨论，我们将焦点放在为以上残障情况所提供的特殊照顾上，尽管其中大部分内容也适用于因身体残障而影响活动能力、视力或者听力的学生，以及有精神紊乱或者其他医疗状况的学生。

在我们讨论具体的大学录取和申请之前，我们想先分享一些背景信息来帮助您更好地了解适用于高中期间的联邦法律以及适用于入读大学后的法律。了解它们间的不同非常重要，因为某所大学提供的服务可能跟您在高中期间所获得的服务非常不一样。

适用于高中的法律

有两种主要的法律定义并保护有残障的高中生的权利。

《特殊教育法案》

《特殊教育法案》（Individuals with Disabilities Education Act）是一项联邦法律，旨在帮助从学前到高中阶段因残障而需要获得特殊教育服务的学生。根据具体的残障情况，除了提供特殊设计的课程或者对常规课程进行修改外，还会提供其他额外的帮助，例如获得考试的额外答题时间、课业辅导、更频繁的休息、在更安静的环境中考试、使用口头考试，或者其他种类的帮助。法律要求为每位符合要求的高中生提供免费的适当服务，并将其记录在个别教育计划（IEP）或其他干预计划中。如果需要当地学区的资金来支持这些服务，那么入读私立高中或者在家接受教育的学生可能需要与自己的公立学区进行协调。

《特殊教育法案》是一项旨在促进学生在K-12阶段取得成功的教育法。如果有残障学生在不使用额外支持的前提下也能够在普通教室的环境中学习，他们通常就没资格通过特殊教育法案获得额外的支持。

第504条

第504条是为残障学生提供帮助的第二项法律。第504条是1973年通过的《康复法案》中的一部分。该法禁止歧视“因身体或精神残疾而严重限制一项或者多项主要生活功能的学生。例如看、呼吸、学习以及行走”。法律帮助学生在接受教育和参与教育活动时获得适当的照顾。与符合《特殊教育法案》规定的学生不同，适用于504条的学生不需要有资格获得特殊教育服务。504条所提供的照顾可能包括在上学期间使用药物、使用学校电梯以及为有阅读障碍的学生提供额外的考试时间。

适用于大学的不同法律

《特殊教育法案》所提供的福利在学生高中毕业后就会结束。取而代之的是《美国残障人法案》，这是一部影响范围非常广泛的法律，适用于高中教育机构和公司。

《美国残障人法案》

《美国残障人法案》要求学院和大学为所有学生提供合理的便利，以确保他们不会因为残障而受到歧视。它旨在确保合格的残障学生能够获得平等的机会参与各种活动。《特殊教育法案》是为了促进学生的成功，而《美国残障人法案》的目标则是为了平衡竞争环境。与《特殊教育法案》处理教育权利不同，《美国残障人法案》提供的是民权保护，就像第504条一样。

学生成功 VS.学生获取

促进学生成功的方法和确保学生获取的方式之间有很多不同，而充分了解这些非常重要，特别是对有学习障碍或者多动症的学生来说。一些大学提供《美国残障人法案》所要求的基本获取服务，但其他的大学则提供超出最低标准的很多服务，在一些情况下，甚至远超最低标准。每名学生都需要了解能够帮助自己成功的必要条件，然后寻找那些提供相应支持的大学以及考虑其他能让一所大学有吸引力的品质。

需要问自己的一些重要问题

在高中期间因学习障碍、注意力缺陷、多动症以及其他残障而获得特殊照顾的学生，无论是否与特殊教育服务相结合，都应该继续使用在第四章中就开始的个人评估。与家人一起，您应该问自己一些额外的问题来了解残障以及相应的特殊照顾在您的教育中所扮演的角色。残障的角色或者影响越大，寻找能够满足您残障相关需求的学校也就越重要。《K&W指南——针对有学习障碍的学生的大学课程和服务》（*K&W Guide to College Programs and Services for Students with Learning Differences*）一书中提供了一系列的自我评估问题，适用于所有被诊断为残障的学生。以下是我们认为的最重要的一些问题：

· 我残障的性质是什么？第一次被诊断出来是什么时候？我最近一次的诊断测试是什么时候？

· 我高中期间的表现如何？

· 我在修大学预备课程、被修改过的课程、特殊教育课程还是组合课程？

· 我曾被批准获得的特殊照顾是什么？其中哪些是我最经常使用和需要的？

· 我的学术优势和劣势是什么？

· 我的长期目标是什么？它们是否现实？

有了这些答案在手，您和您的家人将更容易评估不同的大学以及它们所提供的服务。如果您选择与大学分享这些信息，它们会对此非常感兴趣。

针对残障的支持类别

> “我儿子在高四被诊断出患有多动症。因为他非常聪明，我和他爸爸也提供了必要的帮助，使他顺利完成了学业。因此，我们在他申请大学时没有考虑他所选择的大学是否有针对多动症的支持。那是一个特别大的错误。”
>
> 一名在大学期间遇到问题，但最终获得了帮助的学生的母亲

大学间在为残障学生提供服务的性质和范围上差异很大，但每种服务都可以被归入三种比较宽泛的种类中的一种。了解这些种类会帮助您找到最符合您需求的大学。

第一级别或基本支持（Tier One or Basic Support）

大多数大学提供“基本支持”，也称为“第一级别支持”。基本支持符合联邦政府的法令，为能够提供相应残障文件的残障学生提供合理的便利条件。这些支持有时也被称为“有限项目”或者“自我指导项目”。

每所大学必须有一名职工专门负责为提交了符合规定的残障文件的学生提供适当的特殊照顾。第一级别支持提供诸如延长考试时间、使用大字体材料和使用文本转语音软件等便利条件。在提供第一级别支持的大学，残障人服务办公室通常会为需要延长考试时间的学生提供批准信的副本交给每门课的老师，并解释需要特殊照顾的理由并要求获得相应的照顾。学生本人有责任来回答教授可能提出的任何问题，并在整个过程中为自己争取机会。受过专门残障问题培训的职工不会监督学生的学业进展，也不会提供任何其他与残障相关的支持，尽管其中也有例外。学校为残障学生提供的咨询、支持和辅导服务与其他在校学生不会有太多区别。

很多学生认为提供第一级别支持的大学所提供的最基本的残障支持对他们来说已经足够支持他们取得成功。对那些懂得如何自我争取、管理时间并且在高中期间表现良好的学生，第一级别的服务对他们来说非常适合。

第二级别或配合性服务（Tier Two or Coordinated Services）

第二级别支持超出了法律规定的最低要求，并为提交了符合规定的残障学生提供基本照顾之外的专业服务。第二级别支持的另外一种叫法是“配合性服务”。在基本的照顾之外，第二级别支持还包括免费为学生提供的特殊辅导、特殊技能课程以及必要时的补习课程。

提供第二级别支持的大学通常会有至少一名经过认证的学习障碍专家，来帮助学生制定满足其个人需要的策略。在这类学校，学生通常需要主动提出想要获得的帮助；如果获得了相应的帮助，学校会进行一定的进度跟进。配合性服务适用于那些具有良好高中表现但可能需要在时间管理以及寻求帮助方面获得支持的学生。学生们常常惊讶地发现大学的课业压力更大，因此尽早获得相应的支持非常重要。

第三级别或结构化项目（Tier Three or Structured Programs）

最高级别的残障支持被称为第三级别，或者“结构化项目”。这些支持提供最全面的服务，旨在为有学习障碍或者多动症的学生提供支持。它们有时也被称为“主动项目”（proactive programs）。

这些项目的工作人员都在学校障碍和相关领域接受过专门培训，并提供广泛的服务，如诊断服务、特殊咨询和指导、特殊课程和辅导，以及各种专业化的辅助，包括文本转语音或语音转文本软件以及笔记记录者。工作人员会监督每名学生的进度，并根据学生需要对项目做出适当调整。但监督的力度因项目而异，可能会低于学生在高中期间的程度。

除了常规学费之外，提供第三级别支持的学校通常会针对这些特殊项目收取额外的费用。学生通常必须在提交入学申请之外提交单独的特殊项目申请。该类别中最著名的项目之一是亚利桑那州大学（University of Arizona）的SALT项目，有600名左右的学生参与（全校总人数在33 000人左右）。每名参与者都会被指派一名学习专家每周与学生会面，讨论从自我争取到时间管理的各种问题，以及得到辅导员在作业以及课程上所提供的帮助。佛蒙特州普特尼的地标学院（Landmark College）是另外一个例子。这是一所专门为患有多动症、学习障碍和高功能自闭症频谱紊乱的学生而设立的大学。它提供四年制和两年制的学位。

结构化的项目适用于那些在高中阶段严重依赖特殊照顾的学生，以及在得不到广泛支持（可能包括有效管理时间方面的帮助）的前提下无法在大学期间获得成功的学生。密切关注学生的进展非常重要，这样可以避免让问题变得更加糟糕。结构化的项目对那些不太懂得如何自我争取的学生也非常有帮助。

选择一所能够满足您需求的大学

一旦您确定了能够满足您需求的残障支持，您就可以使用我们之前提到的《K&W指南》来开始选校的过程了。指南中提供了350多所高校在学习障碍或多动症方面为学生提供支持的详细信息。这些学校包括著名的四年制大学，也包括社区学院。大学的网站也会提供学校针对残障人士的服务和项目的信息。您可以在大学网站上的搜索框中输入“disability services”（残障服务）来找到相应的信息。提供服务和项目的大学通常会在网站上清楚地列出相关信息，尽管您可能需要搜索一下才能找到。您也可以在本书末尾的资源部分找到其他一些额外的信息资源。

> “我鼓励所有的学生掌控整个申请过程。只要您做了足够的功课，那最后找到的学校应该是最适合自己的。让自己的家人参与其中，理清自己的优先选项，并享受整个申请过程。”
>
> 玛丽贝斯·克拉夫艾特斯（Marybeth Kravets），《K&W指南》合著者

一旦您确定了选校名单，到校园参观会为您提供非常有价值的信息。预约参观残障人服务办公室并与负责人沟通。这些办公室通常独立于招生录取办公室，因此您不必担心您的访问会与申请相关联，除非您选择在申请中披露自己的残障情况。您还可以询问如果最终您选择入学并希望得到相应的服务，应该向他们办公室提供什么类型的文件。提供第三级别支持的大学会要求您提交最近的文件作为您申请该项目的一部分。提供第一级别和第二级别支持的学校会在您被录取后要求您提交文件。在入学前就了解清楚学校的要求将有助于您做好相应准备。

我是否应该在申请中披露自己的残障？

学生的家庭通常想知道学生是否应该在大学申请中披露残障的事实。这完全是一个个人决定，因为大学不能在申请中询问关于残障或者是否需要特殊照顾的问题。当然，例外的是那些专门为残障学生设计的课程。诸如SALT之类的结构化项目通常需要学生提交两份申请，一份用于常规入学申请，另一份用于结构化项目本身。在这些情况下，残障是申请中很重要的一部分，而且必须披露。

那对一般的披露应该怎么看？有时，学生会认为他们对特殊照顾的需求可能使他们相对于其他申请人处于不利的位置，或者他们不希望招生办在考虑他们入学申请时将残障视为“亮点”。关于是否披露的选择完全取决于您自己。如果以下任何

一种情况适用于您，那选择披露可能会对您有帮助：

· 您的课业成绩和标准化考试成绩因为残障而相对较低。

· 您的残障是在高中后期才被确诊的，自那以后，您的成绩有了显著提高。

· 您的残障影响了您高中期间所修的课程。例如，您没有修外语课，或者您经常上其他大多数学生都不需要上的学习技巧课。

· 您的残障影响了您参与课外活动的性质和范围。

披露这些信息可以让招生官将这些特殊情况带入综合审核过程中，并自动解答他们可能会产生的问题："为什么她的成绩在高三期间上升这么快？""为什么他的标准化考试成绩相对于课业成绩如此低？"通常情况下，自己主动为招生官提供问题的答案会更好，而不是让招生官猜测具体原因。法律不允许大学在录取过程中歧视有残障的学生，加上学习障碍和多动症现在如此普遍，而且很多学生都会主动披露，因此招生官对它们也非常熟悉。事实上，如果您已经通过申请向招生官传达出了大学想看到的个人素质，例如努力学习、自我倡议、洞察力等，那披露自己的残障事实可能会让招生官对您刮目相看。通用申请（Common Application）和其他申请中的额外信息部分可以用来披露这类情况。

> "因为《美国残障人法案》是为了保持获得机会的平等，我们不会试图最大化学生在考试中的表现来让他们获得自己所能达到的最高分。我们仅仅是提供公平的参与机会。"
>
> 苏珊·迈克逊Susan Michaelson，ACT考试特殊照顾主任

其中有一类特殊情况跟某些特定的医疗和精神疾病有关，因为它们经常对学生的高中学术记录和高中校园生活的其他方面产生影响。有时，披露某种医疗情况是不可避免的，不管是身体上还是精神上的，因为成绩单上会显示某门课程因为医疗原因而被注销。在这种情况下，您应该着重强调您的康复程度和您面对大学生活的信心。同样，通过在申请中披露这些信息来体现出自己的洞察力、成熟度和深思熟虑将对录取大有帮助。您需要尽量降低大学认为您有潜在风险的想法。我们提醒您不要披露太多细节，因为这对申请并没有太大必要。

标准化考试中的特殊照顾和其他政策

被诊断为各种类型残障的学生可以向大学理事会（负责PSAT、SAT、SAT科目考试和AP考试）以及ACT主办方（负责ACT考试）寻求特殊照顾。

最常见的特殊照顾请求通常是获得额外的考试时间，一般是考试标准时长1.5倍的时间，但特殊照顾中也可能包括频繁的休息、单独的考试场地、花几天时间完成考试、大字体试卷、使用电脑完成作文部分等。一些特殊照顾可能会在常规的考试地点提供，但有一些则可能需要另安排时间在校内进行。大学理事会和ACT主办方不会标记通过获得特殊照顾而得到的分数，因此大学也无从判断您是否接受过任何考试中的额外辅助。

学生应该通过学校的升学指导老师来获得考试特殊照顾。升学指导老师或者高中指定的其他老师会通过大学理事会或ACT主办方提供的在线平台来提交特殊照顾申请以及所需的证明文件。大学理事会或ACT主办方在做出正式决定之前可以选择批准、拒绝特殊照顾或者补充额外材料。大学理事会最近就其流程进行了全面改革。大多数通过所在高中的正式计划获得并使用特殊照顾的学生都可以自动获得大学理事会管理的考试中的其他特殊照顾，其中包括SAT科目考试和AP考试。

提交特殊照顾申请需要尽早开始。申请需要在考试日期前至少一周得到批准并到位，以确保考试场地有足够时间做出适当的安排。

> “我遇到过第一天上课就带了学生服务中心出具的说明的学生。里面清楚地列出了学生在课堂上所需要的帮助，从使用课堂笔记记录者到使用录音设备再到考试时需要额外时间等。这能够让我们更容易地帮助到学生。”
>
> 一名大学老师谈提前计划的好处

有关申请大学理事会管理的考试的特殊照顾信息，可以到大学理事会网站www.collegeboard.com上搜索Accommodations for Test Takers with Disabilities（为残障考试者提供的特殊照顾）和到ACT网站www.act.org上查找Services for Examinees with Disabilities（为残障考生提供的特殊服务）获得。这些网站还为那些无法通过高中进行申请的学生家庭提供了其他申请特殊照顾的途径。

被大学录取后

无论您是否在申请中披露了自己残障的事实，一旦您被大学录取，我们鼓励您马上与学校的残障服务办公室取得联系，了解他们需要什么材料才能使您入学后得到特殊照顾的资格。

该程序因校而异，因此请尽快获取此信息。一般来说，大多数学校要求残障诊断在过去的三年之内，而且任何智商测试都必须使用成人版本（而不是针对儿童的版本）。对许多学生来说，这可能意味着，如果他们没有符合要求的测试结果，则必须自费重新获得测试结果。但有时候，如果您在10年级或者11年级进行重新测试，您父母可能会通过您所在的高中进行安排。如果学生要求，学校通常会使用成人版的智商测试。提前计划通常可以节省很多不必要的担心、时间和金钱。

对在家接受教育的学生（Homeschoolers）的建议

在过去的25年中，家庭学校已经成为受越来越多的美国家庭欢迎的选择。在家接受教育的学生人数很难计算，但全国家庭教育研究所（National Home Education Research Institute）估计，在美国有超过200万的学生在家接受教育。如果您在阅读本节，可能您就是其中一员。

家庭选择在家教育子女的原因有很多。最常被提到的原因是对学校环境的担忧，对宗教或者道德教育的渴望以及对学校提供的学术课程的不满（其中包括希望提供更多有挑战性的课程）。在国内和国际比赛的运动员、在全世界表演的艺术家以及有严重健康问题的学生也经常选择在家接受教育。无论原因是什么，虽然您和您的家人选择了高中阶段的家庭教育，但像大多数在家接受教育的学生一样，您可能还是会将传统的大学教育视为自己的教育目标。

大学欢迎在家接受教育的学生

好消息是，大多数大学都非常欢迎在家接受教育的学生。很多大学在审核此类申请时非常有经验，有些还为在家接受教育的学生制定了专门的申请准则和政策。您会发现，大学对在家接受教育的学生的审核与常规申请并无异，审核内容包括课业成绩、课程水平、标化成绩、课外活动、文书、面试以及推荐信。

> “汉密尔顿学院（Hamilton College）欢迎在家接受教育的学生提交申请。在家接受教育的学生在过去的很多年中已经成为我们校园中不可缺少的一部分。我们感受到他们为学校生活所提供的独特的贡献：主动性、独立性以及对创造性学习的热爱。”
>
> 汉密尔顿学院（Hamilton College）
> 招生办网站

当您开始申请大学时，我们建议您尽可能多地使用普通高中申请者申请大学的方法和研究方式。我们在本书中提到的关于自我探究、参观大学、撰写文书、准备标准化考试以及创建一份分布平衡的大学清单等所有内容都适用于在家接受教育的学生。然而，在几个方面，在家接受教育的学生的经历确实与其他学生存在着显著的差异。您应当对此引起足够重视，来确保完善自己的申请。

在本节的其余部分，我们将简要地讨论这些要点。通过到大学网站上搜索homeschool applicants（在家接受教育的申请者），您可以找到更多具体学校在这方面的要求。如果在网站上找不到所需信息，请与招生办取得联系进行询问。及早获取此类信息将保证您有充足的时间来准备申请。

课业成绩和成绩单

大多数大学以及所有有选择性的大学还是希望看到您在高中期间修了广泛的课程。这其中包括科学实验室课程以及除英语外的其他外语。虽然大学可能在审核您的申请时保持一定的灵活性，例如您花了一年时间研究鸟类学，但没有修任何基础的生物课，或者在没上任何常规英语课的前提下阅读了希腊和凯尔特神话，但您还是需要保持课程分布的平衡性。大学是专注于学习某个专业的阶段。即使您的家庭教育课程不同寻常，但您也还是需要考虑大学的要求，并确保您的课程符合最基本的要求。

大学希望看到您的课业成绩，但课业成绩只在相对的背景下才会有意义。即使在一所常规的高中，如果全班一半的学生都拿到了全A的成绩，那您的全A成绩就不会显得多么不同。同样，如果您是班上唯一一名学生，而您的父母又是自己的老师并且给你所有的课程都打了A，那么招生官就很难用这些信息来将您和其他申请者进行比较，甚至是其他在家接受教育的学生。如果您可以通过常规高中、社区学院或者质量很高的在线项目补充您在家的课程，这样会对您的申请有很大帮助。特殊案例包括那些使用了远程学习学校提供的全套高中文凭课程和教师支持的学生，例如劳雷尔斯普林斯学校（Laurel Springs School）或者橡树草地学校（Oak Meadow School）这样的远程学习学校。这些机构会提供与常规高中类似的成绩单和推荐信。公共虚拟学校也是如此。

标化成绩

对在家接受教育的学生来说，标化成绩的重要性通常要比传统申请人更高，因为大学在评估在家接受教育的学生的课业成绩时所面临的困难更大。即使是许多接受选择性提交（test-optional）的大学也会要求或者强烈建议您提交SAT或者ACT分数，以帮助它们评估您的大学预备情况。同样，SAT科目考试和AP考试也能帮助有选择性的大学评估您所修课程的难度和您对知识的掌握程度。几门不错的SAT科目考试成绩会加强您的申请，而且很多大学推荐在家接受教育的学生参加考试，尽管学校对传统申请人并无这方面的要求。如果您想参加AP考试，您需要提前几个月联系当地的高中进行注册，因为考试只有在每年5月份在高中提供，而且注册必须通过高中进行。

> 推荐信应该由对学生非常了解的人来写。这跟推荐人的职位无关，我们关心的是申请者本人。推荐信是为了填补信息空白，是为了帮助招生官获得学生各方面表现的信息，如与他人协作和思考的能力、与同学和老师的相处融洽度、为自己倡议的能力，以及跟随和挖掘自己兴趣的能力。
>
> 布鲁斯·波池（Bruce Poch），柴德威克学校（Chadwich School）
> 大学升学指导执行主任和波莫纳学院（Pomona College）前招生办主任

推荐信

您的母亲既是您的“升学指导老师”又是您的母亲吗？她能代表您写一篇客观的，对大学招生官来说有说服力的推荐信吗？有些大学会想看到这样一封信。除此之外，如果您能请家人以外曾经教过您的人来写推荐信那会对您的申请很有帮助。如果您在高中或者社区学院，甚至跟私人辅导老师上过课，那您可以请他们为您撰写推荐信。克莱蒙麦肯纳学院（Claremont McKenna College）还要求在家接受教育的学生提交一份课外活动推荐信，最好由了解您在一个更大社区中的表现的非家庭成员撰写，例如教练、雇主或者神职人员等。大学想了解您在学术之外的社交能力。即使大学没有特别要求，最好也能提交一封类似的推荐信。

课外活动

参加课外活动对所有高中生来说都很重要，尤其是在家接受教育的学生。确切地说，您选择做的事情本身并不重要，但一定要体现出您对所参与活动的兴趣、持久的投入和社交经历，来证明您能与其他同伴融洽相处。因为您通常无法参加当地高中的社团和活动，所以您可以在当地社区寻找机会。如果您是音乐家，那您可以参加私人课程或参加当地的管弦乐团或合唱团。当地运动社团的队伍会汇集来自不同学校的学生，而且对戏剧感兴趣的人也可以参与当地的社区剧社。童子军和宗教组织也会提供很多有意义的社区活动。社区服务对在家接受教育的学生来说也是很好的活动机会，因为时间上非常灵活。活动机会比比皆是。

面试

虽然我们觉得所有学生都应该充分利用与招生官或者校友面试官进行面试的机会，但我们强烈推荐在家接受教育的学生在有面试机会的前提下，尽量参与面试。

> “我让我的推荐人来评价我作为社区领导者和成员的表现。因为作为一名在家接受教育的学生，在向推荐人要求推荐信时，我们必须考虑哪些信息能让招生官对我们自己有更全面的了解，尽管这些信息对常规申请者来说很普通。”
>
> 一名曾经在家接受教育的在校大学生

事实上，很多大学要求在家接受教育的学生参加面试，并将其作为申请的一部分。面试为您提供了一个可以讨论自己作为在家接受教育的学生的经历，探讨自己的志向以及表现自己在社交和与人交流方面的能力的机会。我们在第十章中分享的面试贴士会对您非常有帮助。

突出在家接受教育的经历

家长：从九年级开始就要记录孩子的教育情况，包括使用过的教科书、孩子读过的英文书以及他所做过的特殊项目等。特殊项目对在家接受教育的学生来说是一个优势，他们比普通高中生更容易表现出他们可以独立开展项目并对自己的教育负责的特质。大学喜欢这种能力，但它们也想看到具体细节。随时掌握这些信息将便于您的孩子在填写申请表时使用。

学生：解释为什么您和您的家人选择让您在家接受教育。您是如何去做的、获得了什么成就以及您现在对这段经历有什么看法，这些都将成为您申请中的重要元素。在家接受教育的学生经常使用申请表中的额外信息部分来提供此类信息。在家接受教育的形式对不同学生来说可能千差万别，因此每个学生必须将他们独有的经历描绘给招生官。

总结：为什么您要早着手准备？

我们强烈建议您比常规高中学生更主动地开始准备大学申请，弄清楚不同大学对您的具体要求，例如在所学课程、标化成绩、推荐信等方面。大多数大学希望看到您选择在家接受教育的原因，您是如何面对整个过程的，以及一份全面的课程概况介绍，包括所有修过的课程的介绍和使用过的书籍。每所大学的要求可能都会有所不同。如果学校网站上的信息不够充分，那您可以给招生办打电话询问学校的具体要求。作为一名在家接受教育的学生，您可能无法获得高中升学指导办公室的资源，因此申请大学的过程可能也更具挑战性。但您付出的所有额外努力都将非常值得。

做出改变：如何成功转学？

选择转学的学生大多数就读于社区学院。社区学院的设立就是为了让学生能够在两年内完成转学所需的学分转入一所四年制大学。其他选择转学的学生在高中结束后会直接进入录取他们的四年制大学，同时从一开始就打算尽快转学到一所自己更喜欢的大学。还有一些学生是因为发现他们的第一所大学对自己来说根本不适合。

有时，学生选择转学的原因非常现实。例如尽管获得了一些财政援助，但发现学费、杂费和生活费的负担还是太重；或者因为家庭的特殊原因可能需要搬到离家更近的学校；又或者对某一新的领域产生了兴趣，而当前的学校不提供相应的专业，或者觉得当前学校的学术要求太高（或者太低）。

其他的原因可能不太具体。您可能发现自己在一所大型大学里迷失了自己，已经不觉得秋季的每个周六的大型球赛能够让自己感到兴奋了；回头再看，您发现自己在一所规模较小的学校里会更舒服。或者，您可能会发现，您在一开始喜欢一所小型学校，现在感觉地理位置太偏、太孤立，而您想进入一所更大的学校。也许您发现当前的学校的学生群体氛围或者气候条件让您感到不舒服。又或者您可能太想家，只想离家近一点。

您在本书中已经阅读的大部分内容都适用于转学生，因为这个过程与新生申请过程非常相似，只是稍微有些不同。在本节中，我们将讨论两种过程的相似之处和不同之处来帮助您确定转学是否适合自己。如果最后的结果是适合，我们也会为您提出下一步的建议。

一些转学的基本信息

很多大学喜欢录取转学生，因为他们通常年龄稍大，更加成熟，并且在入学时带有一种严肃的目的性。转学生已经在之前的学校有过充足的锻炼，因此大学不需要担心他们是否能在入学后有良好的表现。转学生还能够帮助大学填补在校学生因退学、暂停学业或者转学而造成的人数空缺。

以下是一些转学生需要注意的问题：

· 不同大学间录取转学生的人数差异很大。一些最具有选择性的大学在转学录取上选择性更高，因为名额有限。

· 学生通常在大一或者大二结束时转学。大多数学校希望学生入学至少两年时间，以获得学士学位。

· 州立大学通常与州内的社区学院签署衔接协议，以简化学生的转学过程。学生在一套通识教育和专业准备课程中达到特定的GPA要求就有可能得到入学资格。

· 在转学过程中，不同大学对标化成绩和高中成绩的考虑程度各不相同。这可能取决于您是在大一还是大二转学。转学时间越晚，这些成绩占的比重也就越小。在大多数情况下，如果一名学生在大三期间转学，这些成绩的比重可能就微乎其微。如果您的高中成绩和标化成绩不高，请务必查询大学对转学申请的要求。如果它们要审核您的高中成绩和标化成绩，虽然您的高中成绩已经不能更改，但您还是可以考虑重考标准化考试来提高自己的分数。

· 申请截止日期通常在2月1日或者3月1日，有的学校的截止日期会更早或更晚。

· 录取通知通常会在新生年级录取通知发布之后发布。录取结果最早可能在4月底公布，但一般会在6月1日前公布。

· 大学在提供财政补助政策方面的差异也很明显。因此您需要单独向学校询问。

转学适合您吗？

做出从一所四年制大学转学到另一所四年制大学的决定非常复杂。大多数两年后转学的决定往往是有充足根据的。那时，学生往往很清楚他们现在的学校能提供什么和不能提供什么，以及转学的优缺点。假设学生对转学有清晰和现实的想法，那提交转学申请可能意义会更明显。

可能会有问题的是那些一年之后就转学的决定，这意味着学生可能在大学的第一学期就已经决定要转学。换句话说，他们在作为新生报到后不久就决定要离开了。由于转学申请的截止日期通常在冬末或者早春，您通常需要在第二学期刚开始就着手准备申请。您真的觉得您已经对现在的学校有足够的了解了吗？我们之前讨论过世界上没有哪所大学是完美的，有很多所大学能够让学生感到高兴和自在。您是否有用长远的眼光来看待当前的问题，例如与室友关系不和或者您不喜欢现在的几门课的老师？您是否加入过社团或参加过您感兴趣的活动？如果您发现您大一年级的一些同学对课程毫无兴趣，您有没有主动联系教授询问他们是否有做研究的机会？（是的，大一学生也可以做研究。教授非常喜欢大一学生，因为他们会在学校至少待四年时间。）如果您遇到学业困难，您是否有向学术支持服务中心或者您的老师及助教寻求过帮助？

> “我申请大学的时候被最喜欢的学校放在了等待名单上或者拒绝了。所以我来了某州立大学，并下定决心尽早转学离开。但是我最后没有转学。我后来发现学校的荣誉项目、与教授交流和做研究的机会让现在学校变成了我的‘梦校’。”
>
> 一名打算转学但最终没转的学生

如果您正在因为以上原因考虑入学一年之后转学，我们鼓励您跟其他人谈谈自己的想法。您可以先从学校分配给自己的指导老师开始。一些学校会分配一名学术指导老师给每位学生，甚至一名同伴指导，他们通常是接受过专业培训的在校大三或者大四学生，专门来帮助大一新生。找时间与他们其中的一人或者多人沟通，或者去找新生年级主任来聊。也可以跟自己的父母交谈。可能最后问题会不解自开。

我们认识的一名学生在大学第一个学期结束后回到了他的高中升学指导老师那里。他说学校太小了，每周末只有一个派对，而且似乎总是同一个派对。这名指导老师说如果学生决定转学，他会帮助他进行申请，但之后，指导老师就再也没听到学生的消息，直到大三结束后。这名学生说他现在非常喜欢这所学校。指导老师问他大一年级发生了什么让他决定转学，学生回答说：“我当时还只是名大一学生。”

转学申请过程有什么不同？

许多大学使用的转学申请与新生申请无异，仅仅做了一些修改。我们将以通用申请（Common Application）为例来介绍转学申请与新生申请的不同。其中的原则也同样适用于其他申请。

大学课程成绩

高中成绩和课程可能是新生申请中最重要的因素，但对转学申请来说，大学的成绩将成为最重要的因素。即使您对自己目前正在修的课程感到失望，也还是要尽自己最大的努力完成。转学申请将要求您提交当前的大学课程和其他已经修过的课程，以及提交您所读过的每所大学的成绩单。

> “我被所有申请转学的大学拒绝了，因为我申请的都是那些录取率超低的学校，我知道我的胜算不大。”
>
> 一名需要找到适合自己的学校的学生

很多大学还是会审阅您在高中阶段的成绩和标化成绩，特别是如果您在大学一年级时转学，但您的大学成绩还是会受到更仔细的审阅。我们了解的一所大学会将大一转学的学生的高中成绩算作总的学业成绩的三分之二；如果在大二转学的话，高中成绩比重会降到三分之一。但是，达到最低要求可能还不够，特别是申请一所申请人数远大于录取名额的学校或者申请的专业是学校非常热门的专业。招生官也知道，有些大学的打分比另外一些学校更加严格，跟高中的情况一样。

对很多认为当前学校学术要求太高，并导致大学成绩不理想的学生来说，申请拥有开放录取或者宽松录取政策的学校可能会是个很好的选择。相比之下，有选择性的大学希望看到学生在校期间有着突出的学术表现。

您想转学的原因

新生申请和转学申请的第二个不同是转学生需要提交一份个人陈述。您需要通过个人陈述写明自己转学的原因和希望达到的目标。最出彩的转学申请者都会有一个令人信服以及成熟的转学理由。

如果您本来就在为进入四年制大学而完成一个两年的学位，那您的答案很显而易见。但如果您已经入读了一所四年制大学，转学的原因就可能是您在当前的学校没有找到自己想追求的学术方向，或者因为学校没有提供自己想要的专业，又或者因为学校没有小型研讨会形式的课以及没有机会作为本科生参与到研究中去。也许您想要加入的运动项目或者其他活动已经被暂停或者得不到足够支持了。促使自己转学的原因可以有很多。

> “当我在高中申请大学时，我选择大学的标准是学校的地理位置、学术项目以及社交声誉（而且完全按照这个顺序来）。我以为学校的地理位置比任何其他因素都重要。当我决定转学时，我仍然按照这些因素来选择大学，但地理位置已经变成最不重要的一个因素。我的想法更加专注和成熟了，而且我知道我想从学校的学术学习中获得什么。”
>
> 一名对自己现在的学校非常满意的转学生

保持活跃

新生申请和转学申请的第三个不同是您被问及的参加课外活动的时间段。相比新生申请需要您列出九年级到十二年级的课外活动，转学申请会要求您列出高中十一年级到大学三年级（如果适用的话）的所有课外活动以及工作经历。很自然，大学会更看重您在大学期间为当前学校做出的贡献，以及这些活动是如何帮助您探索不同的学术兴趣的。

这意味着，即使您一进大学校门就打算转学到另外一所学校，您还是应该尽可能多地参与到当前学校的活动中去。这甚至可能还会让您改变转学的决定。通过参加社区服务项目或者社团运动，您可能还会找到自己的朋友圈。但即使这没能让您改变转学的主意，参与这些活动也能让您的转学申请看起来更充实。大学希望被它们录取的转学生能积极参与到学校生活的方方面面，而最直接的预测因素就是学生当前的活动水平。

能参与到活动当中就足够了。一般大一学生和大二学生很少能担任领导职位，例如学校校报的编辑、学生会主席以及某支球队的队长等。在一所大型的州立大学，学生可能在刚开始都很难参与进正式的活动中去。您申请转学的学校会了解这一点，所以不要因为转学就强迫自己表现活跃。只要参与到自己感兴趣的活动中就足够了。

“您为什么对我们学校感兴趣？”

许多使用通用申请接收转学申请的大学还要求申请者回答一些补充性问题。这些问题往往侧重于学生的学术兴趣以及很常见的一个问题：“您为什么对我们学校感兴趣？”有时您会发现这两个问题被合并成了一个问题：“我们学校可以如何帮助您实现您的学术目标？”请注意其中的“学术”（academic）一词。

针对这些问题，要像填写新生申请一样，您应该尽可能具体地解释为什么自己与某所大学匹配。尤其是在那些转学录取率非常低的学校。如果只浮于表面地回答“学校有杰出的声誉”或“学校设施很先进”并不会对申请产生任何积极作用。大学希望它们录取的为数不多的学生能够真正知道自己要什么。用经过深思熟虑和充满洞察力的方式回答“如何”以及“为什么”类的问题能够让大学认识到您就是它们想要寻找的合适人选。 所以您应该对大学以及其提供的您所感兴趣的课程进行仔细的研究。哪位教授是自己感兴趣专业的领头人？您觉得哪些课程对自己最有吸引力？什么类型的学术问题最能引起自己的兴趣？

所需的推荐信

接受社区学院学生或者其他选择两年后转学的学生的公立大学通常不需要提交推荐信。事实上，如果您所在的社区学院已经与您感兴趣的大学达成了协议，那么您的转学过程将变得非常简单、流畅且可预测。即便没有明确的协议，您仍然不需要提交任何推荐信。

但是，如果您想转学到私立大学，那您可能需要一封或者两封来自大学老师的推荐信，以及一封学院院长或者其他学校官员的推荐信，而且甚至需要一份高中的学校报告。每所大学都有自己在转学申请表格和推荐信方面的要求，所以您必须与每所学校核实，以确保提交符合学校要求的材料。

如果您大学的课堂规模很大，并且您跟自己的教授都不熟悉，那您可以考虑让助教来写推荐信。让了解自己学业情况的人来写一封详细的推荐信要比一位虽然杰出但根本不认识您的教授写的敷衍的推荐信要有用得多。您可不想最后提交的推荐信里写的是：“我根本不认识某某学生，尽管他在我的大型讲座课堂上拿了一个A的成绩。”

许多学校还设有专人负责为学生写很多大学要求的“大学报告”。请务必在学生咨询办公室提前询问，了解自己大学的具体操作办法。不同大学的做法可能有所不同，但此报告通常由学生服务办公室（office of student services）或者注册办公室（registrar’s office）开具。在邀请老师写推荐信的时候不必感到难堪，因为这不能说明您是在批评老师的教学，而只是想获得帮助继续前进。要知道，您肯定不是第一个计划转学的人，所以大多数老师都会乐意帮助您。如果有可能，为您的老师提供一份自己的简历，这会对他们写推荐信非常有帮助，也能够表现自己在过程中的组织性和计划性。

转学指导、访校和面试

访问校园可以帮助您确定自己作为转学生是否与学校相匹配，就像高中生访校一样。那些录取大量转学生的大学甚至会为转学生提供专门的信息介绍会。我们鼓励您在可能的情况下参加此类的介绍会，因为您可能会得到有助于申请的提示。许多规模较大的大学也有专门的转学生顾问，他们的工作就是回答有意转学的学生的问题并协助他们申请。

此外，一些学校也为潜在的转学生提供现场面试的机会。这对于那些因服兵役或者其他原因而造成教育间隔的学生来说尤其有用。转学面试一般会侧重于了解您想转学的原因，以及您到目前为止在大学期间的成长。虽然您肯定会被问到在当前学校的经历，但是一定要避免过于强烈的批判。把重点放在自己从这段经历中所得到的收获上，以及强调自己会如何从新的大学中受益。

除了解录取的信息之外，您还需要了解可以向新的大学转入多少学分。如果您转到与社区学院签订了合作协议的大学，那您大部分或者全部的学分都可以转入。在所有其他情况下，学校会进行逐课审核。私立大学可能会在您申请之前进行非正式的审核来判断您可以转入的学分数量，但您必须要问清楚。您可以联系大学专门负责转学申请的招生官或者转学顾问来进一步了解。

第十三章

对国际学生的建议

如果您正在阅读本章，那您可能是许多在美国之外出生并接受教育的高中生之一。您的国籍是非美国籍，也没有永久居民身份，并且会以新生的身份申请美国的大学。现在，美国的大学比以往任何时候都更欢迎国际学生的申请，并非常重视他们为学校的学术环境所做出的贡献。

虽然本书其他部分的信息对美国和国际学生都适用，但国际学生需要更多的额外信息来保证申请的成功。您需要了解为什么美国大学的招生录取流程与其他国家如此不同，以及这会如何影响您自己的申请。另外，您还需要了解美国大学的招生官是如何处理来自国际学生的申请的。

> “美国的教育不像其他国家一样由国家统一管理，所以每所大学的录取要求都不一样。”
>
> 史黛西·考斯特尔（Stacey Kostell），佛蒙特大学（University of Vermont）招生副校长

本章建立在之前所有章节的基础信息之上，来为您提供有关国际学生申请的更具体的信息。这些信息并非适用于所有国家。我们会首先介绍一些重要的背景信息，然后讨论申请方面的具体细节。在本章的最后，我们将简要讨论其他特殊情况，例如无证学生（undocumented students）和在美国接受教育的国际学生。

作为国际申请者的优势和劣势

国际学生为校园生活带来了全新的视角和体验，因此受到很多大学追捧，特别是那些希望为在校的美国学生提供更加全球化教育体验的学校。大学知道，在校生不仅从教授那里获取知识，同时也会在同伴间互相学习，而国际学生极大地丰富了

学生在课堂内外教育体验的多样性。大学招收国际学生也有财政方面的考虑。世界各地越来越多的家庭愿意支付全部的费用来获得美国大学的教育，而与此同时，很多美国国内的家庭却已经无法负担大学的总花费。国际申请人数和入学人数的增长为美国大学，特别是大型州立大学带来了很多好处。它们将这个不断扩大的市场看作是平衡大学预算并同时提高校园全球化的不可多得的机会。

从中国、韩国和印度等国家来美国读书的学生要比其他国家多得多，所以这些学生可能在申请某些选择性很高的大学时会与自己国家的申请者进行竞争。另外，如果国际申请者有数额巨大的财政需求，他们只能依赖大学自己的奖学金来获得支持，因为他们不能获得联邦政府的财政补助，而只有很少数的大学能够为他们提供必要的帮助。如果这些挑战也是您会面对的，我们将在本章后一部分讨论应对大学录取和申请过程的方法来帮助您应对这些挑战。

大学想看到什么?

在许多国家，大学的录取会通过国家考试或者大学入学考试进行，几乎没有其他额外的要求。正如您从本书中已经了解的那样，美国大学的招生录取流程更为复杂。不同大学间的程序千差万别，甚至不同州的公立大学的录取程序都很不一样，而且不光考查考试成绩。

课堂之外的活动

与其他国家的大多数大学不同，美国的大学将自己视为一个社区。它们不仅提供学术课程、实验室以及图书馆，还提供管弦乐团、运动队、辩论社团、剧院、校报，以及一些可能会让您感到惊讶的不寻常的活动。所有这些都是为了满足您在教育和社交方面的发展。学生通过参加或支持大学运动队来学习有组织的竞争。他们的经历也会通过积极参与或者观看学生自编自导的艺术表演而得到丰富。学生社团会提供锻炼领导力的机会，而社区服务能够帮助校外组织

> “由于大学会寻求那些在课内和课外都能做出贡献的国际学生，因此申请者一定要在他们的申请中着重强调自己能为校园带来的学术、文化和社交方面的贡献。”
>
> 詹姆斯·蒙脱亚（James Montoya），大学理事会（College Board）高等教育和国际高等教育高级副会长

并帮助当地需要帮助的居民。美国大学社区活动的多样性和活动水平本身就是一种很好的教育。

这些因素也会影响申请过程。招生办会在审核您的学术准备程度之外判断您可能通过什么方式为校园做出自己的贡献。通过阅读老师推荐信，招生官想了解您的学习方式，而不仅仅是看您之前取得过什么成就。这对很多国际学生来说是一个非常陌生的概念。此外，通过您的个人陈述或者文书，招生官会将您作为一名独特的个体来评估，他们希望看到您不仅能参与课堂讨论，而且还会积极参与宿舍和校园的各种活动。

国际学生身份的特殊吸引力（hook）

在第二章中，我们描述了能够帮助学生在申请过程中脱颖而出的特殊吸引力。国际学生的身份也可能是其中之一，尤其是那些来自在校生群体中缺乏代表性的国家和地区的学生。一些国家来美国留学的学生人数众多，因此大学可以较容易从中选择学生录取。但就像是美国东北部的大学觉得来自怀俄明州的学生是香饽饽，或者加州的大学觉得来自阿拉巴马州乡村的学生是稀罕物一样，对一所大学来说，如果它们收到一份从某个很少收到申请的国家来的优秀学生的申请，那它们可能会想尽一切办法录取这名学生来增加在校学生群体的多样性。如果您想了解各个学校学生群体的地理分布多样性，您可以到学校网站上查找新生年级的资料。

> “申请美国的大学时，一定不要刻意通过展示自己去美国的次数或者参与在美国非常受欢迎的课外活动而让自己的申请看起来‘美国化’。这样并不会让您的申请有区分度，反而会让您的申请变得非常枯燥。”
>
> 赛斯·艾伦（Seth Allen），
> 波莫纳学院（Pomona College）
> 招生及财政补助副校长

对大多数国际学生来说，能够将他们与本国以及大多数美国同龄人区别开来的一个因素是他们在自己国家政治和文化方面的觉悟，以及了解自己国家在世界上的地位。您的任务是让自己独有的国家认同感变得具有吸引力和独特性。

您的申请将如何被审核？

正如招生官会按区域审核美国国内的申请一样，收到大量国际申请的学校也会将国际申请分配给不同的招生官来审核，这样也能增进招生官对特定国家或地区的了解。现在，许多大学还会将招生官派往世界各地举行招生宣讲会、访问高中以保持对国外教育情况的熟悉。

阅读来自新加坡、印度、法国、巴西或者中国的申请需要相当的技巧，因此负责每个国家的招生官必须对当地的教育系统非常熟悉。这些申请彼此之间的不同要远大于纽约州的申请与佛罗里达州或俄勒冈州的申请之间的不同。如果招生官对某个不熟悉的国家的申请有任何疑问，他们还会与其他大学招生办的同事或者自己学校的教授取得联系。

在大多数情况下，国际录取的考虑因素与美国本地的申请相差无几。通常大学会考虑的因素有：课业成绩、课程难度、标化成绩、写作、课外活动、推荐信和特殊才艺（包括音乐和体育等）。然而，作为一名国际学生，您的申请还会被招生办以国际的视角进行审核。

您所在的国家是否有标准的国家课程，因此所有学生修的课程都一样？打分的方式和标准是什么？您所在的学校（或国家）是否很少重视课外活动，还是这些活动都只能在校外进行，例如，参加某个私人体育俱乐部？从事社区服务是一件不寻常的工作吗？您的学校是否了解美国大学想从推荐信里看到什么？（以法国人为例，他们很少对学生提出褒奖。招生官对此熟悉并会考虑进审核中。）当然，一些国际学生在国外读的是美式高中或者国际高中，而且也会修AP或者IB 课程。招生官对这些课程都非常熟悉。他们的老师也熟悉如何撰写美式的充满细节的推荐信。

您应该申请哪些学校？

正如我们在第四章中讨论的，美国有各种您可能完全不熟悉的大学。特别是博雅教育（liberal arts education）。博雅教育可以让学生充分涉猎人文、艺术、社会科学、自然科学以及数学等领域的课程，并同时深入学习某个专业（或多个专业）。这是美国高等教育区别于世界的非常独特的教育理念。美国的本科教育大多采用博雅教育，这甚至比工程、建筑或者商科等职前培训专业更为普遍，尽管这些专业也广受学生欢迎。

文理学院或者综合型大学提供的博雅教育，能够让学生从跨学科的角度来思考问题并丰富自己的知性体验。经常让很多国际学生感到惊讶的一点是，大多数美国本科生在进入大学时并没有决定好自己要选择什么专业。事实上，这不仅是可以接受的，而且大学会鼓励学生在定专业前，充分探索在高中期间没有机会涉猎的领域。很多其他国家的高中系统鼓励并要求学生在高中阶段就选择自己的专长，例如，您可能已经非常清楚自己的学术兴趣并且建立了一个很好的科学或经济学背景。招生官很清楚不同国家教育体系间有差别，所以您的申请不会因为自己已经有了明确的学术方向而受到消极的影响。但是在申请中表明自己对其他学科也感兴趣可能不失为明智的决定。

> "作为一名国际学生，文理学院最吸引我的就是学生群体的多元化和较少的学生人数。学院强烈的社区感让我感受到了家的温暖，而且还有乐于助人并富有同情心的教授，这一切都让我的大学经历超出了我的想象。"
>
> 一名回顾自己在美国读书经历的国际学生

国际学生和家长通常认为就读的大学必须是在他们自己的国家享有较高知名度而且受到尊重的学校，这导致他们只申请那些曾经听过的，而且录取率极低的大学，或者学校的名字中包含了一个他们知道的州或城市的名字的大学。在一些国家，有很多针对不同专业的推荐大学名单，通常每个名单只有十所大学左右。对于那些不懂英文，无法区分美国成百上千所大学的家长来说，他们只能笃信于这些有限的列表。类似的列表根本不能提供可靠或足够的信息，但它们确实让很多学生都往几所特定的学校申请，最后导致学校的录取率变得更低。我们建议您认真考虑以下几个部分中我们总结的了解学校的方法。

> "请记住，美国的学院和大学没有官方的排名系统。最好的学院或者大学就是那些最适合您自己并符合您所有要求的，例如在学术设置、财政补助以及个人需求等方面。"
>
> 来自EducationUSA网站

从您的高中升学指导办公室或在线资料库开始

如果您的高中有了解美国大学教育的升学指导老师、老师或者行政人员，那您可以从他们那里获得很好的帮助。但是如果没有，您可以通过网络获取帮助。从BigFuture网站www.bigfuture.org开始。另外您也可以访问EducationUSA的网站：educationusa.state.gov。EducationUSA是一个由美国国务院教育

> "我在EducationUSA的咨询中心得到了太多的帮助。这是我了解美国教育体系的主要资源。中心的书、杂志和网络链接对我非常有用，而且中心的工作人员在我实现自己目标的过程中对我的帮助很大。"
>
> 一名来自加纳的国际学生

和文化事务局支持的包括全球400多个教育咨询中心的全球网络。中心提供了广泛的信息以及分布在每个国家的咨询中心位置。EducationUSA中心还会在世界不同地区举办大学展会，来自美国不同大学的招生代表会前来与学生见面。如果您参加类似的展会，请带好翻译成英文的成绩单、标化成绩以及一份课外活动简历与大学招生代表分享。

如果大学展会不能够到达您所在的城市，而且专程去美国参观大学对您的家庭来说并不现实，那网络资源将发挥最好的替代角色。正如我们在第五章中提到的，您可以到www.collegeweeklive.com网站上参加专门为国际学生设立的虚拟大学展会。您还可以在很多学校官网上找到虚拟校园游览，或通过在线校园游览网站例如www.campustours.com来了解校园。

阅读大学的信息册

一个经常被忽视但非常有用的资源是大学的信息册（college catalog），您几乎可以在每所大学的网站上找到。阅读有关大学教育理念的一般信息，也称为大学使命（mission），以及关于毕业要求、完成自己感兴趣的专业的要求、学术课程设置等的具体信息。如果想了解招生信息，最好直接到招生办的网站上查询。招生办欢迎对学校感兴趣的学生与它们联系，因此您可以直接向它们发送电子邮件来询问那些在官网上没有找到答案的问题。

检查基本的信息

在您搜索美国大学时，请确保您感兴趣的大学都获得了认证。获得认证说明学校的学术质量得到了美国教育界的认同。大多数知名学校都得到了认证，但如果您找到一所并不熟悉的学校，您可以通过美国教育部网站www.ed.gov/accreditation来查看其认证情况。为确保大学已经获得美国学生和交流访问者项目（US Student and Exchange Visitor Program）的批准，请访问其数据库SEVIS（Student and Exchange Visitor Information System）网站http://studyinthestates.dhs.gov/school-search查看。您还可以使用SEVIS网站来了解签证信息：www.ice.gov/sevis/students。美国全国招生咨询协会（National Association for College Admission Counseing）网站www.nacacnet.org在其知识中心（Knowledge Center）的国际（International）页面上提供了很多关于学生签证的有用信息。

关于中介和咨询的一些看法

一些美国大学聘请海外中介来帮助它们招收国际学生。虽然这些中介可能会对您的申请过程起到一定帮助作用，但是要知道他们同时也在为付他们佣金的大学服务，而且很多中介不光从大学收取佣金，他们也会向学生和家庭收取服务费用。如果您正在考虑与中介进行合作，一定要问清楚他们是否也在为特定大学招收学生。由于为特定大学招生的中介不能保证他们服务的中立性，因此不能过于依靠他们来为自己考量不同类型的美国大学。使用中介在美国非常有争议性，而且一直以来都是招生行业激烈争辩的话题。

一定要小心那些声称能够保证您被大学录取或者拿到I-20（学生签证资格证书）以及获得学生签证的中介。他们根本做不了这样的事情。只有美国大学有录取决定权，也只有大学有资格签发I-20表格，并且只有美国国务院才有资格决定学生签证通过与否。美国全国招生录取协会发布了一份题为*Trusted Source: Seeking Advice on Applying to Universities in Another Country*（可靠资源：寻求申请其他国家大学的建议）的报告，专门解释这些问题。您可以到NACAC的网站上找到此报告。

如果您所在的国家/地区有独立升学顾问，那他们可以作为您升学的另外一种资源，而且他们与大学没有雇佣关系。尽管存在时差，但美国的一些独立申请顾问也会通过电子邮件或者Skype网络电话与海外学生进行有效合作。有些升学顾问也会到国外工作。一名好的独立升学顾问应该帮助您和您的家人充分考虑各种教育的可能性，不应该做出任何入学的承诺，能够为您在准备申请时做相应的指导，但绝不能代替您填写申请。您还是需要自己做独立的研究，确保掌握所有申请中所需要的信息，并为自己的申请负责。

标准化考试的角色

与大多数其他国家相比，标准化考试在美国大学录取中的作用相对较小，但对于任何要求SAT或者ACT成绩的大学来说，其作用可能会增大。学生有时会认为他们应该把学校的每个假期都用在准备SAT或者ACT考试上，但实际上，大学更愿意看到您利用夏天的一部分时间去做一些无偿实习来探索不同的职业或者参加社区的志愿活动。

有几所有选择性的大学要求学生提交所有考过的标准化考试成绩。但大多数大学允许学生自己选择成绩提交，而有些大学根本不要求学生提交标化成绩。针对采用选择性提交标化成绩（test-optional）政策的学校的申请忠告：它们其中的一些学校需要标化成绩来考虑奖学金（merit scholarships）发放，有的只适用于某些专业，还有的学校只要求国际学生提交标化成绩。我们始终建议您认真核实每所大学的具体政策。我们在第六章中介绍了标准化考试的用途。

标准化考试的选择?

SAT和ACT并不是在世界所有地方或者任何时间都可以考。在撰写此节时，在未获得授权的中国大陆国际学校就读的学生必须到其他地方参加考试，通常是在香港。SAT在美国的考试日期要比国际考试日期多两个（参见大学理事会暂定的2020—2021考试安排）。ACT的网站上建议："在您选择考试日期之前，首先要了解不同国家的测试中心的考试日期。如果在您自己的国家没有考试日期，您可以就近到另外一个国家参加考试，并检查具体的考试要求。"所以，在您考虑选择哪种考试时，一定要先弄清楚考试的时间和地点，并尽早开始计划。

如果两种考试都可以选，那您可以将它们进行比较，并确定哪种最适合自己。如果您所在的国家/地区不提供任何一种考试，那申请对标准化考试有硬性要求的学校会比较困难，但有些学校还是会接受您的申请。如果可能的话，最好参加其中一种考试。即使是申请可选择性提交的大学，国际学生最好还是能够提交分数，因为这些分数能为招生官提供一种熟悉的判断标准。

一个重要的提醒

最近几年，世界上某些地区的一些毫无职业操守的公司和组织被发现在标准化考试中作弊。ACT高等教育合作部（Higher Education Partnerships）主任肯顿·保罗斯（Kenton Pauls）说道："虽然大多数考生都是诚实的，但很不幸的是，其中少数人（特别是一部分成年人和有组织的作弊集团）为了追求自己的经济利益而置整个考试的正常秩序于不顾，并不惜牺牲所有其他诚信考生的努力付出。"当考试测试机构监测到此类的活动，它们会取消所有作弊的考试成绩。在极少数情况下，如果发现某些考试中心出现大面积作弊情况，它们将取消所有来自这些考试中心的成绩。如果您正在某考试培训机构或者聘请了私人老师备考SAT或者ACT，一定要确保他们遵循测试机构期望的道德标准。

测试英语语言能力的考试

大学希望学生能够使用英语来完成有挑战性的大学学业。有些学校可能会招收一些英语水平欠佳的学生并要求他们完成一定的英语语言过渡项目，或者桥梁项目，达到要求后才能被大学的常规学术项目录取。

大学会以多种方式评估申请人的英语水平，其中很多也适用于美国学生，例如申请文书的写作质量、英语课程的成绩、英语老师的推荐信（如果提交的话）、在英语为母语的国家生活，以及标准化考试成绩，如SAT、ACT、AP、IB及以英语为考试语言的其他国家的国家统一考试等。大学对这些因素的重视程度各异。大学还依赖那些针对国际学生英语语言能力的专门测试。

托福（TOEFL）

最知名的英语语言考试是托福（TOEFL，Test of English as a Foreign Language）。托福是由教育考试服务中心（ETS）开发的时长为三个小时（从2019年8月1日起开始实施的新政，旧版考试时长为四个小时）的考试，几乎全部通过互联网在ETS全球的授权考试中心进行。虽然SAT不在中国大陆提供，但考生可以在中国大陆参加托福考试。通常看到的托福考试缩写是iBT（internet-based test，在线考试），纸质的考试，又称PBT（paper-based test）在逐渐被淘汰，现在只在没有网络条件进行考试的地区使用。

考试中的阅读和听力部分由系统自动评分。口语部分的回答由审阅者打分，而写作部分的评分由审阅者和系统共同完成。托福考试的分数区间为0到120分，每部分30分，成绩有效期为两年。80分以上甚至100分以上的分数通常是有选择性的大学想要看到的分数。大学的国际申请页面通常会列出学校要求的最低托福分数。如果没有的话，您可以发邮件询问招生办。另外，还要查看大学对最低分数的具体要求：是按总分还是对每部分都有要求。

雅思（IELTS）

类似的考试还有雅思（IELTS，International English Language Testing System）。雅思是由英国剑桥大学开发，并在美国大学中得到普遍认可的考试。它在印度和巴基斯坦最受欢迎，因为很多学生会同时申请英国和美国的大学。雅思的分数从1到9分，考试时长为2小时45分钟，口语部分有考官进行现场测评。雅思考试主要以纸质考试进行。有关雅思考试如何打分的更多信息，您可以访问官网www.ielts.org来进一步了解。申请大学时，您通常需要达到一定的最低分数，与托福一样。

选择考试

很多美国大学两种考试都接受，但您需要跟大学单独确认。ETS网站上有一个托福和雅思的成绩对照表，网址是www.ets.org。因为对海外申请造假情况的担忧，这两种语言考试的重要性也日渐增加。

> “托福和雅思的成绩能够帮助招生办判断申请者是否有足够的英语水平来胜任学校的学术项目。对学生来说，选择参加这两种考试中的一种也能够让自己更加清楚自己的语言水平并判断什么样的学校更适合自己。”
>
> 迈克尔·史代道（Michael Steidel），卡内基梅隆大学（Carnegie Mellon University）招生办主任

豁免提交托福或雅思的情况

如果您作为国际学生已经在美国的学校学习了三年或者以上，并且英语水平已经达到接近母语的程度，那您可能不需要参加托福或者雅思考试。在美式或者英式国际学校读书的学生也是如此。不过，您应该与每所大学单独核实。一些有选择性的大学只有在学生达到SAT以循证为基础的阅读和语法（Evidence-Based Reading and Writing）部分或者SAT写作部分特定的分数线（通常很高）的情况下才会考虑豁免托福或者雅思。

我们建议您最好还是提供托福或者雅思的分数，以增强申请的质量。SAT和ACT的阅读和写作部分是专门为英语为母语的学生设计的，而托福和雅思则是专门为英语为非母语的学生设计的，因此它们能够更好地体现您的英语水平。这也是为什么很多有选择性的大学推荐学生参加语言考试的原因。在一些情况下，很高的语言成绩能够弥补相对较低的标化成绩。无论怎样，正如来自一所选择性很高的大学

的招生官说的，好的语言成绩能够“为申请增色”。

完成申请

申请美国大学的过程可能会非常复杂，而且可能与您自己国家的大学入学过程差别很大。

截止日期

要注意的是，美国大学的申请开始时间要比其他很多国家早很多个月。标准化考试应该在您高中最后一年之前就完成，这样的话，如果有需要，您还有充足的时间选择重考。大学申请表可以在申请当年的8月1日完成，通常情况下，根据大学的截止日期，您需要在10月15日到来年的3月15日之间提交。大学的申请截止日期适用于所有学生，不管是美国国内学生还是国际学生，但有些大学可能对国际申请者有特殊的要求。一定要到每所大学的官网上了解大学具体的要求。

成绩单和其他官方材料

大多数大学要求高中提交您在高中期间（从九年级开始到申请之前）的官方成绩单，其中包括您修过的所有课程和获得的分数。您可能还需要提交一份处于有效期之内的护照个人信息页的复印件。其他要求或者推荐提交的文件可能包括高中文凭、毕业证书以及国家考试成绩等。如果这些文件的语言不是英语，那您需要通过专业的翻译公司进行翻译并且进行公证，有时甚至需要提交由专业的成绩认证机构提供的评估，并将成绩按照相应的美国标准进行转换。

大学的官网通常会写明申请的具体要求以及推荐并指定具体的服务公司来引导您完成申请。您不需要向大学发送任何获奖或者荣誉证书的副本，除非大学要求您提交。这些材料只会增添您申请的页数，并没有实际作用。总之，一定要按照学校的要求来。

跟美国学生一样，招生办也会通过您的成绩单来评估您所修课程的难度以及在班级中的表现。您的英语成绩将会被非常看重，因为作为国际学生，您需要体现出自己能够适应以英语为教学语言的学术环境。为了保证精确性，很多大学会聘请专家来验证国际学生成绩单和其他申请材料的真伪。

录取的决定，不管是发给美国学生还是国际学生都是以成功完成高四（或高中最后一年）课程为前提条件的。学生在正式入学前，大学必须要收到高中发送的学生最终成绩单，其中包括所有科目的成绩和毕业日期。如果最终的成绩比提交申请时的成绩低，大学会根据情况做出相应的回应，从一封严肃的警告信，到要求学生试读（academic probation）再到取消学生的录取通知等。对很多习惯了只通过考试申请大学的国际学生来说，这简直难以置信。但，这确实会发生。

国际学生需要提交的额外表格

通常情况下，国际学生需要提交比美国学生更多的表格和信息。如果您在一个非美国系统的高中学习，您需要确保您的学校在学校报告（school report）中介绍清楚了学校具体的课程设置和打分区间。如果您的成绩单由被授权的翻译公司或者认证机构直接发送，那最好能够在文件中加入学校的介绍。学校的官员通常会被要求提交关于您的额外信息，例如毕业考试的预测分数（如果有的话）等。另外，正如我们之前提到的，大学对国际学生在标准化考试方面的要求可能也会更广泛。一些大学还会要求国际学生提交财产证明，我们在本章后半部分会详细介绍这部分内容。

文书和个人陈述

每名申请者都是独一无二的，而大学恰恰想通过您的申请听到您独特的声音。事实上，也正是出于这个原因，申请的文书写作也被称为“个人陈述”（personal statement）。作为一名国际学生，您应该有充分的自信来分享您独到的观点。世界上的每个国家都很有趣，而该国的每个公民都应该有一些关于自己国家的有意思的话题可以分享。每个国家都有自己独有的文化、历史、文学以及与美国的某种关系，或敌或友。每个学生都可以通过自己的分享将这些

> “这是一个能够让您来分享自己的兴趣、长期目标和强项的部分，也是申请中最重要的内容之一。”
>
> EducationUSA网站

文化带入自己的申请中。

当然，这不是必须要写的。国际学生也可以像美国学生一样写关于体育的文书，但一个写关于板球运动的印度学生，或者一个写足球的西班牙学生，或者一个讨论棒球的日本学生都可以将自己独特的文化视角带入到文书中去。还有全球气候变暖问题，虽然这是全世界所有国家都面临的处境，但对来自孟加拉国以及俄罗斯的学生来说，他们的经历将远不同于来自美国中部地区的学生。说到底，文书最重要的还是质量，而不是话题本身，您自己的观点和经历应该是整篇文章的核心。

不合适的额外帮助

美国老师和招生官会假定所有提交的写作作品都是学生自己的原创。而招生官在检测学生文书写作方面具有敏锐的洞察力，他们会很容易看出来文书是出自学生之手还是一个比学生年纪大好几年或者几十年的成年人写的。他们也可以检查学生SAT和ACT的写作部分，并将考试中定时写出来的作品与申请中经过修改后的作品相比较。多年以来，来自世界各地申请者提交的经过太多额外打磨和修改，甚至代写的文书一直都是个问题。

我们明白，在某些文化中，特别是那些只通过或主要通过考试作为大学选拔标准的文化中，申请文书的写作经常会被外包给其他人代办，而这种做法在其文化中可能已经被默认。虽然每种文化在定义可接受行为的方面有着不同的标准，但对一名准备进入另外一种文化的学生来说，他同时也会进入另外一种不同的学术要求和标准，以及不同的礼貌和行为模式中。而这个过程将从申请过程本身开始。

美国大学的招生录取过程要求申请必须由学生亲自完成。如果您跟任何中介或者咨询机构合作，一定要确保双方都认同此要求。如果大学对申请中的任何一部分产生怀疑，那这可能会导致申请被直接驳回。

提交申请和支持性文件

通过网络提交申请最有效率。事实上，现在大多数的申请，包括通用申请，都通过在线提交。即使学校接受纸质申请，提交在线申请还是可能会帮您免掉申请费。查看每所大学的招生主页来获得更多具体的信息。如果您必须邮寄申请或者其他文件，请务必保留一份所有文件的副本；如果有可能的话，尽量使用可跟踪查询的邮寄方式，以便查看投递接收记录。许多大学要求您在其网站上设立一个账户，以便您查看申请状态、了解申请材料的完整度，以及在审核过程结束后查看录取情况。

推荐信

大多数大学要求一份由高中升学指导老师或者行政老师提交的学校报告（school report）和一封推荐信，并要求或推荐提交一封或者两封任课老师推荐信。在很多国家，这是闻所未闻的。很多国际学生报告称，他们所接触的高中行政老师或任课老师会让学生自己撰写推荐信，老师只需要签字就可以。这对很多学生来说可能都非常有吸引力，因为谁不想自己来控制推荐信中的内容？但千万不要这样做。向行政老师或者任课老师提供一份您修过的课程目录和成绩，外加您的课外活动情况，以及简单描述推荐信的目的。麻省理工学院（MIT）发布的一篇非常实用和具体的文章——*How to Write Good Letters of Recommendation*（如何撰写优秀的推荐信）也适用于其他所有要求提交推荐信的大学。网页上写道："推荐信在录取过程中起到了非常重要的作用。一封为一名优秀的学生写的很好的推荐信能够突出学生在自我倡导之外的出色品质。"

> "升学指导老师和任课老师的推荐信只有提供具体事例时才会起到帮助作用。他们应该向我们提供我们在申请的其他方面了解不到的内容。尝试向我们描绘学生的整体情况并提供学生取得的成就的处境信息。无论何时，都要用具体的事实和故事来支持您的结论。"
>
> *How to Write Good Letters of Recommendation*（如何撰写优秀的推荐信）

推荐信需要用英文来写，如果原文不是英文，则需要将其翻译成英文并由高中直接通过在线申请系统上传或发送给大学。您还会被要求"放弃您的FERPA权利"，这是美国法律授予您在入学后查看您的申请档案的权利。不管查看自己的申请档案对您有多大的吸引力（如果大学还保留了您的档案的话），我们强烈建议您放弃这一权利，这样您的推荐人才能够尽可能诚实地向大学进行推荐。放弃的话也能够向大学表明您非常相信您的推荐老师。

面试

不是所有的大学都提供面试。但当有面试机会时，一定要争取参加面试。面试可能是与招生官或者校友面对面交谈，也可能是通过Skype网络电话或者电话进行。

面试可以作为评估您英语水平的很好的途径，也可以让大学对您有更多的了解。我们在第十章中专门讨论了面试。

支付大学费用

对大多数国际学生来说，到美国读本科的机会取决于家庭支付学费、住宿费和其他各种费用的能力。美国只有五所左右的大学对国际学生采用“盲录”（need-blind）的录取政策并在录取后提供全额按需财政补助。（我们在第八章中介绍了这些政策和其他关于财政补助的重要信息）。

为什么？原因很简单，而且完全基于经济学。美国政府为有财政需求的美国国籍学生提供财政支持，即使支持的总额并不能完全填补学生的实际需求。但是美国联邦学生补助计划并不对国际学生开放。除了家庭的支持外，国际学生唯一能获得财政补助的渠道就是录取他们的美国大学，尽管很多国家也会为它们最好的学生提供奖学金。

为国际学生提供财政补助的学校

许多大学为国际学生提供大量或者部分财政补助。一些大学甚至向所有被录取的学生提供100%的按需财政补助。您可以到下面的网站上查看一份表单，列出了400多所向国际学生提供财政补助学校的具体补助信息：https://www.bigjeducationalconsulting.com/resources。这份表单是由两位资深的独立升学顾问整理的，分别是加州的杰夫·乐伟（Jeff Levy）和哥伦比亚首都波哥大的简尼·肯特（Jennie Kent），内容每年都会更新，而且是现在市面上唯一提供此类信息的资源。

> “一些大学为国际学生提供非常慷慨的财政补助。一些学校提供奖学金，而有的只提供按需补助。不同大学间的补助差别也很大，所以要查看每所大学的财政补助办公室网站来了解更多具体信息。”
>
> 克里斯·胡克·哈令（Chris Hooker Haring），穆伦堡学院（Muhlenberg College）招生和财政补助办公室主任

申请不同种类的大学

不要因为大学不能满足您的所有财政需求而不去申请这所学校。每所大学都想为学生提供充足的支持，但不是所有学校都有足够的资源来做到。但是它们还是能为学生提供补助，而只有申请这些学校的学生才能得到。如果您只申请那些能够提供100%按需补助的学校，那您将错失很多好的机会。需要助学金的学生需要申请不同种类的大学，而且要考虑那些在自己的国家知名度不是太高但对国际学生非常慷慨的学校。

· 跟往常一样，您可以先从网络资源开始。除了上面我们分享的表单之外，还有几个非常实用的网站可供您使用。一定要选择自己想要攻读的学位。

· NAFSA, www.nafsa.org

· EduPass, www.edupass.org

· International Student Network, www.internationalstudent.com

· EducationUSA, http://educationusa.state.gov/financial-aid

· Funding for US Study, www.fundingusstudy.org/

千万不要相信一些毫无职业操守的中介或者咨询机构承诺的帮助学生获得奖学金的宣传。这些蛊惑很容易被识破，因为他们会先向您收钱。真正提供奖学金的机构是不会收取申请者任何钱的。

表格以及更多的表格

需要从大学获得财政补助的学生或许可以直接使用大学理事会提供的International Student Application for Financial Aid（国际学生财政补助申请表），但学生可能还需要提交一份大学自己的表格。有时，申请财政补助的国际申请者还会被要求提交与国内申请者相同的申请表：FAFSA（Free Application for Federal Student Aid，联邦学生财政补助免费申请）或者CSS PROFILE（大学奖学金服务表格），或者两者都提交。还是同样的做法，一定要了解每所大学具体的政策。

最重要的是，无论是在申请时还是在决定入学时，所有国际学生都需要向大学证明他们有足够的财政支持来完成四年的学业。为了获得允许您申请美国学生签证的文件（I-20），您和您的家人必须提交证据来证明您可以支付除助学金或奖学金外的第一年的花费。提供的财政证明需要覆盖学费、书费，以及学习用品、食宿、健康保险、旅行和日常必需品等的费用。每所大学都会帮助您进行计算并列到I-20的表上。

一种最常用的表格是Certification of Finances（财产证明）。您可能会收到录取您的大学发来的表格。您也可以在网络上搜索并下载。一些大学也会使用其他类型的表格，例如Affidavit of Financial Support（财政支持保证）。您需要提供银行的账户记录以及其他财产记录来完成表格。大学可能还会要求材料的原件。

关于财政补助的额外几点

需要补充说明几个例外和条件。第一，非常有利的一点，一些大学会对加拿大和墨西哥的学生施行同美国学生一样的“盲录”政策，出于对维持“好邻居”关系的战略考虑。如果您是这两个国家的公民，那这个政策可以帮助您。不太有利的一点是，一些学校没有或只有很少的针对国际转学生的财政预算；一些学校不建议需要财政补助的国际学生提交早申请，而是通过常规申请提交申请，因为学校想在常规申请阶段一起审核所有需要财政补助的学生。但需要知道的是，大学的政策可能会随时发生改变。

很多富有进取心的学生有时希望在入读大学期间工作，从而赚取足够的钱来支付学校的费用。但由于学生签证的规定，国际学生在美国大学就读期间的就业选择非常有限，而且没有任何一份工作能够赚得足够的费用来支付大部分大学费用，更不用说全部的花费。我们提醒您不要期望以这种方式来负担您的大学教育。

特殊情况

在美国国内读高中的无证学生和国际学生，以及在美国国外读高中的美国公民，都需要在申请大学的过程中考虑一些特殊情况。

无证学生

虽然没有被正式算作国际学生，但在美国长大和接受教育的无证学生在寻求高等教育时会面临非常特殊的挑战。虽然他们可以进入大学，但是他们没有资格获得联邦财政补助，甚至可能没有资格获得州政府的补助，只能通过大学，特别是私立大学获得支持。关于无证学生的政策一直处于不定状态。

不同州之间的政策差异

2001年，美国国会首次提出立法，也称为“DREAM Act”（《梦想法案》），目的是为无证学生提供一条通往公民身份的途径。法案虽然到现在还没有通过，但2012年通过的DACA计划（Deferred Action for Childhood Arrivals，童年入境者暂缓遣返手续）解决了问题的一部分。有关DACA的详细信息，您可以访问www.ice.gov/daca获得。不同州的公立大学和学院在法案实施方式上也不同。加利福尼亚州在2011年通过了“California DREAM Act”（《加州梦想法案》），允许从加州高中毕业的无证学生获得州政府的财政补助。自法案通过以来，已经有至少20个州通过了类似的法律为无证学生提供各种有利条件，例如州内学费标准或者获得州政府财政补助。但是，阿拉巴马州、佐治亚州和南卡罗莱纳州目前还是禁止无证学生就读这些州的部分或者全部公立大学。

为了帮助无证学生找到所需信息，美国教育部出版了一本题为 *Supporting Undocumented Youth*（《为无证青年提供支持》）的指南。您可以到教育部网站www.ed.gov的搜索栏输入标题来找到它。其他有用的信息资源包括http://getmetocollege.org网站。网站上有一部分专门介绍大学针对无证学生的政策，您可以在Funding for College的标题下找到。另外一个有用的信息资源是www.iacac.org/undocumented，你可以到网站上搜索undocumented来阅读 *College Advising Guide for Undocumented Students*（《无证学生申请大学指南》）。有关如何申请或者续签DACA身份的建议，请访问国家移民法律中心（National Immigration Law Center）网站www.nilc.org。

因为DACA，您可能可以获得社会保障号码（social security number）；如果没有的话，那您可以在申请大学时不予提供。不要自己编一个号码，而且可以放心申请，不必担心身份信息泄露，因为FERPA（《家庭教育权利和隐私法案》）会保护您入学申请和财政补助申请中的隐私。即使申请中要求您填写国籍或者移民身份的信息，您也不需要提供，除非您已经获得了DACA身份。有时，在线申请表格不允许留有空白。如果是这种情况的话，您可以将申请表打印出来，手动填写，复印一份副本，并将原件邮寄给招生办。

早开始并做好充分研究

因为无证学生需要了解他们的身份在每所大学对申请的影响，因此您需要尽早开始了解学校并向高中的老师、辅导员、社区组织以及经历过此过程的毕业生寻求帮助。FinAid网站www.finaid.org提供了很多有关无证学生在申请财政补助和获得国家支持方面的信息。在网站的搜索栏里输入undocumented可以找到相应的信息。另外一个实用的平台是http://mydocumentedlife.org上的博客，里面分享了很多有关教育机会和奖学金的信息。

墨西哥裔美国人法律辩护教育基金（Mexican American Legal Defense Education Fund）在www.maldef.org网站上用英语和西班牙语发布了一份*Scholarship Resource Guide*（《奖学金资源指南》）。其中列出的很多奖学金项目不要求学生填写移民身份信息或提供社会保障号码。

谁算作国际学生

大学将国际学生定义为既非美国公民也不是美国永久居民的学生。国际学生的所有教育经历可能都是在美国国内，而且英语流利程度接近或者达到母语水平，但他们仍旧是国际学生。同样，美国公民可能一直在国外生活，甚至从出生开始，或者可能拥有双国籍，并且一直在另外一个国家的学校体系中接受教育，但还是会在招生录取和财政补助方面被当作是美国学生。那这些特殊情况对大学录取有何影响？

在美国接受教育的国际学生跟美国学生申请大学的流程一样，但需要提交额外的财产证明表格。如果您在SAT或者ACT考试中阅读、英语或者写作成绩较低，那较高的托福或者雅思成绩可能会提供额外的帮助。参加一门使用自己母语进行的SAT科目考试（如果有的话），来证明自己使用母语进行学术学习的水平。

作为在海外接受教育的美国公民，您可能需要在申请中描述自己就读的本地学校或非美式学校的教学体系。您可能也会遇到我们之前提到的关于老师推荐信和学校报告方面的一些挑战。如果您的SAT或者ACT语文部分（verbal）的成绩处于大学中间区间的低位，那参加托福或者雅思考试可能会对您的申请有帮助，尽管英语是您的第一语言。您的申请也会被放在国际的背景中审核。

在任何一种情况下，您的国际生活和学习经历对招生办来说都很重要。如果您能够有效地表达在两种或多种文化背景中生活的价值，那这将为您的申请增色不少。在美国生活和接受教育的国际学生也可以将这种独特的经历带入申请之中。我们建议您将这些观点通过申请的文书进行展现。

总结

美国大学招收国际学生的历史可以追溯到很多年以前，但在过去的十年里，国际学生的人数几乎翻了一番，而且本科生的比例越来越高。在过去的五年中，仅中国学生的数量就增加了将近一倍。

作为一名潜在的国际学生，您即将加入一个拥有来自全世界各地的年轻人的社区，这些年轻人选择离开自己从小长大的文化和学术标准，来到美国探索新的文化。我们希望本章提供的信息能帮助您更好地过渡到美国的教育环境中。

第四部分

申请流程结尾

第十四章　接到录取通知后的择校过程

第十五章　对家长和学生的忠告

第十四章

接到录取通知后的择校过程

到目前为止，《升学之道》一书的焦点都围绕在如何选择大学并准备申请上。从现在开始，我们将注意力转移到整个申请流程的最后，来讨论在收到大学录取通知后如何进行最后的择校。

> "被大学录取并不意味着人生的大门会毫不费力地向您敞开；被大学拒绝也不意味着您的梦想就此戛然而止。可以选择庆祝或伤感，但一定要记住，这其中最重要的事情一直都没变，那就是来自家人的爱、来自朋友的关心和支持，以及您自己对学习和探索的渴望。"
>
> 一名家长在回顾录取结果公布时说道

对申请ED（早申请）或者EA（早行动）的学生来说，申请过程可能很快会结束。大学通常会在12月中旬（或2月中旬，如果学生申请了ED II的话）公布录取结果。许多大学实行滚动录取制度，通常在公立大学，例如匹兹堡大学（University of Pittsburg）、印第安纳大学（Indiana University）和明尼苏达大学（University of Mennesota）等，而且录取结果通常在几个星期或者更短的时间内公布。但对申请RD（常规申请，包括那些从早申请阶段被推迟考虑的申请）的学生来说，他们需要等到3月中旬或者3月底才会收到录取结果。常春藤联盟大学（Ivy League colleges）通常是最后一组宣布录取决定的学校，时间通常在3月底或4月初。

您将如何收到录取决定?

无论您是提交了早申请还是常规申请，随着录取结果公布的日期的临近，焦虑感和期望值会自然骤增。大多数大学会通过电子方式通知学生，一般通过电子邮件或者在线系统，来加快整个流程并减少公布录取结果时间上的不确定性（因为普通信件可能无法预测何时到达）。选择在线发布录取决定的大学通常会提前公布可以查询的日期和时间。时间到来时，全国和全世界各地成千上万的学生会紧张地坐在电脑前查询录取结果。

早申请的特殊案例

等待早申请的录取结果通常会让人极度紧张。因为学生在作为他们“首选”（top choice）的大学上投入了大量的时间、精力和情感。一个令人满意的录取决定可以让学生和家人都喜出望外。然而，如果最后的结果并不如想象，即使所有人知道被录取的概率很低，还是会让人非常失望。

很多学生会很容易被自己的情绪左右，而忘记了身边还有其他可能申请结果并不理想的同学和朋友。我们强烈建议所有学生将情绪的宣泄留在私底下，无论是喜悦的尖叫还是失望的泪水。出于这个原因，很多高中不鼓励学生在学校期间使用电脑或手机查录取结果。

> “我申请了哈佛大学（Harvard University）的早申请，因为我姐姐在哈佛读书，但是我没被录取。录取决定在一个周三公布，我连续好几天都情绪低落。到周五，我就没事了。到了周末，我已经快把这件事情忘了。没有被哈佛录取并不意味着我有什么问题，因为当年我姐姐还被普林斯顿大学（Princeton Univerisity）和耶鲁大学（Yale University）双双拒绝，这让我认识到整个过程有很多偶然性。另外一个让我感到安慰的事情是那些最后被录取的学生并没有到处宣扬和炫耀：‘啊！我被录取了。我的人生太美妙了。’如果他们这样做的话，可能会让我们这些没有被录取的人感觉更糟糕。每个人都能够互相彼此尊重。很多非常优秀的学生都被拒绝或者推迟考虑了。有点像我们都是难兄难弟一般。”
>
> 一名高中毕业生说道

我们也敦促父母尊重孩子在家中查询录取决定的隐私。有些学生可能希望查询结果时家人在场。然后，在面对有可能的失望时，有些学生更愿意独自面对这个决定。父母应该从孩子那里得到相应的暗示，无论结果如何，一定要毫无保留地支持您的孩子。如果最后的结果令人失望，父母应该避免表现出痛苦或者愤怒，以免增加孩子的负担。这不仅适用于早录取，也适用于稍晚的常规录取。

被录取了！

如果您申请的是具有约束力的早申请，那么获得录取意味着您的大学申请过程到此结束。如果您的录取通知中不包含财政补助信息，那通常在接下来几天会收到。如果财政补助包裹充分满足了您的实际需求，那您需要在入学决定截止日期（通常在几周内）前提交您的入学意向表并支付定金。您还必须撤回所有提交给其他大学的申请。除了一些不可预见的家庭灾难性情况之外，唯一能够让您选择不入学的合法理由是大学提供的财政补助不能够满足您的实际需求。

财政补助和早申请

如果您的财政补助包裹不能够满足您的实际需求，请立即联系大学的财政补助办公室详细说明情况，并礼貌地请求财政补助办公室对您的补助计划进行再次审核。它们或许可以给出让您满意的答案。但请记住，大学认为家庭的实际需要可能与家庭自身感觉的实际需要并不匹配。然后，最后的决定还是需要家庭来做出。家庭需要判断补助包裹是否能为学生提供足够的支持来完成大学的学业。

除了财政补助问题，大学主要依靠荣誉制度来执行具有约束力的协议，因为它们不能在合法的前提下强迫您入学。高中升学指导老师也会尽其所能来执行协议。一些有选择性的大学会互相分享它们的早申请录取名单，作为检查学生是否遵守协议的一种方式。如果您的名字出现在了两个学校的名单上，那您将面临来自两个学校的麻烦，因为它们会同时撤回录取决定。如果没有从一所学校的早申请协议中解脱，并且不选择入学，那学生将面临一系列的麻烦。绝大多数通过早申请被录取的学生都会顺利选择入学。

通过早行动计划（Early Action）被录取

在EA阶段被录取也意味着您的大学申请过程可以愉快地结束了。根据EA的条款，您只需要在5月1日做出入学决定即可。如果您的EA学校也是您的首选学校，尽管不是强制性的，但出于礼貌，您最好还是能够将提交到其他大学的申请撤回，尤其是在您不需要财政补助的前提下。原因很简单，申请的数量越多，大学的录取率也就越低。如果您已经确切地知道自己的入学决定，那就将您的好运与其他人一起分享，让您国内和国外的同伴在常规申请阶段获得更高概率的录取。

但在EA阶段被录取后，并不意味着您一定要结束自己的大学申请。您可能还对其他大学感兴趣，并希望获得更多时间做出最终的入学决定。您可能还想看看自己在春季时会得到哪些大学的录取并比较不同学校间的财政补助包裹。在这种情况下，您就必须要等到收到常规申请录取结果后再做决定。而且在整个过程中，您都会非常有底气，因为已经收到了一所自己很中意的学校的录取。

拒绝或者推迟考虑

并不是所有的早申请都有理想的结果。随着越来越多的学生开始看重早申请带来的申请上的优势，大学不得不拒绝或者推迟考虑数量更多的申请者到常规申请阶段。

如果您被拒绝，您的申请将不会在常规申请阶段被重新考虑。在圣诞假期开始前收到被拒绝的录取决定显然会让人很失望，但重要的是要接受这个决定并自信地进行下一步申请。如果您接受了我们在第七章中给出的建议，那您已经提交或者准备好了其他学校的申请了。这也是您重新评估您的大学清单的好时机，看看自己是否需要删减一些录取概率不大的学校，或者增加几所有把握或者有可能的学校来保持名单的平衡。

如果您被推迟考虑了，大学会说它们还没有准备好为您的申请做出最终的决定。这也是在假期前收到的让人失望的消息。作为被推迟考虑的学生，您的申请将一直处于活跃的状态，并会与常规申请一起被自动重新审核，而无须重新提交申请。您可能最终被录取，但也可能不被录取，具体决定取决于推迟考虑学生的人数和常规申请的总体水平。从数据上来看，被推迟考虑并最后被录取的概率与直接通过常规申请的录取概率相当。大学选择推迟考虑学生的原因有很多，其中有：继续观察学生的成绩表现；要更好地了解您的高中或者区域的申请状况；刻意在早申请阶段控制录取的人数。招生办可能会告诉您被推迟考虑的学生人数有多少。如果它们不自愿提供这些信息，那您可以打电话来询问。

被推迟考虑后需要做什么？

如果您接到了推迟考虑的结果，那您可能会问：“我接下来需要做什么来提高被录取的概率？”我们建议您从另外一个问题开始考虑。如果您申请ED，这所大学还是您的首选吗？如果在常规阶段被录取，早申请的约束力会自动解除。您现在可以再次轻装上阵。有时，对很多学生来说，这种认识会带来一种解脱感。您仍然还有机会被录取，但您可以不再只关注一所学校了。

> “我向我的第一选择大学提交了早申请。当我收到被推迟考虑的结果后我的心都碎了。然后我在来年春季做了所有我能做的事情来争取提高被录取的概率。结果到了3月份，当我最终收到这所大学的录取后，它已经不是我的首选大学了。我最终决定去另外一所大学，而且对学校非常满意。谁都没想到整个过程会如此戏剧化。”
>
> 一名认识到对首选大学的想法会发生改变的大二学生

更新申请

作为被推迟考虑的学生，我们最好的建议是更新您的申请，让自己的申请看起来更有可录取性。您不能重新提交申请，但是可以添加材料。您可以首先向大学发送一封表达自己强烈兴趣的邮件或者信件。一些学校为被推迟考虑的学生提供一份表格以提交更新的成绩、标化成绩、课外活动以及其他成就等。如果大学不提供此类表格，那您可以将这些信息添加到您的信中。

密切关注大学可能给您的任何指示。如果大学表示它们希望收到额外材料，那您可以考虑提交一份已经被老师评过分或评论过的学术论文或者一篇额外的文书。如果学校没有特别说明提交额外材料，则最好不要发送此类材料。在不要求的情况下，提交这些材料对申请也起不到任何积极作用，反而有可能让审阅者变得不耐烦。

其他需要考虑的事情

如果您没有参观过学校，而学校在录取过程中考虑申请者对学校表现出来的兴趣（demonstrated interest），那最好能够到学校实地参观，除非学校不建议这样做。如果您的标化成绩很低，但其他方面都很有实力，那您可以考虑在2月份重考ACT。3月份的SAT考试对申请过程来说为时已晚。我们建议您给招生办打电话，确认分数是否能够按时到达并被考虑进审核过程中。

最后，尽自己最大的努力完成秋季学期的课程也至关重要。与早申请不同的是，在常规申请中，大学会看到您的秋季学期分数，而表现出色的分数能够对申请起到帮助作用。事实上，这也许正是您被推迟录取的原因——招生办想看到您整个秋季学期的成绩。

春季择校

12月中旬的早申请结果公布，虽然让人紧张，但那只是春季常规阶段录取结果公布的彩排。这一次，等待消息的学生人数和公布录取结果的学校也会更多，而且所有环节的周期都相应地拉长。但不同的是，在经过了数月等待之后，终于又轮到学生和家长掌握决定权了。

艰难的择校决定

择校的过程因学生和家庭而异。这很大程度上取决于做决定者的个性和决策风格，同时也取决于具体的选项。一名被自己的首选大学录取并获得足够的财政补助或根本不需要财政补助的学生，可能很容易做出最后的决定。

其他学生可能有几个不错的选择，但最终的决定会取决于财政补助的多少。因为很多具有高度选择性的大学只按需求提供财政补助，或者只提供有限的以才能为基础的奖学金（merit aid），因此一些选择性相对较低的学校可以通过提供非常慷慨的merit aid来吸引水平很高的学生。对很多学生来说，他们很难去拒绝一所给自己提供了大量奖学金而且水平不错的大学，无论另外一所大学声望有多高，尤其是在需要家庭支付高昂费用的情况下。很多没有资格获得按需补助的学生会最终选择提供merit aid的学校。

> "我问了很多从我们学校毕业的校友，'你们当时是如何择校的'？他们都说'我到校园里参观后就立马知道了'。我觉得这个答案对我来说太模糊了。我需要更具体的原因来帮我自己做出选择。我没办法像他们那样跟着感觉走。"
>
> ——一名即将要开始择校的学生

重新回顾自己的优先考虑事项

有时，面临选择困难的学生可以将大学的利弊分别列出。我们建议您重新回顾自己在第四章中填写问卷时的优先事项。认真思考对自己来说最重要的所有因素。在申请过程的几个月中，您的优先事项有可能已经发生了改变。既然您已经对自己的选择有了更清晰的认识，那么学校的声望高低可能就显得不是那么重要了，也可能因为您没有被声望很高的大学录取。或者您可能更想了解您想学习的专业，因为高中最后一年的课程改变了您的学术兴趣。或者您可能愿意到离家更远的地方读书，或者相反，您可能觉得离家太远没必要。所有这些因素都是需要您认真考虑的。

您当然可以绕过所有这些考虑因素，只跟着感觉走。两种方式都可取，而事实上，将两者结合可能效果更佳。

在5月1日前做出最后决定

所有大学都要求学生在5月1日前以某种形式表示他们的入学意愿。当您已经做出了最终的决定，出于礼貌，最好尽快通知自己想入学的大学以及其他您将拒绝的大学。所有大学录取的人数都会比新生年级人数多，因为它们知道有些学生会选择去其他学校。正如我们将在下面一节中讨论的，您放弃的名额有可能意味着大学可以从等待名单上录取另外一名学生。大学越早确定它们还有位置，它们也就可以越快地将录取的好消息分享给另外一名学生。

> "我抛了一个硬币，落到哪所学校，我就认真考虑我对这所学校的看法。每次硬币落到X大学，我心里都会觉得我可能不适合这所大学。"
>
> 一名最终决定去Y大学的高中毕业生

面对失望

虽然许多学生都期待在4月份可以在众多录取自己的大学中进行选择，但有的学生不得不面对让人失望的现实。如果您只被一所或者两所有把握的大学录取，被其他所有大学拒绝或者放在了等待名单上，您可能不会对选择任何一所学校感到兴奋。被自己心仪的大学拒绝心里肯定非常不好受，而被好几所心仪的大学都拒绝，那会更让人失望。但请记住，我们曾在第三章中提到，大学录取过程中的很多因素都超出了您的控制范围，与学生本身的优秀与否并无太大关系。在认识到某些大学的录取结果具有很强的不确定性之后，就可以更从容地面对和接受每个录取结果了。

> "我父母知道我很紧张，所以他们跟我谈心说：'你已经做了自己所能做的一切。'但当收到拒信的时候，我还是会不自觉地懊恼高中四年所犯的每一个错误，都是它们造就了今天我被拒绝的结果。"
>
> 一名高中毕业生

即使那些拥有好几封录取通知的学生也可能会怀疑自己当初的选择。现在要开始做出最后的决定了，很多学生会突然对所有录取自己的学校都没有太大感觉，有些甚至会想当初如果自己把目标定得高一点结果会怎样。

> “我真的很想感受那种被录取的激动，我会跳起来很激动地给我妈妈打电话告诉她这个好消息，但现实情况是我没有感受到任何情绪的波动。但我也意识到，如果自己没有被最心仪的大学录取，那并不意味着世界末日的到来。我没有宗教信仰，所以当人们说事出必有因时，我都会很不以为然地说：‘对，可是……’但我想，我现在确实验证了这一点，因为我非常喜欢现在的大学。”
>
> ——名被自己很有把握被录取的大学录取的大一在校生

提醒自己：世界上没有完美的大学

所有这些反应都是很正常的，重要的是不要被这些情绪所控制。沉溺于消极情绪和假设中会使您更难以接受您当前所拥有的机会。所有大学，无论评价多高或者名气多大，都有自己的缺点。

所有大学，即便是那些最普通的学校，也会有自己的强项。如果您在一开始就仔细研究了所有申请的大学，那无论您最后的选择是什么，永远都不会选错。事实上，大学本身并不会对您未来的满足感产生决定性作用；恰恰相反，起决定性作用的是您自己对教育的投入度。

我们认识的一名女学生除了被一所非常有把握录取的学校录取以外，被其他所有大学都拒绝了。虽然她很失望，但她积极地面对现实。在大一第一学期度过了十个星期之后，她分享说自己非常喜欢现在的大学，虽然当时自己并没有其他的选择。她非常喜欢自己修的课，新交的朋友还有大学本身。在经历了令人失望的3月后，每年都有成千上万的学生拥有跟这名女学生同样的幸福结局。

转学

另外，还要知道，在做出最后择校决定后并不说明以后就不能改变主意了。学生可以在大一或者大二之后转学。有些学生会从他们当初申请时的第一选择大学，甚至是申请了ED的大学转出，有些也会从他们当时很有把握被录取的大学转出，以及那些介于两者之间的情况。在高中最后一个学期和大一有着良好的表现会对转学申请有很大帮助，但是很多大学的转学录取率与新生录取率相似，甚至更低。如果仅仅因为打算转学而选择一个学校当作跳板，那将导致大一一年自己会非常不开心。相反，在入学后，努力去寻找自己大学的优点并尽最大的努力充分利用所有的资源，如果最后还是没有任何实质性的改变，那您可以选择转学。我们在第十二章中详细讨论了转学过程。

春季录取

因为一些大学收到的优秀申请超过了自己所能录取的人数，为了能招更多的学生，它们想到了一个很有创造性的解决方案：它们录取了一部分春季入学的学生，而不是秋季。大学知道，一些学生在春季学期会选择不返校。不返校的原因有很多种，例如健康问题、大学适应问题、经济问题或者学习成绩不佳等；有的学生会出国交换，还有部分大四学生会提前毕业等。因此空余出来的位置就为那些愿意在学年中间入学的学生创造了机会。

明德学院（Middlebury College）和加州大学伯克利分校（University of California，Berkeley）就是两所多年来提供春季入学的学校。明德学院将它们春季入学的学生称为“Febs”，因为春季学期开始时间是2月份。南加州大学（University of Southern California）、布兰迪斯大学（Brandeis University）和惠顿学院（Wheaton College），以及越来越多的其他大学也设有春季入学计划。提供春季入学的大学鼓励学生们充分利用入学前的时间，可以到其他大学修课或者参加一些有意义的活动。一些学校为它们的春季入学新生提供出国交换的机会，如斯基德莫尔学院（Skidmore College）的伦敦项目、科尔比学院（Colby College）的法国第戎项目以及东北大学（Northeastern University）在好几个国家的不同项目等。

> 最可怕的事情是，我们全家男女老少都不知道哪所学校最好。每所学校都有优缺点。有时我甚至想，还不如只被一所大学录取，被其他所有大学拒绝，这样就不需要我们做出如此艰难的决定了。
>
> ——一名正在择校的家长

在学年中间入学的缺点也是显而易见的：您不能与新同学一起体验大学生活的第一个令人兴奋的学期。但话又说回来，您只需要等几个月就可以加入他们一起在您心仪的大学学习了。学生通常不需要单独申请春季入学。如果学校不能给您秋季入学的名额，但预计在春季会有名额，那么它们会在您的录取通知中告诉您。这与一些公立大学和少数私立大学招收年中入学的过程不同。在这些学校，学生需要专门提交年中入学的申请，并遵循不同的申请时间表。

再次参观学校

大多数学校都会在5月1日入学决定截止日期之前的4月份举办专门为录取学生准备的开放日或周末。即使您之前已经参观过大学了，去参加录取学生日会非常有趣而且能够让您再次感受学校的氛围。当然，对那些从来没有参观过校园的学生来说，这会更加有帮助。

最后，因为已经没有申请时的压力了，您可以尽情地享受校园游览团、招待会、座谈会和教授讲座等。而大学会拿出自己最好的面貌来确保开放日和周末的顺利进行。这仍然是您可以更好地了解学校的机会，因为您可以见到很多在校学生，包括您潜在的新生同学。

通常学生需要自己支付参观校园的往返费用。在一些情况下，大学可能特别渴望某个学生能够选择入学，因此会为学生提供一定数额的旅行费用。这种情况通常适用于来自缺乏代表性的少数群体的学生和来自低收入家庭的学生。如果您没有获得旅行补贴，而家庭负担不起去参观学校的费用，那您可以询问招生办是否能够提供必要的帮助。它们有可能会说因为预算有限而不能提供支持，但如果不问的话，您永远都不知道，也说不定可以得到帮助。

录取学生开放日，特别是那些允许您在学生宿舍过夜的项目，能够让您与在校学生充分讨论当前学校的真实情况，而且还能让您认识很多同样在考虑是否入学的新生。您可以重新阅读第五章关于参观大学的部分，重温您需要在访校时了解的信息。一些大学也鼓励家长参加开放日，甚至会为他们提供专门的活动（不包括在学校过夜）。所有学校都欢迎家长的到来，无论是否提供正式的开放日活动。您可以陪您的孩子一起去参加开放日或周末，但一定要确保给孩子充足的空间来做出自己的判断。

> “我想去了解每所大学不同的学术设置来判断哪所学校更适合我的学术目标。我还想去感受一下校园的氛围，特别是了解在校学生，看看我们是否能合得来。我想搬到新泽西吗？或者南加州？我愿意对我现在的生活方式做出多大的改变？”
>
> 一名在两所非常不同的大学间选择的高四学生

重新讨论财政补助包裹

如果您的财政补助包裹令人失望，您可以重新阅读第八章末尾关于如何要求复议的部分。当您收到了所有的录取通知和财政补助包裹时，如果财政补助是您决定入学与否的关键条件，那您可以联系您的首选大学，并告知它其他大学的财政补助要高出许多。另外，如果您的财务状况发生了改变，一定要及时通知财政补助办公室，以便您有资格获得更多的补助。即便没有任何变化，它们也可能会在第二次审核时做出调整，但这种情况不太常见，或者只发生在学校最渴望招募的学生身上。一定要礼貌地提出复议的要求，并做好最坏的打算。

正如我们在第八章中提到的，不要指望那些只提供按需补助（need-based aid）的学校会去匹配一所提供以才能为基础的奖学金（merit aid）的学校的包裹。与此同时，如果您真的非常钟爱一所学校，而且能够负担得起，那就没有必要因为学校不能提供更多的补助而将其拒绝。

等待名单

大学在春季公布录取结果时，还会同时保留一部分学生放在等待名单上。这些申请人虽然没有被直接录取，但都具有被录取的潜力。如果大学决定从等待名单上录取新生或者到了春季后期有了更多的名额，那学生的申请会被重新考虑。那您应该如何来面对这样一个让自己不知所措的决定呢？

根据经验，每所大学会计算自己的新生入学率。然后大学会等到5月1日入学决定截止日期时（通常情况下，但也不一定）来看大一新生年级是否已经被填满。如果入学率低于预期，也就是说，选择入学的新生人数低于它们预计会入学的新生人数，那大学会从等待名单上录取学生来填补空缺。这个过程与航空公司填补航班的方式非常相似。它们经常超载一架飞机，因为它们知道有些乘客不会出现。如果在出发前仍旧有空余座位，那这些座位就可以提供给替补旅客（standbys）。作为替补旅客，他们不知道最后能否登机，但他们会很有耐心地等候。

航空公司的替补旅客名单会按顺序排好以便替补乘客大概知道自己能否登机，但大学的等待名单并不会按顺序排列。新的名额不会按照名单的顺序进行填补。大学不会提前将等待名单排序，因为它们不知道谁最终会接受等待名单并继续等待，而且大学也不清楚最后新生年级的成分，如性别、地域分布或学术兴趣等。大学想保留自己在平衡年级的各方面时使用等待名单的灵活性。因此，当有额外名额出现时，大学可以根据整个新生年级当前的情况来做出相应的填补。在常规审核阶段最接近被录取的学生可能不一定会从等待名单中被录取，因为他目前可能并不符合学校的需要。

> “我被放在了等待名单上。‘经过长时间和仔细的考虑，招生录取委员会决定将您放在等待名单上……我祝贺您所获得的所有成就，您完全可以获得一个比我们现在能够给予您的更好的结果。我希望您能继续保持对我们学校的兴趣并接受我们的等待名单结果。’信的附件中还提到学校将1 000名学生放在了等待名单上，其中300到400名学生会选择继续等待。在过去十年的时间内，平均每年有不到30名的学生从等待名单上被录取。最起码他们很坦诚地告诉了我最后被录取的概率有多低。”
>
> 一名被放在等待名单上的学生

谁会被放在等待名单上？

在过去的几年中，大学发现预测新生入学率的难度加大，等待名单也随之变得越来越长。然而，大学总是会将远远超出它们所能录取的学生人数放在等待名单上。这在很大程度上反映了越来越多的高质量的申请者开始申请越来越多的具有选择性的大学。等待名单的决定意味着申请者已经完全达到了被录取的要求，而且如果有更多的名额就一定会被录取。这是最常见的一个原因。另外，大学因其他原因还会将等待名单作为较为温和的方式来拒绝一名水平稍差的学生，如校友的子女。此外，正如我们在第一章中提到的，如果一些大学认为学生可能会接受另外一所大学的录取，它们会将这些高水平的申请者直接放在等待名单上。

以上因素的部分或者全部的组合，导致很多大学的等待名单堪比新生录取的总人数甚至更多。全国招生录取协会（National Association for College Admission Counseling）发布的《良好行为规范》（*Principles of Good Practice*）指出，每所大学都应该告知您它们当年放在等待名单上的总人数和过去几年的人数，以及以往从等待名单上录取的实际学生人数。如果您没有收到这些信息，一定要向招生办询问。

> “我不喜欢被放在等待名单上。这让我感觉像是拿到了一个安慰奖。大学为什么会把那么多人放在等待名单上，而最后只录取那么少的人？对我来说，这简直毫无意义。”
>
> 一名拒绝哈佛大学等待名单决定的学生

从等待名单上被录取的学生人数差别很大，从零到个位数再到几十个甚至更多。

这一切都取决于大学对入学率估算的准确性。预测入学率的重要性是为什么很多大学喜欢ED，或者在申请过程中考虑学生对大学表现出来的兴趣（demonstrated interest）的原因之一。因为两种政策都能让学校对入学率有更好的预测。

等待名单的多米诺骨牌效应可能会对大学产生干扰性影响。当学生从A大学的等待名单被录取后，原本录取他们的B大学就会产生空位，B大学会反过来到自己的等待名单上录取新生。有时情况会这样不断循环下去。一所在5月1日招满新生年级的大学很可能在5月15日产生空位，原因就在此。有时，大学要一直到6月份甚至更晚才能真正确定新生年级的人数。

> “从本质上讲，等待名单的存在就是为了来填补第一轮新生入学决定做出后的空白。如果大学已经有足够的西海岸的学生，那大学可以用等待名单来填补来自东海岸学生的空缺。如果大学已经有了足够的准备选择化学专业的学生，那它们可以到等待名单上录取一些对商科感兴趣的学生。”
>
> 理查德·克拉克（Richard Clark），佐治亚理工大学（Georgia Tech）招生办主任

您被放在等待名单上了——现在怎么办?

如果您收到了大学的等待名单决定，您应该怎么做？这个问题没有标准答案，要因人而异。首先不要陷入认为将您放到等待名单上的学校就一定比任何录取了您的大学更好的陷阱。这只是一个不同的录取过程。通常，根据学校不同，不到一半的被放到等待名单上的学生会选择继续等待。如果录取您的其他大学对您更有吸引力，那为什么还要留在等待名单上呢？有时，与其继续陷入一种不确定的状态，还不如做出最终的了结，哪怕最终入学的学校并不是自己的首选学校。您是最了解自己的人，因此在做出决定前，一定要权衡等待名单对自己的意义。

但如果将您放在等待名单上的学校仍然对您有很大的吸引力，那您可能会接受接续等待，即使您知道最终被录取的概率很小。您还应该询问大学从等待名单上被录取的学生在财政补助申请方面的政策。在某些情况下，学生从等待名单上被录取后没有资格获得财政补助。因此一定要问清楚。

> “我鼓励家庭将等待名单的决定当作是一张彩票。如果最后被录取了，那说明您运气不错，但一定不要将赌注全放在上面。”
>
> 莫妮卡·尹泽（Monica Inzer），汉密尔顿学院（Hamilton College）招生和财政补助办公室主任

如果您决定继续等待，那请务必在5月1日之前将您的入学意向表和入学定金发送到录取您的学校中的一所。这非常重要，因为您不知道最终是否会从等待名单上被录

取。鉴于其中的不确定性，您需要有一个后备计划。

被放在等待名单上之后的待办事项

· 将回复卡片填写后发回或发送电子回复，表明您希望在等待名单上继续等候。您可以同时接受多所大学的等待名单决定。

· 向招生主任或者负责您所在区域的招生官写信或者发送电子邮件来表达您对学校的兴趣和被录取的渴望。在信中包含所有重要的更新信息，如成绩和荣誉等。如果这是您的首选大学，那要在信的开头直接表明这一点，并承诺如果被录取一定会选择入学。但从道德层面来说，您最好只跟一所大学这样表示。

· 请您的高中升学指导老师联系私立或者公立大学的招生办，向它们表达您对这所大学的热情并再次表达他对您的支持。

· 考虑向大学发送一封额外的来自另外一名老师或者其他对您熟悉的推荐人的推荐信。但不要太过，以免看起来像是在竞选一样。

· 从所有录取您的学校中选择一所，并交付入学定金。

· 要认识到大多数被放在等待名单上的学生，特别是在那些有选择性的大学，最终都不会被录取。一旦您完成了以上几个步骤，就可以把等待名单这件事抛于脑后了，专注于您可能会在秋季入学的大学。当您最终从等待名单上被录取时，您可能会对您在5月1日之前选择的大学感到非常满意并希望坚持自己的决定。另外，告诉一所将您放在等待名单上的学校如果您被录取后一定会选择入学并不会像ED一样具有约束力。

强调自己的兴趣

如果您决定留在一个或多个等待名单上，请务必遵循每所大学关于回复自己决定的说明。写一封信表达自己持续的兴趣，以及您觉得这所大学非常适合自己的原因，并报告任何最新的成就将是您能做的最重要的一步。如果大学是您的第一选择，而且您一定会在被录取后选择入学，那一定要在信中表达出来。您可以接受多所大学的等待名单，当然了，只有一所学校可以成为您的首选（first choice），而其他学校可能是您的最佳选择（top choices）。

与您的高中升学指导老师讨论您对大学的持续的兴趣也会对自己有帮助。要告诉自己的老师，哪所大学是自己的首选，特别是如果这是一所私立大学或者州外的公立大学。您的指导老师可能会帮助您联系该大学的招生办来为您提供更多的支持，以及替您再次表达您对学校的兴趣。但同样，等待名单的活跃程度，特别是在那些最具选择性的大学，可能很难让您得到自己满意的结果。不要让被录取的希望（有时甚至要等到夏天）破坏了您即将进入大学生活的兴奋感。

何时以及如何收到录取通知？

正如我们之前提到的，大学通常要等到5月1日之后根据入学率来判断如何使用等待名单。因此，5月中旬到6月初是大学使用等待名单最繁忙的时间。有些大学在它们意识到入学率不佳时会提早使用等待名单。因为大学间对优秀学生的竞争，大学们清楚被它们放到等待名单上的学生也很有可能被同类大学放在等待名单上。所以，它们可能在5月1日之前就开始从等待名单上录取学生，以便在与同类院校竞争时拔得头筹。之后，当入学率更为明朗时，它们可能会录取更多的学生。

从等待名单上被录取的学生通常会接到电话通知，然后会收到书面确认。您可能会被要求在两周甚至更短的时间内回复您的决定。如果您跟来电者表示您已经不再对该大学感兴趣（即使您在一个月前决定留在候补名单上也没关系），大学则会将此名额给另外一名学生。有时，大学会打电话给您的高中升学指导老师来了解您是否还有兴趣。大学希望从等待名单上录取的学生能够有100%的入学率，因此会提前确认您的兴趣。电话可能随时会打来，而且没有任何征兆。公立大学一般会通过邮件而不是电话通知从等待名单上被录取的学生。请务必定期检查您的收件箱，不要错过任何重要的邮件。

> "我被一所加州系统的大学放在了等待名单上，而且根本没觉得我会被录取。于是我在一所其他的大学交了入学定金，并且已经将等待名单这件事抛在了脑后。我不怎么经常查邮件，而且也不认为我需要查邮件了，因为我已经决定了秋季要去的大学。当我妈知道我不怎么查邮件时，她问我她是否可以帮我查，我说可以。结果，她查了之后发现了一封从这所加州系统大学发来已经很久的消息说我从等待名单上被录取了，而且要求回复的截止日期就是我妈查邮件的那天。这简直太悬了。"
>
> 一名最终入学该加州系统大学的学生

很多大学到"阵亡将士日"（Memorial Day）左右就很少会再考虑使用等待名单了。其他大学可能到夏季还会继续保持等待名单的活跃。大多数有选择性的大学会在6月底前正式关闭自己的等待名单，并通知还没有被录取的学生。

> "大学希望它们从等待名单上录取的学生的入学率达到100%，所以它们会很想得到学生的承诺。这里的关键因素是学生需要明确并诚实地表明如果自己被录取，那就一定会选择入学。招生办一般会先从表达了高度兴趣的学生开始录取。"
>
> 一名资深升学指导老师说道

如果您决定入学一所从等候名单上录取您的大学，您将需要向大学交付入学定金。

这也意味着您交给另外一所大学的定金将不会被退还，但如果最终您能去到一所自己真正想去的大学，那这可能是值得的。有些学校的定金数额非常大，甚至高达一千美金，以避免学生放弃入学。

交定金的道德规范

学生只能在一所大学交付入学定金，时间通常在5月1日前或之后。如果学生在多于一所的学校交付定金，则会剥夺其他学生从等待名单上被录取的潜在机会。在多所学校交付定金是不道德的行为，而且如果被任何一所大学发现，您的录取可能会被所有大学撤回。有些学生认为同时交几所大学的入学定金可以让自己有更多的时间选择去哪所大学，这是不被允许的。

如果您从等待名单上被录取，并决定入学，那您必须尽快通知第一所您决定入学的大学。打电话通常是不足够的，大学希望收到学生的书面通知。您的通知信不需要太长，简单告知学校您的计划就足够了。这种情况非常普遍，没有必要因此感到尴尬或者害羞。

及时通知大学非常重要。您的空余位置可能会为等待名单上的另一名学生提供一个名额，除非学校已经招到了足够多的学生。

间隔年（Gap Year）适合您吗?

大多数人在完成了高中学业之后会非常憧憬在秋季开始的大学生活。但可能您有不同的想法。您或许已经向一所很适合自己的大学提交了入学定金，但觉得自己想享受一段延长的不用去学校的时间。这一年，您可以到世界各地旅行以加强自己的语言技能，或为某项有意义的公益事业做全职志愿者，又或者您可以到感兴趣的工作领域实习。

> “规划得好的间隔年可以让学生走出自己的舒适区，重新评估自己的想法和审视周围的世界。”
>
> 约瑟夫·欧谢尔（Joseph O’Shea），美国间隔年协会（American Gap Association）董事会主席

或许今年的大学申请结果并不如自己的预期，而且自己对所有被录取的学校都不太

感兴趣。与其将就到一所不适合自己的大学，不如选择再花一年时间增强自己的实力，来年再申请。

也许您根本就没有申请大学，因为知道自己的学术表现不足以让自己进入喜欢的大学。因此您想通过间隔年来考虑下一步应该怎么办。

这些都是考虑是否选择间隔年的原因。大学知道那些选择了间隔年的学生来年入学时会更加成熟，而且会有更多可以跟同伴分享的故事。因此，间隔年可能对学生和大学来说是个双赢的选择。

被录取后选择间隔年

大多数大学都很乐意考虑学生在入学前的间隔年请求，其中几所大学，尤其是哈佛大学，格外鼓励被录取的学生选择间隔年。最近20年以来，哈佛大学的录取通知书中都会包含一段建议学生选择间隔年的段落，希望学生避免入学时还没从高强度的高中阶段缓过来。当然，如果数量众多的学生选择间隔年，哈佛大学或者其他大学会遇到麻烦，但实际上在每年新生年级1 700名左右的学生中，一般只有50到70名会选择间隔年。其他大学也报告了类似的比率。

> “我不认为大家应该将间隔年自动作为替换入学safety school（很有把握被录取的学校）的选择。但如果自己真的对学校不感兴趣，选择间隔年来重新思考自己想要什么以及思考如何达到自己的目标不失为一个好的主意，而不是去读一所自己了无兴趣的学校。”
>
> 一名决定选择间隔年的学生

通常情况下，学生必须提交一份正式的间隔年请求，并概述他们的间隔年计划。大多数学校在这方面都比较灵活，但都希望看到学生合理地安排这一年的时间。例如，天天在家看电视是肯定不行的；进入另外一所大学的学位项目做全日制学生也不可以，但您完全可以修一些零散的大学课程。除此之外，能够供您选择的事情非常多。您还应该知道，有些大学并不经常批准间隔年申请，或者批准的数量有限。如果间隔年对您非常重要，那请在提交入学定金时询问学校的具体政策。

> “在过去的几十年中，我们一直鼓励学生考虑选择推迟一年入学。很多学生做出了这样的选择，并受益于他们各自的不同经历，也同时丰富了自己接下来的大学生活。如果您也想推迟一年入学，请在入学回复页面上登记您的延期入学请求。”
>
> 哈佛大学2020届录取通知书节选

您在提交间隔年请求之前，通常需要提交入学定金以保留自己在下一届新生年级的位置，并签署一份保证书，保证您在接下来一年中不会申请其他大学。如果您在间隔年中改变了注意，您应该马上通知批准您间隔年的学校。

选择间隔年来准备再次申请大学

如果您不打算选择任何一所录取您的大学，那您就不需要向任何大学提出间隔年请求。即便如此，您还是应该制定一个详细的计划来增强自己申请的实力。

您可以考虑以下几点建议：

· 如果您对自己的SAT或者ACT成绩不满意，您可以通过重考来提分。您可能会有更多的时间来准备考试，也会对考试更加熟悉。

· 如果您在高四学年各方面表现不错，那您可以提交更有说服力的推荐信，因为您高四的老师将对您有更充分的了解。

· 如果您在高四参加了AP或者IB考试而且成绩很好，那您可以将考试成绩与高中四年的课业成绩一同提交。

· 您在间隔年的课外活动可能会让您成为一名更有趣的申请者，而且这些经历可以为申请文书提供可选的写作话题，哪怕只是在申请前多出了几个月的时间。

· 一个成功的间隔年能够帮助您提升申请中有关学术、个人和课外活动方面的表现，而且能够体现出自己的成熟度和对大学的准备程度。

复读（Post-Graduate）的选择

少数学生会选择进入一所私立高中复读一年（PG Year）为再次申请大学做准备。提供此类项目的私立高中大多在美国东北部。一些项目只有寄宿制，这意味着您必须住在校园内；而有的项目可以不用住校。很多想提升自己学术表现，又想继续在高中参加体育项目的运动员也常常会选择复读。这些项目会提供全套的课外活动、学术课程、标准化考试准备和大学升学指导。然而，学费有可能会很昂贵，甚至可能跟大学的花费相当。很多复读项目的名额会很快被填满，但一些高中可能在秋季开学前仍有空位。

自我主导的间隔年

大多数想在下一年申请大学的学生会选择花一年的时间进行准备。通过认真的时间管理（永远是一项重要的技能），学生可以根据需要准备标准化考试，到社区学院选修课程来向大学证明自己可以满足大学的学术要求，或者参加其他有意义的活动来充实间隔年。但是，如果您决定到社区学院修课，您需要注意您所修学分的数量。如果您想作为新生申请大学而不是转学生，一些大学会限制您在其他院校选修学分的数量。因此，您需要检查每所学校的具体要求。本书的资源部分列出了一些参考资料可以给您的间隔年提供一些建议。

如何保证间隔年卓有成效

不管您的间隔年形式是什么，是复读还是自我主导，我们强烈建议您与即将为您写推荐信的高中升学指导老师和任课老师沟通，尽早跟他们分享您在间隔年期间的计划。要始终保持跟他们的联系。虽然他们不需要马上为您做什么，但要避免当您邀请他们在秋季为您写推荐信时让他们感到措手不及。当您准备好邀请他们帮您写推荐信时，我们建议您用邮件向每一位老师分享自己新的活动经历。

您还需要对大学做仔细的研究，找到适合自己的大学并平衡好具有不同选择性的大学。除非您参加复读（PG），否则您可能无法轻松接触到高中升学指导老师，因此您可能需要自己做出更多的努力。但放心，您完全可以使用各种网络工具以及通过仔细阅读本书来完成整个过程。如果您觉得需要其他个性化的建议，如果有条件的话，也可以咨询独立升学顾问。

关于高年级倦怠症（Senioritis）

高年级倦怠症通常发生在3月份或者4月份收到大学录取决定之后，有时会更早。对于那些通过早申请被录取的学生，可能会发生在12月中旬；而对其他大多数学生来说，会发生在4月中旬（如果被放在等待名单上，可能会延缓这个过程）。老师们会早有准备，但他们对此非常担心。很多学生的表现开始显著下滑：他们会有迟交作业、不准备参加考试等行为。高中剩下的时间似乎对他们已经不再重要，因为已经跨过大学录取这一主要门槛。

我们鼓励您避免成为这种“倦怠症”的受害者。原因之一是，大学在录取通知中会明确表示您在高中剩余阶段的表现应保持在申请时的水平。在被录取的喜悦面前，会很容易忽视录取信底部的这段警告，但大学可不会跟您开玩笑。整个大学申请流程的最后一个正式部分是向大学发送您的最终成绩单。大学在夏季会将最终成绩单与申请中的成绩单进行对比，以检查是否有成绩或者课程的变动。

> “我们知道高四这一年有很多让您分心的事情，到大学参观、参加开放日以及产生即将毕业的兴奋感等。但一定要知道，您如何完成高四的学业对您来说还是非常重要的。大学招生官希望他们录取的学生能够在秋季入学时迅速进入状态。”
>
> 乔瑟夫·戈尔（Joseph Gore），密歇根大学（University of Michigan）招生办助理主任

如果您的成绩下降明显，大学将发出不同严厉程度的信件来表达它们的失望，并可能要求您做出合理的解释。如果下降情况严重，则可能会收到一封措辞更加严厉的信件，告知您录取决定可能会保不住。大学保留最后为您的入学设置前提条件的权利（例如要求参加暑期课程等）或者直接取消录取决定的权利（如果您的表现严重退步并且在没有任何合理理由的前提下退掉了有挑战性的课程）。确实，要让大学撤销录取决定，除非您的成绩下降过于明显且没有任何缓和的迹象，但大学在严重的情况下的确会取消录取。而这所有的一切都是可以预见的。无可奈何的升学指导老师将这类学生比作失控的火车，因为他们的警告经常被学生忽略。同学们，冒如此大的风险，真的值得吗?

您的高中记录将伴随您一辈子。虽然一旦您进入大学，您的高中成绩可能已经并不重要了，但您可能希望在大学期间转到另外一所大学。如果高四第二学期的成绩明显下滑的话，这并不能对申请有任何帮助。最后，也是最重要的一点，继续努力完成高四的课程也是您对自己父母、任课老师、升学指导老师，尤其是您自己表达尊重的最好的方式。成熟地面对高中剩下的时光，保持自己的努力。哪怕所有人都会对您放松要求，自己也不能因沾沾自喜而放松要求。

庆祝录取结果

申请大学的过程告终后，您就可以充分享受剩下的高中时光了。您可以满心期待地参加毕业舞会、毕业典礼以及整个毕业班的（无酒精）通宵聚会或旅行。充分利用这段时间来巩固您与同学的联系，因为马上你们都将各奔东西。

第十五章

对家长和学生的忠告

我们写《升学之道》这本书是为了帮助万千家庭了解日益复杂，甚至是令人生畏的大学申请过程。我们想向您展示学生和家长的角色在这个过程中是如何互补又互不相同的，并为您提供可以帮助双方通过共同努力来获得良好结果的信息和实用建议。

在本章，我们提供了一些最后的想法来总结这本书想表达的核心内容。在整个过程中，大家很容易被卷入一种焦虑的漩涡而失去清晰的视角，而本章将再次提醒您什么才是最重要的。本章分为两部分：第一部分是专门针对父母的；第二部分是专门针对学生的。与本书其余部分一样，我们希望您不仅阅读适合您的那部分，也阅读其他部分。

为父母准备的离别思考

您的孩子在大学申请若干年后还会记得的是您在整个过程中对他的支持与帮助

您的孩子是您一辈子的孩子。大学申请的这一年只是您和孩子共处的很多年中的一小部分。尤其是当您想将自己的想法强加于孩子时或者完全不关心孩子的大学申请时，一定要记住这一点。千万不要做任何可能会影响您和孩子未来关系的事情。无论当前的问题看起来多么重要，从长远来看，可能真的不值得为此焦虑。

可能您很难接受自己眼看着已经长大成人的孩子开始有了与自己不同的想法和爱好。在大学选择方面尤其如此，因为整个过程似乎有太多决定成败的关键点。您的孩子可能希望体验美国其他地方的环境；而您可能希望您的孩子离家近点（或者正好相反）。可能您觉得文理学院的教育是最好的；而您的孩子可能更喜欢大型综合型大学所带来的兴奋感（或者正好相反）。这样的例子有很多。最重要的是，尽管您的孩子应该尊重您的观点以及可能最终接受它们，但最终的选择，包括申请哪所大学、如何准备申请以及被录取后选择哪所学校，都应该是您孩子自己的决定。

最理想的情况是，在整个申请过程结束后，当您回顾整个过程时，您会觉得自己为孩子所提供的在精神和实践上的支持为孩子最终取得成功提供了真正的帮助。当然，您的孩子可能需要一段时间才能明白您的心意并承认您的付出。这也是作为父母要面对的一部分，而且估计您已经对此习以为常。

父母的角色是来提供支持、咨询和倾听的，除非涉及钱的问题

您可以通过多种方式为您的孩子在大学申请过程中提供支持。例如，您可以分享您自己的想法和经验；鼓励孩子多做了解大学的研究，包括在条件允许的前提下参观校园以及提供有用的反馈和规划支持等。但您需要意识到，整个过程必须由您的孩子来掌控。最终读大学的人是学生，而不是父母。

然而，很重要的一点是，您需要在过程一开始就跟孩子谈论财务问题。正如我们在第八章中所讨论的，大学会使用复杂的公式来计算家庭的预计支付金额，这个金额是大学认为家长有能力负担的。而这通常与父母期望支付的有距离。做一些早期的计算，并坦诚地跟孩子讨论自己愿意为他们的大学教育做出多少经济上的贡献，这对于避免以后的误解和失望是非常重要的。这在现实中可能做起来并不容易。大多数父母都不会跟孩子讨论家里的财务状况和大额花费的问题。可能现在您需要做出相应的改变。我们发现，大多数青少年，如果被父母视为成年人般对待，他们都非常现实并善解人意。如果您相信他们，他们也会做出相应的回应。

不要通过孩子将大学申请变成自己的生活，不管这有多么诱人。尽量不要使用大学申请来验证您做为父母的育儿能力

大多数高中毕业生的父母都在四十多岁。与孩子一起参与整个大学申请过程使他们能够重新体验，或者第一次体验如此具有美国特色的成长阶段。但是，如果您发现自己在说“我们正在申请大学”或者“我们SAT考了1 400分”，您可能已经过度参与整个过程了。即使是最有自信的孩子也可能会因为担心让父母失望而感到恐惧，特别是如果自己没有被父母的母校录取，或者自己的表现不如之前的哥哥或者姐姐。明智的父母会尽量不通过言语或者行动来无意中加深这种恐惧。例如，在申请结束时，一名家长跟孩子的升学指导老师说："我们家无可奈何地选择了C大学。"因为自己的孩子没有被其他两所选择性更高的大学录取。虽然他们的孩子有四所非常好的大学可以选择，但最后的结果却让他们非常失望。如果父母都如此消极的话，还怎么能让孩子不去担心自己会让父母失望？好在，这名学生后来非常喜欢C大学。有时，事情会有想象不到的转机。

请记住，在很多录取率居中的优秀大学，您的孩子也能够获得优质的教育并得到快乐

大多数人对美国高等教育机构的不同种类知之甚少。一位顾问向观众发起挑战，来看他们能否说出超过300所大学的名字。如果观众说得不够，那他们需要向这位顾问付钱。如果观众说出了超过300所，那顾问会付他们钱。结果观众中没有人敢出来接受挑战。您也可以在家里试试，看看自己如果不看参考书能够说出多少所大学的名字。大多数父母可以说出一些本地大学的名字，可能再加上几所常春藤联盟大学和类似水平的大学，或者橄榄球队经常出现在电视上的学校，仅此而已。

作为大学申请的一部分，您可以通过了解您自己不熟悉的学校来帮助您的孩子，并帮助他意识到获得成功的大学经历的第一步是寻找到真正适合自己的学校，而这样的学校不只一所。很多优质的大学会录取超过多半的申请者。从各个方面来说，这些大学提供的教育与一些知名度很高或者选择性很强的大学一样好，甚至要优于它们。帮助您的孩子探索不同的选择并支持他最后的选择会让整个过程更加成功。

在统筹方面为孩子提供帮助，做申请过程中的一块共鸣板和编辑，但一定不要替他们完成任何部分

申请大学的过程令人生畏。有大量的申请表需要填，还要写长篇或短篇文书，提交成绩单以及很多其他的材料，而且总是有很多迫在眉睫的截止日期。当被问到如果他们有机会重新开始整个申请过程，他们会采取哪些不同的做法时，许多高中毕业生说他们会更早地开始整个过程并不会拖延。拖延症是一种正常的人类反应，尤其是在面对一项毫无吸引力的工作时，例如写遗嘱或者交税。但这只是个坏习惯，没有什么大不了。而且可以被预见。凭借您作为成年人的经验，您可以鼓励您的孩子尽早开始整个过程并关注他们已经做好的以及待办的事项。当然了，一些青少年会非常反感父母这样做，因为他们总是能够在截止日期前完成该做的工作，所以他们觉得自己不需要任何帮助。但问题是，大学申请可能比他们之前做过的任何工作都要复杂，而且有很多悬而不定的情况。而且大学的申请截止日期比高中阶段的任何截止日期都会更加严格和缺乏灵活性。

您应该鼓励自己的孩子自己组织申请材料并设定截止日期。如果您的孩子决定申请ED或者EA，他可能必须在11月1日或者11月15日之前将所有材料准备好，特别是如果他从10月初才开始准备的话会让这个过程感觉更加仓促。作为父母，您可以提供什么样的帮助呢？您可以帮助孩子审阅已经填完的申请表，帮助孩子一起头脑风暴文书话题以及提出自己的创造性建议（只是，您的热情帮助可能会被泼冷水）。千万要克制自己的冲动，不能替孩子来写文书。招生官非常擅长判断文书是由学生撰写还是由成年人执笔。

如果您具备统筹规划能力，并且您的孩子希望得到您的帮助，那您也可以协助处理统筹规划事宜。例如，您可以替孩子报名SAT或者ACT考试等。毕竟，孩子考试花的是您银行里的钱。您可以在网上下载参观大学旅行的地图，只要不是您决定去哪些学校就可以。通过您的帮助，可以让您孩子的统筹规划过程更有效率，以便他可以将精力投入到更有挑战性的部分。当然，一些青少年非常喜欢安排这些计划，因为做起来并不难，而且能产生进步感。因此，您可以主动提出帮助，但让您的孩子来决定是否接受您的帮助。

道德行为示范和诚信

孩子通过观察别人来学习，而他们最强大的榜样就是父母。大学申请过程是父母为孩子塑造道德品行和诚信榜样的重要机会。一定要正确面对。

为了能在大学申请中取得成功而想尽一切办法的驱动力非常强大，即使这意味着以损害正直诚信为代价。一定不要屈服于这种诱惑。不要为孩子的申请提供不合适的帮助，例如将文书“修改”到全部由自己来代笔的地步。不能允许您的孩子到其他地方寻找这种额外帮助，例如花钱请别人代写等。同样，也不能鼓励孩子在申请中夸大课外活动和获得的荣誉。招生官会在学生自己填报的活动以及升学指导老师和任课老师的推荐信中寻找信息的一致性。尊重事实最重要。

仅仅因为害怕被查出作假而提供真实信息是恪守诚信最不值得炫耀的理由。社会上有太多人认为编造事实不仅是对的，而且是一件明智的事情。年轻人需要知道，诚信是自己最珍贵的财富。而家长可以通过自己的言行来让孩子更加明确这一点。

所有人都希望别人给予的认可是基于自己真正付出的努力和真实的自我。请不要剥夺您的孩子获得属于他们自己的认可的机会。您一定不希望您的孩子在大一开学后去想："我并不是申请上的那个自己。这所学校录取的并不是真正的我。"

陪您的孩子一起参观大学，但尽量保持幕后的角色

正如我们之前说的，参观大学可能是学生了解学校最好的方式。在可能的情况下，请鼓励您的孩子到不同的大学校园参观，特别是在假期的时候，而且您也最好能够一起去。首先到离家较近的一些不同规模的大学参观可以帮助您的孩子了解自己可能会感兴趣的大学类型。当到了要正儿八经了解自己感兴趣的大学的时候，您可以帮助孩子安排访校的行程并鼓励您的孩子尽量参加大学提供的面试（如果有的话）。但一定要记得，访校的目的是让您的孩子了解大学。您可以进行相应鼓励，但要让孩子决定最终去哪里。

帮助您的孩子做出现实的选择

本书中的一个核心话题是能否被有选择性的大学录取是很难预测的。您的孩子可能有非常出色的学术成绩，但最后被某所有选择性的大学拒绝了，而另外一名学术成绩稍差的同学却被同一所大学录取了。您可能永远都不知道原因是什么，但其实无所谓。如果您明白有选择性的大学录取的困难程度和不确定性，那您可以帮助孩子考虑不同系列的大学。这也意味着您必须尽可能地控制自己想通过孩子实现自己野心的想法。

如果您的孩子想申请一所选择性超高的大学并且申请很有竞争力，那一定要申请。但是您的孩子应该明白，申请那些录取率低于20%的大学对所有申请者来说都充满了不确定性，只因录取的学生太少。在录取结果公布后，与您的孩子一同分享被拒绝的失望以及被录取的喜悦。失望时要镇静，而喜悦时也要保持谦逊。所有的父母都知道，虽然孩子可能觉得在18岁时被大学拒绝是自己人生中最糟糕的经历，但这点挫折在他们今后的人生中真的算不了什么。如果您的孩子在一开始就仔细研究并列出了大学名单，那无论最后结果如何，他都应该会感到满意。

当您的孩子做出最终的择校决定时，请给予支持

当录取结果公布时，您的孩子可能非常兴奋，也可能很失望或者介于两者之间。请给予他们足够的空间来整理思绪并做出最后的选择。您可以在适当的时候分享自己的看法，但请记住，要在经济条件和家庭责任的范围之内，最后的选择是您孩子的，而不是您自己的。

与孩子一同感受快乐

无论最后的结果如何，都要向您的孩子表达自己的爱，并让您的儿子或者女儿知道您对他的成长有多么的骄傲和自豪。

为学生准备的离别思考

父母希望为您提供最好的帮助，请允许他们提供帮助，但要保持在一定界限内。

虽然不同父母在知识、能力和资源方面差别很大，但几乎所有父母都希望在孩子申请大学的过程中提供自己力所能及的帮助。要善待父母并与他们沟通自己的想法，这样的话他们也可以提供合适的支持。其中重要的一点是，一定要将帮助的界限定义好：什么样的帮助是合适的，什么样的帮助是过于侵扰的以及什么样的帮助是适得其反的。每个家庭的情况都不同，所以您需要跟父母交流并充分利用本书中提出的建议。

父母有时会提供非常有价值的关于大学的信息。在参观大学时，他们也可以成为您旅行的好伙伴。而且他们在您准备申请时也可以成为您优秀的编辑、校对员和文件整理助理。你们对大学申请过程了解得越多，就越容易在他们应该提供何种帮助方面达成共识。鼓励他们与您协作。如果他们能看到您很成熟地掌控整个过程，那他们会更放心。

要认识到，看到自己的子女长大成人对很多父母来说是一件很难接受的事实；您需要帮助父母度过这一情感的门槛

将自己的孩子送入大学对许多父母来说都是喜忧参半的事。他们会与您分享被录取的喜悦，但同时也会不可避免地感到失落。他们精心照顾和呵护了十八年的孩子现在已经长大成人，马上就要离开家人开始一段新的生活，而他们在其中的角色已经不再突出。您可以尝试将自己放在父母的位置来换位感受。有时，您的一声真心的“谢谢”会让挣扎在角色变化中的父母感到无比欣慰。

与父母分享一些高中的经历。大多数父母对孩子在高中期间的压力知之甚少，而且他们也不能够参与到您与同伴以及升学指导老师关于大学的讨论中。如果您能够帮助您的父母了解您的日常环境，那他们可能会更加理解为什么您对大学申请过程的体验跟他们的不同。

大学申请过程中最重要的是选择适合自己的大学。在选择大学时，要坦诚面对自己的兴趣、爱好、强项以及弱项

《升学之道》中一个反复出现的话题是，成功的大学经历取决于找到一所适合自己的大学。大学申请中最重要以及可能是最难的部分是自我评估——如何坦诚地评估自己的兴趣、爱好、强项以及弱项。接下来的难点是根据您的自我评估来做出相应的大学研究并找到适合自己的学校。确定是否匹配的很重要的一部分是对录取可能性的判断。因此，您需要确保您的大学名单涵盖了不同系列的大学，这样您就更有希望得到自己想要的结果。

将所有选择作为第一选择

您应该确定您所申请的每一所大学都是您特别想去的学校，不管它们是有把握的（likelies）还是有距离的（long-shot），或者是介于两者之间的。因为您无法预测有可能（possible）或者有距离的学校的录取结果，因此要至少包括一所有把握被录取的学校（以及一所有把握被录取并且能够负担得起的学校），这样几乎可以保证一定会有一个满意的结果。即使您想申请ED，这条建议也同样适用，因为您有可能不被ED的学校录取。

不要拖延

当高中毕业班的学生被问到如果他们能够重新申请一次大学，他们会做出什么改变时，最常见的回答就是："我会提早开始并不会拖延。"拖延是应对压力的正常反应。但它确实会让事情变得更糟糕。将申请留到最后一刻来完成意味着您所有的决定都将非常匆忙，而且会犯很多粗心的错误，更不用说可能会错失的很多机会和要面临的巨大压力了。为申请过程创建一个合理的时间轴，并为每个阶段设定一个截止日期。设定截止日期并按时完成任务也将减轻您父母的压力。两全其美，何乐而不为。

保持条理性，将所有文件归类，并将所有提交的材料拷贝一份

大学的申请过程非常复杂。在刚开始的时候，很多大学会向您不停地发送宣传册和电子邮件。之后，就到了完成申请的阶段。您需要提交推荐信、成绩单以及财政补助申请表等很多材料。再加上大学间的不同要求和不同的截止日期也在无形中增加了申请的复杂性。因此，要掌控所有申请环节，还要权衡正常的高中生活和例行社交是一个巨大的挑战。您可以使用一个纸板箱来将所有大学的申请要求和截止日期归类，每完成一个就做相应的标记。在线的统筹工具也非常有用，但一定要做好备份。在提交申请前一定要拷贝一份副本。大学很少会丢失材料，但这不是冒任何险的时候。您可不想再从头开始整个申请。

和您的朋友交谈，但要记住，每个人的情况并不相同

同学之间可以互通信息并相互支持。例如，一名同学去一所大学参观后感到非常兴奋，而这也给您自己提供了更多可参考的选择。但对一名同伴或好朋友来说很好的选择，却不一定适合自己。当有人对某个大学做出评价时，无论是好是坏，都要去了解其背后的原因。了解大学的真实情况，然后再看这些情况是否与您自己的需求相匹配。一定要尊重他人的选择。对某名同学来说是有把握的学校，可能对另外一名同学来说却是有可能甚至有距离的选择。

享受高中最后一年。大学申请固然重要（这也是您读本书的原因），但不应该让大学申请完全掌控您的生活

大学申请很容易成为您高中最后一年的重心。申请过程要做的事情太多，而且每一件都非常重要。但您也应该通过其他方式让高中最后一年变得特殊，例如与新老朋友分享经历、享受作为高中“老大”的最后一段时光，以及开始适应作为成年人所拥有的自由。保持各方面的平衡是关键。明智的学生会认真对待大学申请，但同时也会理性看待整个过程在长远人生中的意义。如果您在面对事情时能时刻保持冷静、理性且保有时间观念，那您完全可以在高中结束前拥有适合自己的大学选择以及美好的个人回忆。

高水平地完成整个大学申请过程

当大学的最终决定到来时，就轮到您自己做决定了。做决定时一定要谨慎。您最后的决定有可能跟您在整个过程开始时的想法完全不一样，但如果您遵循了我们的建议，那无论决定是什么，都将是一个很好的选择。与您的家人和朋友一起庆祝这一重要的时刻，并开始为您崭新的大学生活做准备（但一定要记住，您仍然需要成功完成高中剩下的学业）。

再次向为您写推荐信的升学指导老师和任课老师表示感谢，与他们分享自己的大学录取结果。在大一第一学期放假回家时，到学校去拜访他们，或者如果您不能亲自去见他们，那就给他们发一封电子邮件表达问候。他们会非常感激。

最重要的是，要感谢您的父母为您付出的一切，并告诉他们您有多爱他们。当然，在整个过程中也应该向他们表达谢意，尤其是在整个过程结束时。恭喜您！您要上大学了！

大学研究工作表

（将此表复印，并将每所大学填入）

学校名称 ______________________ 地点 ______________________

招生办邮箱和电话 ______________ 大学官网网址______________

标准化考试要求（圈出相应的要求）

要求：	SAT	ACT	文书	SAT 科目考试 __________
推荐：	SAT	ACT	文书	SAT 科目考试 __________
可选：	SAT	ACT	文书	SAT 科目考试 __________

大一年级信息

GPA：高中前10%的比例__________________

前20%的比例______________

前50%的比例______________

总申请人数 ______；录取率 ______

早申请人数 ______；录取率 ______；早申请入学人数占新生人数比例________

SAT：数学中间50%的分数区间 ______；以循证为基础的阅读和语法（EBRW）中间50%的分数区间 ______

ACT：中间50%总分区间 ______

本科生总人数 ______ 在校生人数______

学术信息

圈出相应信息：　　　研究型大学　　文理学院　　　其他 ________________

您感兴趣的专业：____

课程要求（通识教育、毕业论文等）：__________________________

____

特殊项目（荣誉项目、与其他大学的合作项目等）：

____

____

对学术要求和水平的整体印象：____

____

其他：____

____

校园生活

校园住宿：保证住宿 ____ 年

细节（选择宿舍的程序、住宿条件、住校学生比例）：_____________________

____

____

学生群体特征（单一性别、地理位置和种族多样性、自由派还是保守派等）：___

____

____

社交生活和活动（兄弟会和姐妹会的比例、校内和社团体育项目、休闲娱乐设施、社团等）：____

____

____

____

其他：____

____

特殊兴趣

校际体育：您的体育项目：_______；NCAA级别或者 NAIA：_______；教练的

名字和联系方式：____

艺术、音乐或特殊学术方向

领域：________________　　联系人：____________________________

领域：________________　　联系人：____________________________

其他：____

____

财政补助政策

圈出相应信息：提供全额按需补助；提供以才能为基础的补助；“盲录”（need-blind）；只提供按需财政补助

财政补助截止日期：FAFSA________；CSS PROFILE________；其他 ________

申请过程

圈出相应信息：大学自己的申请表；预申请；

通用申请（Common Application）；通用申请补充表格（Common Application Supplement）；其他申请表格

申请截止日期：早行动（Early Action）___________；早申请（Early Decision）_______；

常规申请（Regular）_______；滚动申请（Rolling）_______；申请费_______

面试：要求　可选　不提供

细节：____

____

其他注意事项：____

____

2019—2020年文书话题

通用申请（Common Application）

从以下话题中选择其一并写一篇650字以内的文章。

· Some students have a background, identity, interest, or talent that is so meaningful they believe their application would be incomplete without it. If this sounds like you, then please share your story. 一些学生有一些具有特殊意义的背景、身份、兴趣或者才能，如果自己不在申请中分享这些信息，申请将不完整。如果您也有类似想法，请跟我们分享您的故事。

· The lessons we take from obstacles we encounter can be fundamental to later success. Recount a time when you faced a challenge, setback, or failure. How did it affect you, and what did you learn from the experience? 我们从困境中学到的教训可能会帮助我们在以后取得成功。回忆您所经历过的一次挑战、挫折或者失败，并跟我们分享您从当中学到了什么。

· Reflect on a time when you questioned or challenged a belief or idea. What prompted your thinking? What was the outcome? 回顾您曾经质疑或者挑战过的某种观念或者想法。请跟我们分享是什么触发了您的思考？最后的结果如何？

· Describe a problem you've solved or a problem you'd like to solve. It can be an intellectual challenge, a research query, an ethical dilemma—anything that is of personal importance, no matter the scale. Explain its significance to you and what steps you took or could be taken to identify a solution. 描述一个您曾经解决过的问题或者一个您想去解决的问题。这可以是一个学术上的挑战、一个研究调查、一个道德上进退为难的处

境或者其他对您个人有重要意义的问题，无论大小。请解释这个问题对您的意义以及您是通过何种方式或者可以通过哪些方式来找到解决方案。

· Discuss an accomplishment, event, or realization that sparked a period of personal growth and a new understanding of yourself or others. 请讨论一个促使您成长或者让您对自己或他人产生重新认知的成就、事件或者感悟。

· Describe a topic, idea, or concept you find so engaging that it makes you lose all track of time. Why does it captivate you? What or who do you turn to when you want to learn more? 表述一个可以让您全身心投入其中的话题、想法或者概念。它为什么会吸引您？在您想对其多了解和学习时，您会寻求什么/谁的帮助？

· Share an essay on any topic of your choice. It can be one you've already written, one that responds to a different prompt, or one of your own design. 分享一篇自拟题目的文书。可以是之前写好的用来回应某个话题的文章，也可以是您自己设定的话题。

普用申请（Universal Application）

· Write an essay (650 words or fewer) that demonstrates your ability to develop and communicate your thoughts. Some ideas include: a person you admire; a life changing experience; or your viewpoint on a particular current event. 写一篇650字以内的文书来展示您思考和表达自己想法的能力。可供参考的话题包括：一位您所欣赏的人物；一次改变人生的经历；或者您对某一件具体时事的看法。

联盟申请（Coalition Application）

从以下话题中选择其一，我们建议您将文章的字数控制在500—550字以内。

· Tell a story from your life, describing an experience that either demonstrates your character or helped to shape it. 分享一个能够体现出您的品质或者帮助您塑造了自己独有的品质的人生故事或经历。

· Describe a time when you made a meaningful contribution to others in which the greater good was your focus. Discuss the challenges and rewards of making your contribution. 分享一件您为其他人做过的有意义的事情，并且这件事是以别人为出发点。讨论您所面对的挑战和从中学习到的事情。

· Has there been a time when you've had a long-cherished or accepted belief challenged? How did you respond? How did the challenge affect your beliefs? 您长久以来笃信的想法或者观念是否曾经被挑战过？您是如何回应的？这次挑战对您的观念产生了什么影响？

· What is the hardest part of being a student now? What's the best part? What advice would you give a younger sibling or friend (assuming they would listen to you)? 当一名学生最困难的部分是什么？最好的部分是什么？您会给比您年纪小的兄弟姐妹或者朋友什么意见（如果他们愿意听的话）？

· Submit an essay on a topic of your choice. 提交一篇自拟题目的文书。

卡派克斯申请（CAPPEX Application）

一篇必写文书，600字以内：

Tell us a story about yourself that is key to understanding who you are. This could be a moment you changed, grew or made a difference. 分享一个关于您自己的有代表性的故事。它可以是关于您做出改变、见证自己成长或者产生深远影响力的一件事。

财政补助包裹选择表

MM / DD / YYYY

University of the United States (UUS)

Student Name, Identifier

Download

Costs in the 2017–18 year

Estimated Cost of Attendance		**$ X,XXX / yr**
Tuition and fees	$ X,XXX	
Housing and meals	X,XXX	
Books and supplies	X,XXX	
Transportation	X,XXX	
Other education costs	X,XXX	

Grants and scholarships to pay for college

Total Grants and Scholarships ("Gift" Aid; no repayment needed)		**$X,XXX / yr**
Grants and scholarships from your school	$ X,XXX	
Federal Pell Grant	X,XXX	
Grants from your state	X,XXX	
Other scholarships you can use	X,XXX	

What will you pay for college

Net Costs (Cost of attendance minus total grants and scholarships) — **$X,XXX / yr**

Options to pay net costs

Work options

Work-Study (Federal, state, or institutional) .... $ X,XXX

Loan Options*

Federal Perkins Loan	$ X,XXX
Federal Direct Subsidized Loan	X,XXX
Federal Direct Unsubsidized Loan	X,XXX

*Recommended amounts shown here. You may be eligible for a different amount. Contact your financial aid office.

Other options

Family Contribution — **$X,XXX / yr**
(As calculated by the institution using information reported on the FAFSA or to your institution.)

- Payment plan offered by the institution
- Parent or Graduate PLUS Loans
- American Opportunity Tax Credit *
- Military and/or National Service benefits
- Non-Federal private education loan

*Parents or students may qualify to receive up to $2,500 by claiming the American Opportunity Tax Credit on their tax return during the following calendar year.

Graduation Rate

Percentage of full-time students who graduate within 6 years

XX.X%

Low | Medium | High

Repayment Rate

Percentage of borrowers entering into repayment within 3 years of leaving school

XX.X%

X.X% National Average

This Institution

Median Borrowing

Students who borrow at UUS typically take out $X,XXX in Federal loans for their undergraduate study. The Federal loan payment over 10 years for this amount is approximately $X,XXX per month. Your borrowing may be different

Repaying your loans

To learn about loan repayment choices and work out your Federal Loan monthly payment, go to: http://studentaid.ed.gov/repay-loans/understand/plans

For more information and next steps:

University of the United States (UUS) Financial Aid Office

123 Main Street
Anytown, ST 12345
Telephone: (123) 456-7890
E-mail: financialaid@uus.edu

Customized information from UUS

Glossary

Cost of Attendance (COA): The total amount (not including grants and scholarships) that it will cost you to go to school during the 2017–18 school year. COA includes tuition and fees; housing and meals; and allowances for books, supplies, transportation, loan fees, and dependent care. It also includes miscellaneous and personal expenses, such as an allowance for the rental or purchase of a personal computer; costs related to a disability; and reasonable costs for eligible study-abroad programs. For students attending less than half-time, the COA includes tuition and fees; an allowance for books, supplies, and transportation; and dependent care expenses.

Total Grants and Scholarships: Student aid funds that do not have to be repaid. Grants are often need-based, while scholarships are usually merit-based. Occasionally you might have to pay back part or all of a grant if, for example, you withdraw from school before finishing a semester.

Net Costs: An estimate of the actual costs that you or your family will need to pay during the 2017–18 school year to cover education expenses at a particular school. Net costs are determined by taking the institution's cost of attendance and subtracting your grants and scholarships.

Work-Study: A federal student aid program that provides part-time employment while you are enrolled in school to help pay your education expenses.

Loans: Borrowed money that must be repaid with interest. Loans from the federal government typically have a lower interest rate than loans from private lenders. Federal loans, listed from most advantageous to least advantageous, are called Federal Perkins Loans, Direct Subsidized Loans, Direct Unsubsidized Loans, and Direct PLUS Loans. You can find more information about federal loans at StudentAid.gov.

Family Contribution (also referred to as Expected Family Contribution): A number used by a school to calculate how much financial aid you are eligible to receive, if any. It's based on the financial information you provided in your Free Application for Federal Student Aid (FAFSA). It's not the amount of money your family will have to pay for college, nor is it the amount of federal student aid you will receive. The family contribution is reported to you on your Student Aid Report, also known as the SAR.

Graduation Rate: The graduation rate after 150% of normal program completion time has elapsed. For schools that award predominately bachelor's (four-year) degrees, this is after six years, and for students seeking an associate's (two-year) degree, this is after three years. For students seeking a certificate, the length of time depends on the certificate sought, for example, for a one-year certificate, after 18 months. These rates are only for full-time students enrolled for the first time.

Repayment Rate: The share of students who have repaid at least $1 of the principal balance on their federal loans within 3 years of leaving school.

Median Borrowing: The median federal debt of undergraduate borrowers who completed. This figure includes only federal loans; it excludes private student loans and parent PLUS loans.

Customized information from UUS

大学总花费工作表

大学名称	______	______	______	______
学费和杂费	______	______	______	______
食宿费	______	______	______	______
书和其他材料费	______	______	______	______
个人花费	______	______	______	______
交通费	______	______	______	______
总花费	______	______	______	______

大学申请准备时间轴

这个大学申请准备时间轴涵盖了申请过程中的所有关键点。具体情况将取决于您和您高中的升学指导项目的安排。使用此时间轴预览即将要面对的大学申请过程，并将其作为一个基本的指南，但请务必使用您高中升学指导办公室以及您要申请的大学的具体信息来对其做出相应补充和完善。被招募的运动员、视觉或表演艺术家，以及希望获得考试特殊照顾的残障学生需要在时间轴中加入额外的需要做的任务。

在准备此时间轴时，我们假设您是即将着手准备申请的高三学生（高中倒数第二年）。如果您跟很多学生一样等到高四才开始准备，那我们也为您准备了一个专门针对从高四秋季学期开始准备申请的时间轴。您可以在此时间轴后看到。

高一

虽然您在高一时不需要关注大学申请，但以下几步仍然能够为您的成功提供帮助：

1. 修有挑战性的学术课程：英语、外语、数学、科学和社会学等。

2. 学习要努力。

3. 如果学业上有任何困难，要及时向老师寻求帮助。每年都应该这样做，而不只在高一。

4. 探索学校内外的课外活动，找到符合自己兴趣的活动。

5. 尽量多地增加自己的阅读量。

6. 寻找那些能够丰富自己经历的暑期项目，例如夏校、实习、与家人出游等。不能天天在家看电视。但不用担心这些活动是否能让您的大学申请看上去有吸引力。

7. 高一结束时，开始记录自己的课外活动、志愿服务活动、学术荣誉以及获得的奖项等。

高二

在高二这一年，要继续修有挑战性的课程以及参加自己感兴趣的课外活动或者艺术特长项目。这也是很多学生开始做兼职工作的时间。很多家庭开始慢慢考虑申请大学的问题。一些高中从高二就会开始正式的大学预备项目，但大多数高中不会。

全年

1. 在有挑战性的课程中努力学习。
2. 继续参加课外活动；开始寻找获得领导力经验的机会。
3. 考虑参加志愿服务。
4. 如果您兼职打工，那要确保这不会影响您的学业表现。
5. 保存您写过的所有好的文章以及艺术作品（如果有的话），可能以后能用上。

秋季

考虑参加PSAT或者PreACT（或两种都参加）作为练习，如果您高二就可以在自己的高中参加的话。PreACT可能会在冬季学期或者春季学期才能参加。

冬季

1. PSAT结果会在12月份出来。仔细阅读对分数的解读，并考虑与您的升学指导老师见面，讨论您应该为提高弱项做出什么努力。不用担心，这些分数不会出现在您的大学申请中。

2. 为高三规划修有挑战性的课程。

3. 开始计划有意义的暑期活动（例如带薪或者无薪工作、暑期课程、旅行等）。

4. 在学校注册5月份的AP考试（如果有的话）。

春季

1. 如果您的家庭会在春假时出行，可以考虑在出行途中参观一所或者多所自己感兴趣的大学。

2. 咨询您的升学指导老师来注册SAT科目考试（如果需要的话）。科目考试可能只适用于那些修高等数学、科学学科或者外语课程并打算申请对科目考试有硬性规定的大学的学生。

3. 更新您从高一结束时开始记录的课外活动、获奖情况等。

夏季

1. 将自己冬季做出的暑期计划付诸实践，并且继续保持阅读的习惯。

2. 那些希望自己能够有资格进入全国优等生奖学金项目（National Merit Scholarship Program）的学生可能需要做一些10月份PSAT考试方面的准备。

高三

高三通常是大学选择过程的正式开始。高三的成绩在大学申请过程中起着特殊的作用，因此需要格外重视课业的表现。到了高三，大多数学生已经找到了自己最喜欢或最擅长的课外活动，尽管可能还会发现新的兴趣。

全年

1. 在挑战性课程中努力学习。

2. 继续参与课外活动和志愿活动并合理寻求领导职位。

3. 如果您有兼职工作，确保将重心放在学业上。

4. 继续保留自己最好的文章和艺术作品（如果有的话），以备将来使用。

5. 对第一级别或者第二级别大学的体育项目感兴趣的学生应该与教练建立联系，并阅读NCAA网站（www.ncaa.org）上关于资格要求的信息。

秋季

1. 购买或者借一本指南书，例如Princeton Review（普林斯顿评论）出版的*Best Colleges*（《美国最佳大学》）或者*Fiske Guide to Colleges*（《费思克大学指南》）。这些指南书可以为您接下来的18个月提供很多有用的信息。

2. 在10月份参加PSAT考试。

3. 努力学习所有课程。如果遇到困难，应该立即寻求老师的帮助。

4. 完成第四章末尾的“确定您的优先事项”问卷来帮助您理清对自己最重要的因素。

5. 很多大学会派招生官到各地的高中进行宣讲。如果您的高中允许高三学生参加，那可以去了解自己感兴趣的大学。

6. 如果您想作为运动员被招募，那可以联系大学的教练，如果他们还没有主动联系您的话。

冬季

1. PSAT成绩公布。阅读完分数解读之后，与升学指导老师交流，讨论如何更好地准备接下来的SAT或者ACT考试。了解SAT与ACT之间的不同，做出自己的选择。注册冬天或者春天的SAT/ACT，或者两种考试一起注册。2月份或者4月份是参加第一次ACT考试的好时间，3月份或者5月份是参加第一次SAT考试的好时间。

2. 秋季晚期或者冬季是准备考试（使用参考书、软件、课程或者辅导老师）的好时间。

3. 如果您到现在还没有跟学校的升学指导老师见面讨论自己的大学选择，那现在应该行动起来了。

4. 使用大学搜索工具，例如BigFuture和College Navigator。

5. 注册学校5月份的AP考试（如果有的话）。

6. 为高四规划挑战性课程。

7. 计划有意义的暑期活动。可以考虑旅行、上夏校、参与志愿活动或者带薪实习、参加工作坊等自己感兴趣的活动。

8. 如果您的申请会包含作品集或者试镜录影带，现在是开始准备的好时间。

春季

1. 继续创建自己的大学清单，与升学指导老师保持沟通。
2. 使用文件分类系统来帮助自己将所有申请材料归类。
3. 考虑利用春假到大学访校。
4. 注册并参加春季的SAT科目考试，但要根据您感兴趣的大学的具体要求来决定。注册并参加或再次参加SAT或者ACT考试。
5. 向自己感兴趣的大学索取宣传材料。
6. 参加附近的大学展会，如果有的话。
7. 考虑在暑期访校，并提早开始计划。
8. 在创建大学清单时，继续跟升学指导老师保持沟通。
9. 更新您的课外活动和获奖记录等。

夏季

1. 将冬季做出的暑假计划付诸实践，无论是工作、旅行、学习还是其他活动。
2. 参观大学校园，以完善大学清单。
3. 开始为文书话题进行头脑风暴，为大学申请早早做好准备。

高四

高四是整个大学申请过程中最繁忙的一年。选择提交早申请的学生需要在11月1日或者15日就将所有申请材料准备好并提交。总的来说，学生应该在11月中旬完成大学清单的创建，这样的话，他们可以在不同的截止日期之前完成申请，而不必感到很匆忙。

全年

1. 在挑战性的课程中努力学习。如果您提交常规申请，大学会收到您秋季学期的成绩；如果您提交早申请或者早行动，那大学可能会需要您的季度成绩。

2. 通常学生会在高四期间做兼职工作。还是同样的建议，一定要确保将重心放在学业上。

3. 继续您的课外活动和志愿活动以及领导职位。

秋季

1. 如果时间或者情况允许，可以进行额外的校园参观。如果学校提供的话，计划在校园过夜或者参加面试。

2. 与到访您高中的大学招生官见面，参加秋季大学展或者大学夜来获取更多信息。

3. 使用净价计算器（只适用于美国公民）来计算自己在不同大学需要负担的费用。

4. 跟升学指导老师沟通，确定最终的申请名单。决定早申请是否适合自己。

5. 务必记下列表中每所大学的申请截止日期。

6. 注册并参加秋季的SAT或者ACT，如果有必要的话。要格外注意较早的截止日期，特别是如果您想让大学考虑您秋季的标化成绩的话。

7. 在截止日期之前一个月或者更早就邀请任课老师来为您写推荐信。

8. 从任课老师和升学指导老师那里接受适当建议，并认真校对修改，之后，文书可以定稿了。

9. 在规定的申请截止日期之前完成申请的提交，仔细校对并确保每一部分都完整无缺。

10. 安排在截止日期前将标化成绩和高中成绩单发送给大学。

11. 如果有的话，参加校友面试。

12. 如果提交早申请，您将在12月15日左右收到录取决定。如果被录取，那恭喜您！如果没有，那就继续前进。如果您尚未提交常规申请，那请立即开始提交。如果可以的话，您也可以考虑通过ED II来申请一所自己很喜欢的学校。

13. 如果您要申请财政补助，请提醒您的父母FAFSA和CSS PROFILE的截止日期可能在10月份，可以使用前年的已有的税务数据（PPY: prior prior year）。尽早提交，并开始搜索不同的校外奖学金资源。

冬天

1. 如果在早申请时被推迟考虑了，请以书面形式表达您对学校的兴趣。

2. 提交剩下的所有申请和奖学金表格。

3. 如果被推迟考虑，或者提交了常规申请，要及时向大学发送新的成绩或者成就（如果有的话）。

4. 请您的升学指导老师向大学发送一份您的年中成绩报告。

5. 如果有的话，参加校友面试。

6. 继续将重心放在学业上。

春天

1. 录取决定早的话2月份会公布，晚的话4月初会公布。

2. 如果有可能，去参加4月份的录取学生开放日，以了解更多录取您的大学的信息。

3. 仔细考虑并比较不同大学间的财政补助包裹。如果补助不足以满足您的需求，可要求进行复议。越早开始复议程序越好。

4. 在5月1日之前做出最终的入学决定并提交入学定金。通知其他录取您的学校您不会入学的决定。

5. 如果您被放在了等待名单上，请决定是否接受继续等待。请务必在5月1日前在录取您的学校提交入学定金。如果您决定留在等待名单上继续等待，请按照学校的要求进行接下来的操作。您可以给招生办写邮件来表达自己对学校持续的兴趣以及补充任何新的信息。如果学校是私立大学或州外的公立大学，请您的升学指导老师也写一封同样的邮件。

6. 享受高中阶段剩下的时光！

如果您从高四才开始准备申请，该怎么办？

很多学生一直等到高四的秋季才开始认真考虑申请大学。您也许就是其中之一。虽然我们不推荐这种做法，但不用担心，如果您能够合理地安排时间，那还是可以弥补失去的准备时间。到了高四的1月份，您也可以与您提早就开始准备的同学处于同步状态。以下是专门为从高四秋季开始准备的同学设计的时间轴。

1. 使用BigFuture和College Navigator的大学搜索工具来创建符合自己标准的大学列表。

2. 确保您已经参加了（或已经注册参加）SAT、ACT考试以及SAT科目考试（如果申请的大学要求或者推荐提交的话）。如果无法按时完成某些考试，您可以将注意力放在接受选择性提交标化成绩的大学上，而且它们其中大多数都不要求SAT科目考试。

3. 仔细阅读本书第四章和第五章，并填写“确定您的优先事项”调查问卷，以帮助您确定您的偏好。尽快与您的升学指导老师见面，探讨能够满足您需求的大学。

4. 与朋友、家人和同学讨论他们可能推荐的大学。

5. 仔细研究从大学搜索工具中收集的学校。到学校的官网上做进一步了解。

6. 留意到高中来访的大学招生官，以及晚上的大学活动或者附近的大学展。利用这些机会来收集更多的信息。

7. 如果可以的话，利用学校的假期到名单上的学校进行访校。但不用担心，在您被录取后，仍然可以在春季到学校参观，然后再做出最终的选择。

8. 一份好的大学申请需要花时间来准备，特别是如果需要写额外的文书或者回答特定的问题。

9. 确保您的大学名单有不同系列的大学，包括有把握的学校、有可能的学校以及有距离的学校。在您确定名单之前要与升学指导老师再次沟通。

10. 如果大学要求推荐信，那您需要询问一名或者两名任课老师他们是否愿意为您写推荐信。一旦您知道自己要申请的大学需要推荐信，那在秋季学期刚开始的时候就要向老师发出请求。告诉老师您会跟他们分享自己的背景信息以及最终的大学名单和申请表。给老师至少三到四个星期的时间来写推荐信。

11. 请注意，EA和ED的截止日期通常在11月1日或者11月15日。您可能没有足够的时间来仔细选择大学并在申请截止日期前提交一份令人满意的申请。如果感觉很匆忙，那就不要提交早期申请。一些大学会在12月中旬或者1月初有第二个早申请的截止日期。这对于晚开始准备的学生来说更合适。

12. 确保您了解所有学校的不同截止日期（申请、财政补助申请、标化成绩提交）。尽快完成财政补助申请表。请确保将您的SAT或者ACT分数发送给您名单上的大学。

13. 尽可能使用通用申请或者其他被多所学校接受的申请系统以节省时间和精力，并尽量提交在线申请。

14. 仔细而周密地准备您的申请，将所有内容进行校对。然后请其他人来帮您校对。

资　源

本节包含了《升学之道》中提到的很多话题的额外信息。我们选择了一些我们认为非常有用的网络资源、应用程序和书籍，尽管我们还可以包含更多其他的内容。其他额外的资源可以在本书相应的章节中找到。请登录访问本书的网站：www.admissionmatters.com来查阅更多更改和新增的内容。

常规申请信息

网站

www.bigfuture.org：大学理事会的网站，包含了搜索和选择大学，以及准备标准化考试和注册考试方面的信息。

www.nacacnet.org：全国招生咨询协会网站，网站上的Knowledge Center选项下包含了很多不同种类的信息。

www.princetonreview.com：《普林斯顿评论》网站，提供关于大学申请过程的免费信息，包括准备标准化考试。

www.fairtest.org：列出了将近900所录取了数量众多的没有提交SAT或者ACT分数的学生的大学。

https://campustours.com/：提供几百所大学的虚拟校园参观链接和视频。

http://nsse.indiana.edu: Students and Parents选项下的 "Pocket Guide to Choosing a College: Questions to Ask on Your College Visits" 基于National Survey of Student Engagement，也可以下载手机版。

书籍

Frank Bruni的著作*Where You Go Is Not Who You'll Be: An Antidote to the College Admissions Mania*，（New York: Hachette Book Group, 2015）：本书向您说明了选择不同大学的重要性。

大学指南参考材料

参考BigFuture以及Princeton Review网站，每个网站都包含了大学的详细介绍信息，以及根据用户偏好进行大学搜索的工具。

网站

https://collegecost.ed.gov/:College Affordability and Transparency Center：包含了College Navigator大学数据库的链接，用户可以通过选择地理位置、专业和学位来进行大学搜索，还有其他资源的链接，包括所有大学的净价计算器（net price calculator）。

www.usnews.com/education：提供US News用来进行排名的数据库，但免费部分有限。虽然我们不提倡使用排名，但排名使用的数据可能会为您提供一些有用的信息。

书籍

College Board出版的*College Handbook*：每年更新，其中包含全美国3 900多所四年制和两年制大学的介绍。

College Board出版的*Book of Majors*：每年更新，其中包含针对200种受欢迎的专业的深度介绍以及列出了3 800多所大学提供的1 200多个专业。

Steven Antonoff的著作*The College Finder* (Westford, MA: Wintergreen Orchard House, 2016)：其中包含了作者按专业、体育和其他类别列出的大学推荐。

大学介绍和评价指南

网站

www.ctcl.org：很多关于大学如何做录取决定的信息。

https://colleges.niche.com：学生对大学的评价。

书籍

Loren Pope和Hilary Masell Oswald的著作*Colleges That Change Lives: 40 Schools That Will Change the Way You Think About Colleges*（New York: Penguin Books, 2012）：介绍了40所知名度不高但非常优质的文理学院。

Edward Fiske的著作*Fiske Guide to Colleges*（Naperville, IL: Sourcebooks）：每年更新，其中包含300多所非常受欢迎的大学的介绍。

内部人士分享

这些资源可以作为了解选择性很高的大学的一个窗口，而不是如何获得录取。

Jacques Steinberg的著作*The Gatekeepers: Inside the Admissions Process of a Premier College*（New York: Penguin, 2003）：描述了作者作为维思大学（Wesleyan University）招生官对其招生录取过程的观察。

Mitchell Stevens的著作*Creating a Class: College Admissions and the Education of Elites*（Cambridge, MA: Harvard University Press, 2009）：描述了作者作为汉密尔顿学院（Hamilton College）招生官对其招生录取过程的观察。

特殊背景大学指南

www.ajcunet.edu：耶稣教会大学和学院协会网站。

See also www.accunet.org：天主教大学和学院协会网站。

www.hillel.org：犹太教校园生活组织网站。

www.womenscolleges.org：女子学院联盟网站。

www.blackexcel.org：非洲裔美国学生大学扶持网站。

http://carla.umn.edu：语言习得高级研究中心（The Center for Advanced Research on Language Acquisition），能够让您搜索到提供不常见外语的大学和学院。

备考资源

网站

www.bigfuture.org：提供College Board考试以及注册考试信息，如SAT和SAT科目考试。

www.khanacademy.org：提供个性化的PSAT和SAT免费在线模拟考试。

www.ACT.org：提供有关ACT的详细信息以及备考和注册信息。

www.ets.org：提供有关托福考试的各种信息以及备考和注册信息。

www.ielts.org：提供有关雅思考试的各种信息以及备考和注册信息。

书籍

College Board出版的*The Official SAT Study Guide*，2016版（Princeton, NJ: College Board, 2015）。

The Official ACT Prep Guide（San Francisco, CA: Jossey-Bass, 2017）。

手机应用

Daily Practice for the New SAT：College Board发布的iOS 和Android应用程序。

ACT Online Prep：ACT发布的iOS和Android应用程序，融合了免费的ACT Online Prep。

文书写作

Henry Bauld的著作*On Writing the College Application Essay, 25th Anniversary Edition: The Key to Acceptance at the College of Your Choice*（New York: Collins Reference, 2012）：一名曾经的常春藤联盟大学招生官提供的关于写出最佳文书的既幽默又实用的建议。

Sarah Myers McGinty的著作*The College Application Essay, 6th Edition*（Princeton, NJ: College Board, 2015）：关于写出成功文书的行之有效的建议。

针对艺术家的建议

网站

www.portfolioday.net：全国作品集日协会网站（National Portfolio Day Association），一组被认可的艺术类大学和综合型大学艺术系，同时也是全国艺术和设计学校协会的成员。

书籍

Mary Anna Dennard的著作*I GOT IN! The Ultimate College Audition Guide for Acting and Musical Theatre*，*2015 Edition*（Mary Anna Dennard, Inc., 2015）：教您如何准备好具有高度竞争性的大学试镜过程。

针对运动员的建议

网站

www.ncaa.org：全国大学体育协会（National Collegiate Athletic Association）网站。

www.naia.org：全国大学校际体育协会（National Association of Intercollegiate Athletics）网站。

书籍

Stewart Brown的著作*The Student Athlete's Guide to Getting Recruited: How to Win Scholarships, Attract Colleges and Excel as an Athlete*（Belmont, CA: Supercollege, 2016）：关于选择NCAA级别以及招募过程等方面的指南。

Jeffrey Durso-Finley和Lewis Stivall的著作*Understanding Athletic Recruiting：A Comprehensive Guide for the High School Student-Athlete, 2nd Edition*（CollegeRecruitingResource@gmail.com, 2014）：一本150页的手册，涵盖了大学运动员招募过程各方面的信息。

特殊情况

网站

https://ldaamerica.org：美国学习障碍协会网站（Learning Disabilities Association of America），提供了关于学习障碍方面的广泛信息，如要寻找特定大学信息请在网站上搜索"college"。

www.nacacnet.org：在the Knowledge Center的选项下点击Undocumented Students，关于DACA的详细信息，以及很多关于无证学生在申请大学和申请财政补助方面的文章和网站链接。

www.nilc.org/issues/daca/：全国移民法律中心（National Immigration Law Center）网站，给那些为自己的移民身份担忧的学生提供有帮助的信息。

书籍

I'm First! Guide to College—2017（Strive for College, http://store.ImFirst.org）：针对第一代大学生的指南。

Marybeth Kravets和Imy Wax的著作*K&W Guide to Colleges for Students with Learning Differences, 13th Edition*（New York: Random House, 2016）：为有学习障碍的学生提供服务的超过350所大学的介绍。

Susan Yellin和Christina Cacioppo Bertsch的著作*Life After High School*（Philadelphia, PA: Jessica Kingsley Publishers, 2010）：为有残障的学生和他们的家庭提供的建议和支持。

Cafi Cohen出版的*And What About College? How Homeschooling Leads to Admissions to the Best Colleges and Universities*（New York: Holt Associates, 2000）：为在家接受教育的学生提供的关于大学搜索和申请过程的资源。

财政补助

书籍

College Board出版的*Scholarship Handbook*：每年更新，提供来自私人、联邦政府以及州政府的财政补助介绍。

College Board出版的*Getting Financial Aid*：每年更新，提供针对财政补助过程的建议。

Mark Kantrowitz的著作*Secrets to Winning a Scholarship*（CreateSpace Independent Publishing Platform, 2011）：关于寻找和申请私人奖学金的建议。

网站

www.bigfuture.org：点击Pay for College 来了解FAFSA，CSS PROFILE，net price calculators（净价计算器），以及 expected family contribution calculators（家庭预计支付金额计算器）。

www.fafsa.ed.gov：FAFSA 网站，也可到http://studentaid.ed.gov寻找更多额外信息。

www.fastweb.com：奖学金搜索网站。

www.scholarships.com：奖学金搜索网站。

www.finaid.org：提供关于财政补助方面的信息。

www.newgibill.org：提供计算post-9/11 GI Bill的福利以及在福利算入后的大学花费。

https://mydocumentedlife.org/? s=scholarship&x=0&y=0：针对无证学生的奖学金计划。

国际学生

网站

www.nafsa.org/About_Us/About_International_Education/For_Students/：国际教育者协会（NAFSA）网站上关于美国学生到海外学习以及国际学生到美国学习的信息，其中也包括财政补助方面的信息。

www.edupass.org：提供在美国生活和学习各方面信息的网站。

www.educateabroad.co（点击 Resources）：提供了美国400多所大学针对国际学生提供的财政补助数据。

书籍

College Board出版的*International Student Handbook*：每年更新，提供了超过3 200多所大学的信息，包括托福要求、财政补助政策、校园住宿以及其他服务。

Ryan Byrne和Gayle Byrne的著作*Learn in the United States: The International Student's Guide for Applying to American Colleges*（Kindle, 2011）（只有电子版）：介绍了整个国际学生申请美国大学的过程，从了解美国高等教育体系一直到拿到学生签证。

间隔年

www.americangap.org：美国间隔年协会（American Gap Association）网站，列出了经过认证的项目并提供旅行、财政补助等各种信息。

http: //usagapyearfairs.org：列出了接下来的间隔年展（点击Browse Programs查看）。

在加拿大、英国、爱尔兰和荷兰学习

www.aucc.ca：加拿大大学协会（Association of Universities and Colleges of Canada）网站，英法双语。

www.ucas.ac.uk：英国大学申请和指南网站。

www.theguardian.com/education/universityguide：英国权威在线大学和学术项目指南。

http://unistats.direct.gov.uk：提供英国所有大学的学术专业和毕业去向的数据比较。

www.iua.ie：爱尔兰大学协会网站（Irish Universities Association），以及爱尔兰七所主要大学的链接。

www.studyinholland.nl：提供在荷兰学习的信息。

全国大学招生咨询协会（National Association for College Admission Counseling）发布的Guide to International University Admission。登录www.nacacnet.org，到Knowledge Center的菜单中点击International。

作者介绍

赛丽·P. 斯普灵格博士（Sally P. Springer, PhD）是加州大学戴维斯分校（University of California, Davis）名誉副校长，也是一名资深心理学家。她拥有在美国东西海岸不同高等院校超过三十年的从业经验。她曾出版过*Left Brain, Right Brain*（《左脑，右脑》）一书，由W.H.Freeman出版社出版。该书已被翻译成七种语言，并进行了五个版本的更新。该书还曾获得美国心理学基金会（American Psychological Foundation）颁发的荣誉，以表彰其在促进公众对心理学的理解方面所做出的贡献。她的第二本著作*How to Succeed in College*（《如何在大学取得成功》），是一本专门为大一新生所著的指南，由Crisp出版社出版。她曾以学士学位最高荣誉毕业于纽约布鲁克林学院（Brooklyn College of the City of New York）。毕业后，她搬到美国西海岸，在斯坦福大学（Stanford University）完成了她在心理学方面的博士学位和博士后工作。她是加州大学戴维斯分校的志愿申请审阅者，也是全国招生咨询协会（National Association for College Admission Counseling）和美国西部招生咨询协会（Western Association for College Admission Counseling）的会员。她也是美国独立教育顾问协会的会员，曾担任协会教育和培训委员会成员。她现在是加州大学尔湾分校独立教育顾问证书项目的顾问委员会成员。她曾带着儿子和女儿亲历两次美国大学的申请过程。

乔恩·雷德博士（Jon Reider, PhD）是旧金山大学高中（San Francisco University High School）的升学指导办公室主任。旧金山大学高中是一所提供九到十二年级课程的私立高中。在此之前，他曾在斯坦福大学招生录取办公室担任过十五年的招生官，曾任高级副主任。他曾获得历史学的两个学位，其中包括斯坦福大学的历史学博士学位。在读博士期间，他曾联合创办并教授了结构化博雅教育项目（Structured Liberal Education），这是一门新生人文学科课程，他还因此获得斯坦福大学的格勒斯杰出教学奖（Gores award for outstanding teaching）。在此之前，他曾是英国苏赛克斯大学（University of Sussex）的马歇尔学者（Marshall Scholar），并在田纳西大学查塔努加分校（University of Tennessee at Chattanooga）教授社会学。他还曾在加州大学伯克利分校（University of California，Berkeley）的升学咨询证书项目中任教，并在斯坦福大学继续教育项目教授Admissions 101（招生录取101）课程。他是招生录取行业全国知名的演说家和文章作者。他坦诚直白的观点曾被众多媒体引用。他是全国招生咨询协会的会员，曾担任协会当前趋势和未来问题委员会主席。

乔伊斯·维宁·摩根博士（Joyce Vining Morgan, PhD）在成为大学升学指导老师前是一名教师。她在耶鲁大学（Yale University）获得斯拉夫语和文学博士学位，并在公立和私立大学教授俄语语言和文学课程。她曾在新罕布什尔州的一所公立学校为七到十二年级创建了俄语项目，并在不同私立高中教授过俄语和英语。她曾获得新罕布什尔州1994年年度教师称号（Teacher of the Year）。她还发起并倡议与俄罗斯、克里米亚、哈萨克斯坦和法国的学校的交换项目，并作为第一批到美国就读的波黑难民学生的顾问。她将这些经验也随之带入了在佛蒙特州普特尼学校（Putney School）的升学指导老师职位。她曾因杰出的俄语教学和升学指导工作而荣获各种奖项。她是新英格兰招生咨询协会（New England Association for College Admission Counseling）以及国际招生咨询协会（International Association for College Admission Counseling）会员，曾担任不同的地区及国家委员会职务，包括全国招生咨询协会标准化考试特设委员会成员；最近，她还担任新英格兰招生咨询协会国际学生升学指导资源特设委员会成员。她曾担任新英格兰招生咨询协会副会长，并于2016年为协会整理并撰写了过去五十年的历史。她目前是一名独立升学顾问以及获得认证的教育规划师，也是独立教育咨询协会的成员。她不仅指导学生，还担任新入行大学升学指导老师的导师。

译者介绍

万晓峰，现任美国阿默斯特学院（Amherst College）招生录取办公室副主任，国际招生录取主任，负责学院全球招生录取事务。曾获得美国波士顿学院林奇教育和人类发展学院（Boston College Lynch School of Education and Human Development）全额奖学金，并取得高等教育行政管理硕士学位。在阿默斯特学院招生办，每年代表学院走访世界各地二十余个国家和地区以及美国东海岸各州，审阅国际和国内申请，主持国际招生录取委员会并参与国内录取委员会的审议和投票。在加入阿默斯特学院之前，曾任职于马萨诸塞州伍斯特市的天主教文理学院——圣十字学院（College of the Holy Cross），担任招生办助理主任，负责美国南部和东海岸各州以及东亚的招生录取事务。新英格兰招生咨询协会（New England Association for College Admission Counseling）、国际招生咨询协会（International Association for College Admission Counseling）以及全球国际学校委员会（Council of International Schools）会员，并担任中国升学指导研究中心（China Institute for College Admission Counseling）创始顾问。曾多次在各类行业会议中担任主讲及发言嘉宾，包括新英格兰招生咨询协会年会、国际招生咨询协会年会、EducationUSA论坛、WLSA世界名中学联盟年会、哈佛中国教育论坛等，并在行业媒体中发表中英文观点文章，其中包括权威媒体Inside Higher Ed 等。

本书译者稿酬将全部捐给慈善组织，帮助更多中国下一代贫困儿童。